教育部中等职业教育专业技能课立项教材

电 子 商 务

电子商务与现代物流

DIANZI SHANGWU YU XIANDAI WULIU

主　编／朱美虹
副主编／张玉玲　曹静霞　金　鑫
参　编／强　戈　李晓琴　魏　佳

中国人民大学出版社
·北京·

前 言

随着互联网和电子商务的发展与应用，政府和企业纷纷以不同的形式介入电子商务活动。电子商务正成为21世纪新的生产经营形态。在电子商务改变着传统产业结构的同时，物流业也不可避免地受到影响，两者之间的关系越来越紧密。掌握电子商务与现代物流的理论与实务、提高电子商务专业人才的综合应用能力，已成为电子商务专业人才培养的必然要求。培养高质量的电子商务应用人才，高质量的教材建设是其中的关键因素之一。

电子商务下的物流有着不同于一般物流的明显特殊性，它除了具备基本的服务能力外，还要提供增值服务，要求有高效的组织结构及严格的物流成本控制能力等。这些特殊性，使得电子商务下物流管理的难度比传统形式的物流要大得多。有效的管理需要电子商务与物流知识结合，并且应用一些特殊的管理手段。本书根据我国中等职业院校学生的特点和专业培养目标，以电子商务下物流的基本知识和基本操作技能为主，力求对电子商务下物流的基本理论做较为全面、系统、科学的阐述，使学生对电子商务物流基本知识和业务流程有一个较为全面的认识。

本书严格按照中等职业学校对人才培养的要求，从“学一门课程，掌握一项技能”的角度出发，旨在使电子商务专业毕业的学生能够熟练从事物流行业的工作。本书的特点是：

1. 针对中职教育实操性较强的特点，本教材采用“项目导入、任务驱动”式的教学方法。在编写过程中力求用通俗的语言、简明的案例说明电子商务下物流的基本理论与操作。每个知识点都以精心选择的案例作为切入点。

2. 在应用项目与任务式教学方法基础上，结合中职教学特点，以“教师好用、学生有用、实践管用”为宗旨，对该教学方法相关环节进行优化，即不设计过多的栏目，以适应中职教学要求，提高教学效果。

3. 体例创新，便于学习。每个项目以问题引入开始，正文配以引导案例、拓展练习、案例、项目小结、项目训练等，每个项目都配有丰富的自测题，使学生学完每个知识点以后都能在现实企业与生活中运用，从而开拓学生的思维和视野，调动学习的积极性和主动性。这种体例结构有别于同类教材，虽然编写难度大大增加，但更加适应教学的需要。

4. 本书配有 PPT 教学资源，包括各项目习题答案，便于教师备课、参考，同时便于任课老师制作精品课程讲义。

本书由朱美虹任主编，并负责审稿及统稿等工作；张玉玲、曹静霞、金鑫担任副主编。全书共六个项目，各部分具体分工如下：项目一、二由朱美虹编写；项目三、四由金鑫、曹静霞、李晓琴编写；项目五、六由张玉玲、强戈编写。

在本书编写过程中参考、引用了许多文献，得到了有关部门和专家的大力支持，在此一并表示衷心感谢！

电子商务与现代物流是一门由经济、管理、信息技术和法律等多学科交叉而形成的全新学科，并在迅猛发展，由于编写条件的限制，加上时间仓促与作者经验不足，书中定有不当之处，欢迎广大读者批评指正，以期待改进和完善。

目 录

项目一

电子商务与现代物流的关系

问题引入

互联网越来越深入我们的生活。据2015年6月发布的《2015年第36次中国互联网发展状况统计报告》称，我国已经是世界新兴媒体用户第一大国。该报告显示，截至2015年6月，我国网民规模达6.68亿，互联网普及率为48.8%。截至2014年12月，我国网络购物用户规模达到3.61亿，在网民中的渗透率为55.7%。较2013年底增加5 953万人，增长率为19.7%；我国网民使用网络购物的比例从48.9%提升至55.7%。2014年中国网络购物交易规模达到2.8万亿，增长47.4%，在社会消费品零售总额中年度渗透率首次突破10%。

虽然，我国网络购物人数在逐年增长，但相比美国，这个数字还是有些差距。具体原因是多方面的，但不可忽视的一个问题是：企业的订单处理与履行能力的高低，越来越成为制约企业电子商务发展的关键因素。

问题：

1. 企业应该怎么做？
2. 在电子商务形式下应采取哪些新的发展策略？

学习目标

知识目标：

1. 了解电子商务的含义和特点
2. 熟悉电子商务的功能
3. 掌握现代物流的基本概念、内涵
4. 了解现代物流的类型
5. 了解电子商务与现代物流的关系，了解电子商务对物流提出的要求
6. 了解电子商务环境下物流业的发展趋势

能力目标：

1. 能识读电子商务的几种模式
2. 能分析电子商务对现代物流的影响
3. 能解读现代物流对电子商务的影响
4. 能识读电子商务环境下现代物流业的发展趋势
5. 能结合实际进行电子商务物流和物流企业电子商务的组建

任务一 认识电子商务

引导案例

王明是杭州经济技术开发区一家企业的职员，平时喜读文论史，爱好读书。但由于工作繁忙，日常工作之余，很少有时间去书店选书。后来在同事的推荐下，上网上书店买书。王明下班回家后，注册登录了号称全球最大的中文网上书店——当当网，通过搜寻发现了易中天的《品三国》一书，而且可以查看购买过该商品的顾客评论：

顾客评论 1：个人非常喜欢易中天，最近天天都是塞着耳塞一边听三国一边看书，书中的内容和《百家讲坛》稍微有点不一样，后面送的光盘很好，是易中天去年夏天在北京理工大学做讲座时录的，讲他的历史观，易中天真的太厉害了，虽然他的研究深度可能不及有些史学家，但是他是我们普通老百姓最为接受的，强烈推荐！

顾客评论 2：易中天，一个著名的学者、教授。读他的书，挺有感觉的，语言挺通俗。读了这本书，对三国的各个人物有了一个大概的了解。书好，光碟也挺好。

…………

看了 40 多位顾客的评论，王明最终决定购买易中天的《品三国》。通过同样的方式，王明又另外挑选了其他几本书籍，提交订单之后，购书价格超过了 99 元，达到了免运费的标准。一周左右，图书就送到了王明手中。

思考：

1. 什么是电子商务？
2. 网上 B2C 电子商务相对传统商务，有何优势？（说明三点）
3. 电子商务的功能和特点是什么？
4. 如果你在互联网上进行购物，需要考虑哪些因素？

相关知识

一、电子商务概述

电子商务指交易当事人或参与人利用计算机技术和网络技术等现代信息技术所进行的

商务活动，包括货物贸易、服务贸易和知识产权贸易。这里的“利用计算机技术和网络技术”和“进行的商务活动”都具有丰富的含义。

第一，电子商务是一种采用先进信息技术的买卖方式。交易各方将自己的供求意愿按照一定的格式输入电子商务网站，电子商务网站则会根据用户的要求，寻找相关信息并提供给用户多种买卖选择。一旦用户确认，电子商务就会协助完成合同的签订、分类、传递和款项收付等全套业务。这就为卖方以较高的价格卖出产品、买方以较低的价格购入商品和原材料提供了一条非常好的途径。

第二，电子商务实质上形成了一个虚拟的市场交换场所。它能够跨越时空，实时地为用户提供各类商品和服务的供应量、需求量、发展状况及买卖双方的详细情况，从而使买卖双方能够更方便地研究市场，更准确地了解市场和把握市场。

第三，对电子商务的理解应从“现代信息技术”和“商务”两个方面考虑。一方面，“电子商务”概念所包含的“现代信息技术”应涵盖各种通信方式；另一方面，对“商务”一词应做广义解释，使其包括由契约型或非契约型所引起的一切商务性质关系。如果把“现代信息技术”看作一个子集，“商务”看作另一子集，则电子商务所覆盖的范围应当是这两个子集所形成的交集，即“电子商务”标题之下广泛涉及的 Internet、Intranet 和电子数据交换（EDI）在贸易方面的各种用途。

第四，电子商务不等于商务电子化。真正的电子商务不仅是企业前台的商务电子化，而且是包括后台在内的整个运作体系的全面信息化，以及企业整体经营流程的优化和重组。也就是说，建立在企业全面信息化基础上，通过电子手段对企业的生产、销售、库存、服务以及人力资源等环节实行全方位控制才是真正意义上的电子商务。

狭义的电子商务仅仅将通过 Internet 进行的商业活动归属于电子商务，而广义的电子商务则将利用包括 Internet、Intranet、LAN（局域网）等各种不同形式网络在内的一切计算机网络进行的所有商贸活动都归属于电子商务。从发展的观点看，在考虑电子商务的概念时，局限于利用 Internet 进行商业贸易是不够的，将利用各类电子信息网络进行的广告、设计、开发、推销、采购、结算等全部贸易活动都纳入电子商务的范畴则较为妥当。美国学者瑞维·卡拉可塔和安德鲁·B. 惠斯顿提出：电子商务是一种现代商业方法，这种方法以满足企业、商人和顾客的需要为目的，通过增加服务传递速度，改善服务质量，降低交易费用。今天的电子商务通过少数计算机网络进行信息、产品和服务的买卖，未来的电子商务则可以通过构成信息高速公路（I-Way）的无数网络中的任一网络进行买卖。

传统企业要进行电子商务运作，重要的是优化内部管理信息系统（Management Information System，MIS）。MIS 是企业进行电子商务的基石，MIS 本质上是通过对各种内部信息的加工处理，实现对商品流、资金流、信息流、物流的有效控制和管理，从而最终扩大销量、降低成本、提高利润。

二、电子商务的功能

电子商务可提供网上交易和管理等全过程的服务，因此它具有广告宣传、咨询洽谈、网上订购、网上支付、电子账户、服务传递、意见征询、交易管理等各项功能。

（一）广告宣传

电子商务企业可通过 Web 服务器在 Internet 上发布各类商业信息。客户可借助网上的检索工具迅速地找到所需商品信息。同时，商家可利用网络和电子邮件在全球范围内进行广告宣传。与以往的各类广告相比，网络广告的成本最为低廉，而给顾客的信息量却最为丰富。

（二）咨询洽谈

电子商务可借助非实时的电子邮件（E-mail）、新闻组（News Group）和实时的讨论组（Chat）来了解市场和商品信息、洽谈交易事务，如有进一步的需求，还可用网上的白板会议（Whiteboard Conference）来交流。网上的咨询和洽谈能超越人们面对面洽谈的限制，提供多种方便的异地交谈形式。

（三）网上订购

电子商务可借助 Web 中的邮件交互传送实现网上的订购。网上订购通常都是在产品介绍的页面上提供十分友好的订购提示信息和订购交互格式框。当客户填完订购单后，通常系统会回复确认信息单来保证订购信息的收悉。订购信息也可采用加密的方式使客户和商家的商业信息不会泄露。

（四）网上支付

电子商务要成为一个完整的过程，网上支付是重要的环节。客户和商家之间可采用信用卡账号进行支付。在网上直接采用电子支付手段可节省交易中很多人员的开销。网上支付需要更为可靠的信息传输安全性控制以防止欺骗、窃听、冒用等非法行为。

（五）电子账户

网上的支付必须有电子金融支持，即银行或信用卡公司及保险公司等金融单位要为金融服务提供网上操作的服务。而电子账户管理是其基本的组成部分。

信用卡号或银行账号都是电子账户的一种标志。而其可信度需配以必要技术措施来保证。如数字证书、数字签名、加密等手段的应用提供了电子账户操作的安全性。

（六）服务传递

对于已付款的客户应将其订购的货物尽快地传递到他们的手中。而有些货物在本地，有些货物在异地，电子邮件能在网络中进行物流的调配。而最适合在网上直接传递的货物是信息产品。如软件、电子读物、信息服务等，它们能直接从电子仓库中被发到用户端。

（七）意见征询

电子商务能十分方便地通过网上调查、产品评价等方式来收集用户对销售服务的反馈意见。这样能使企业的市场运营形成一个封闭的回路。客户的反馈意见不仅能提高售后服务的水平，更能使企业获得改进产品、发现市场的商业机会。

（八）交易管理

整个交易的管理将涉及人、财、物多个方面，包括企业和企业、企业和客户及企业内部等各方面的协调和管理。因此，交易管理是涉及商务活动全过程的管理。

电子商务的发展，将会提供一个良好的交易管理的网络环境及多种多样的应用服务系统。这样，能保障电子商务获得更广泛的应用。

三、电子商务的应用特性

电子商务的特性可归结为以下几点：商务性、服务性、集成性、可扩展性、安全性、协调性。

（一）商务性

电子商务最基本的特性为商务性，即提供买、卖交易的服务、手段和机会。

网上购物提供一种客户所需要的方便途径。因而，电子商务对任何规模的企业而言，都是一种机遇。

就商务性而言，电子商务可以扩展市场，增加客户数量；通过将互联网信息连至数据库，企业能记录访问、销售、购买形式和购货动态以及客户对产品的偏爱，这样企业方就可以通过统计这些数据来获知客户最想购买的产品是什么。

（二）服务性

在电子商务环境中，客户不再受地域的限制，他们不再忠实地只做某家邻近商店的老主顾，他们也不再仅仅将目光集中在最低价格上。因而，服务质量在某种意义上成为商务活动的关键。技术创新带来新的结果，互联网应用使得企业能自动处理商务过程，不再像以往那样强调公司内部的分工。现在在网上许多企业都能为客户提供完整的服务，而互联网在这种服务的提供中充当了催化剂的角色。

企业通过将客户服务过程移至互联网上，使客户能以一种比过去简捷的方式获得服务。如将资金从一个存款户头移至一个支票户头、查看一张信用卡的收支、记录发货请求，乃至搜寻购买稀有产品等，这些都可以足不出户而实时完成。

显而易见，电子商务提供的客户服务具有一个明显的特性：方便。这不仅对客户来说如此，对于企业而言，同样也是如此。

（三）集成性

电子商务是一种新兴事物，其中用到了大量新技术，但并不是说新技术的出现就必然导致老设备的淘汰。互联网的真实商业价值在于协调新老技术，使用户能更加行之有效地利用他们已有的资源和技术，更加有效地完成他们的任务。

电子商务的集成性，还在于事务处理的整体性和统一性，它能规范事务处理的工作流程，将人工操作和信息处理集成为一个不可分割的整体。这样不仅能提高人力和物力的利用，也提高了系统运行的严密性。

（四）可扩展性

要使电子商务正常运作，必须确保其可扩展性。互联网上有数以亿计的用户，而信息传输过程中，会不时地出现高峰状况。倘若一家企业原来设计每天可受理 40 万人次访问，而事实上却有 80 万人次，就必须尽快配一台扩展的服务器，否则客户访问速度将急剧下降，甚至还会拒绝数千次可能带来丰厚利润的客户的来访。

对于电子商务来说，可扩展的系统才是稳定的系统。如果在出现高峰状况时能及时扩展，就可使得系统阻塞的可能性大为下降。电子商务中，耗时仅 2 分钟的重新启动也可能导致大量客户流失，因而可扩展性极其重要。

（五）安全性

对于客户而言，无论网上的物品如何具有吸引力，如果他们对交易安全性缺乏把握，他们就不会在网上进行买卖。企业和企业间的交易更是如此。

在电子商务中，安全性是必须考虑的核心问题。欺骗、窃听、病毒和非法入侵都在威胁着电子商务，因此要求网络能提供一种端到端的安全解决方案，包括加密机制、签名机制、分布式安全管理、存取控制、防火墙、安全互联网服务器、防病毒保护等。为了帮助企业创建和实现这些方案，国际上多家公司联合开展了安全电子交易的技术标准和方案研究，开发了 SET（安全电子交易）和 SSL（安全套接层）等协议标准，使企业能建立一种安全的电子商务环境。

随着技术的发展，电子商务的安全性也会相应得以增强，成为电子商务的核心技术。

（六）协调性

商务活动是一种协调过程，它需要雇员和客户、生产方和供货方、商务伙伴间的协调。为提高效率，许多组织都提供了交互式的协议，电子商务活动可以在这些协议的基础上进行。传统的电子商务解决方案能加强公司内部的相互作用，电子邮件就是其中一种。但那只是协调员工合作的一小部分功能。利用互联网将供货方、客户和物流渠道联系起来，这样就能协调好交易的各个环节并提高交易效率。

电子商务是迅捷简便的、具有友好界面的用户信息反馈工具，决策者们能够通过它获得高价值的商业情报、辨别隐藏的商业关系和把握未来的趋势，进而，他们可以作出更有创造性、更具战略性的决策。

四、电子商务的交易模式

电子商务的模式有 B2B、B2C、B2G、C2B、G2C、C2C、B2B2C 等，但是电子商务的主要模式有 B2B、B2C、C2C 这三种。

B2B 电子商务是企业对企业的电子商务，它是指企业与企业之间依托互联网等现代信息技术手段进行的交易活动。B2B 电子商务包括企业与供应商之间的采购，企业与产品批发商、零售商之间的供货，企业与仓储、物流公司的业务协调等。B2B 是电子商务的主流，也是企业面临激烈市场竞争改善竞争条件、建立竞争优势的主要方法。无论是从电子商务的现状来看，还是从电子商务的发展趋势来看，B2B 电子商务的市场将远远大于其他模式的市场。

B2C 电子商务是企业对消费者的电子商务，它是指通过电子化、信息化的手段，尤其是互联网技术，把本企业或其他企业提供的产品和服务，直接传递给消费者的新型商务模式。该模式提供：售后售前服务、销售、使用各种电子支付工具付款。当前，在 Internet 上遍布的各种类型的商业中心，提供从鲜花、书籍到计算机、汽车等各种消费品和服务，从长远来看，B2C 的电子商务将取得长足进展，并最终在电子商务领域中占据重要地位。

C2C 的电子商务模式，是消费者对消费者的电子商务模式。这种模式的思想来源于传统的跳蚤市场。在跳蚤市场中，买卖双方可以进行一对一的讨价还价，只要双方同意，立即可以完成交易。总之，电子商务的各类交易模式各有各的特点，在未来的发展中随着各方面因素的成熟与完善，都将会取得快速、有序的发展。所以我们要了解每一个交易模式，以便更好地进行商业活动。

拓展练习

1. 分别登录阿里巴巴、当当网、携程网、海尔公司、中国制造网等，浏览网站主页及部分功能，对这些网站进行初步了解。

2. 体验网络购物，并完成如下环节：登录当当网、免费注册为会员、搜索所需图书、查看图书基本信息、选择购买并结算、填写收货地址、选择送货方式、付款方式、提交订单、生成订单后，查阅订单详情。

3. 列举不同类型网站，识别不同电子商务类型。

任务二　认识现代物流

引导案例

物流是保障世博会成功举办的关键环节之一。大量饮料、食品等生活保障用品能否及时配送，展品、活动品等能否顺利安装到位，直接关系到每天40万～60万参观者对世博会的体验、印象。而随着世博会工作顺序地展开，物流工作也将受到更大的挑战和考验。官方数据显示，上海世博会的展品物流量预计将达17.2万标箱，用于展馆建设的进境货物流量近25万立方米，参展人员约7 000万人次。世博物流的难点在于其具有很强的动态性，并非是常态下的物流需求，对企业的应急能力要求甚高。而且，世博物流对运输、配送的时间要求严格，要求参与企业必须做到准确无误。在世博会期间，物流企业每天都需达到最高的运作效率，在很短时间内完成所有规定的配送工作，避免造成延误或错误。可以说，一方面，世博物流对参与企业的业务能力提出了相当大的挑战；另一方面，参与世博物流也是企业完成自我提升的良好机遇。

资料来源：http：//info. jctrans. com/qikan/wlcg/921487. shtml.

思考：

1. 什么是现代物流？
2. 现代物流的内涵是什么？
3. 现代物流有哪些类型？
4. 有哪些物流企业参与了上海世博会？
5. 是传统物流企业还是现代物流企业能快速应对世博会提出的要求？

相关知识

社会出现了商品交换，便有了物流活动。经济活动离不开物的流通，物流与商流联系在一起并随着市场经济的发展而发展。伴随着物流活动的发展，物流概念也经历了传统物流、后勤管理到现代物流的发展历程。

一、物流活动

（一）物流活动与商流有关

现实的经济活动可以划分为生产活动、流通活动和消费活动三个方面，物流活动属于流通活动。流通从职能上来看，可以分为商流和物流两类。流通首先从商流开始，商流的产生是由于市场的扩大造成了生产与消费之间的社会阻隔，流通通过生产者与消费者之间商品所有权的转移来实现价值效用，从而将生产与消费有机地联系起来，这种流通活动就是通常的市场买卖活动。但是，仅有商流是不够的，因为伴随着商流必然会产生商品让渡。为了解决商品让渡过程中的问题，物流实现了商品有效地从生产者转移到消费者的职能，创造了流通的场所价值和时间价值。

（二）物流活动随着市场经济的发展而发展

市场经济的发展依靠社会分工的支持，社会分工的广度又依存于市场的扩大，而市场的扩大由物流活动支撑。目前，市场经济的发展进入成熟阶段，较历史任何时期都要发达、广阔，因而在生产与消费之间，时间、场所的分离越来越大，物流活动作为连接这种分离的环节，地位越来越重要，发展比以往任何一个时期都要快。

二、传统物流的概念

（一）传统物流概念的产生

物流活动自古有之，但直至 18 世纪工业革命，西方企业管理者仍将注意力集中在企业的生产领域。19 世纪以后，随着社会生产力的逐步提高，西方企业管理者的注意力才开始逐步向营销领域转移。当时美国等西方一些国家在经济危机的背景下显现出生产大量过剩和需求严重不足的市场萧条状态，使企业开始重视营销问题和营销中的物流问题。1915 年，美国人阿奇·肖在《市场流通中的若干问题》一书中提到“物流”一词，并指出市场营销具有需求生成（Demand Creation）和实物供应（Physical Supply）两大功能，堪称现代物流概念的早期萌芽，但此时的物流指的是销售过程中的物流，即流通物流。

20 世纪 30 年代初，物流概念还主要以“实物供应”一词出现在西方市场营销的基础教科书中，其内涵包括物资运输、物资储存等业务。此后，“实物供应”一词逐渐被“实物分配”所取代，物流概念开始显露雏形。1935 年，美国销售协会阐述了实物分配（Physical Distribution，PD）的概念，“实物分配是包含于销售之中的物质资料和服务在从生产场所到消费场所的流动过程中所伴随的各种经济活动”。可见，在最初的物流概念中，物流与市场营销中的实体分配有关，即与商品的实体流动相联系，这是传统意义上的物流概念。

（二）传统物流概念的发展

第二次世界大战期间，美国根据军事上的需要，在军火的战时供应中，首先采用后勤管理（Logistics Management），对军火的运输、补给、调配等进行全面管理，对战争的胜利起到了保障作用。第二次世界大战后，后勤学逐渐形成了单独的学科，并相继发展为“后勤工程”（Logistics Engineering）、“后勤分配”（Logistics of Distribution）等学科。1963 年，韦勃斯特把后勤定义为“军事装备、物资、设施与人员的获取、供给和运输”。1970 年，美国空军在一份技术报告中对后勤学的含义表述为“除了军需物资的订购、生产计划、采买、库存管理、配给、输送、通用外，还包括规格化、品质管理等军事作战行动所必需的资料管理”。后勤管理的方法后来被引入工业部门和商业部门，被人们称为“工业后勤”和“商业后勤”，其定义中包括下列一些业务活动：原材料的流通、产品分配、运输、购买与库存控制、储存、用户服务等。这时“后勤”一词不仅是军事上的含义，而且已经等同或接近于现代物流。

由上述可以看到，物流在概念上随着时间的推移有一定的变化。

三、现代物流的产生

（一）现代物流产生的背景

进入 20 世纪 80 年代后，随着社会经济的高速发展，物流所面临的经济环境有了很大变化，它表现在：

（1）市场经济的快速发展为物流的进一步发展提供了更大的机会，企业之间的竞争不再停留在技术、质量和价格领域，更延伸到了物流领域。

（2）信息技术的急速发展和革新不仅使业务的效率化和信息系统的构筑成为可能，同时也使企业的组织构造发生了改变，企业由纵向一体化向横向一体化发展不仅成为可能，而且是一种趋势，基于供应链的物流活动成为现代经济活动的重要特征。

（3）新经济时代，客户需求个性化、市场变化快速化使快速响应成为现代企业应对竞争所必需的关键能力。这种变化对物流产生了更高的要求，最低的成本、最快的速度和高质量的服务是现代物流的基本要求。

（4）经济全球化的发展使物流逐步跨越国境。在生产和销售给予有效支持的前提下，物流还应该具备在不同国家、地区内充分发挥专业优势的能力。

在这种背景下，原来狭义的物流概念受到了前所未有的挑战和批判，一是传统的狭义物流观念只重视商品的供应过程，而忽视了与生产有关的原材料和部件的采购物流，而后者在增强企业竞争力方面居于重要的地位，因为原材料和部件的采购直接关系到生产的效率、成本和创新；二是传统的物流是一种单向的物质流通过程，即商品从生产者转移到消费者手中，而没有考虑商品消费之后包装物或包装材料等废弃物品的回收以及退货所产生的物流活动；三是传统物流只是生产销售活动的附属行为，并着重于物质商品的传递，从而忽视了物流对生产和销售在战略上的能动作用，特别是随着准时制生产（Just In Time）管理体系在世界范围内的推广，导致以时间为中心的竞争变得更加重要，物流行为直接决定了生产决策。

（二）现代物流的概念

与上述环境的变化和对传统物流的批判相对应，1984 年美国物流管理协会正式将物流这个概念从 Physical Distribution 改为 Logistics，并将现代物流定义为“为了符合顾客的需求，将原材料、半成品、完成品以及相关的信息从发生地向消费地流动的过程，以及为使保管能有效、低成本而从事计划、实施和控制的行为”。

这个定义的特征是强调了顾客满意度、物流活动的效率性，以及将物流从原来的销售物流扩展到采购物流、企业内物流和销售物流。此后，物流的概念又得到进一步的发展，1991 年 11 月荷兰乌德勒支市举办了第九届物流国际会议，在这次会议上，人们对物流的内涵进行了更多的拓展，不仅接受了欧美的现代物流概念（Logistics），认为物流应包括生产前和生产过程中的物质、信息流通过程，而且还向生产之后的市场营销活动、售后服务、市场组织等领域发展。显然，物流概念的扩展使物流不仅包括了与销售预测、生产计划的决策、库存管理、顾客订货的处理等相关的生产物流，还延伸到了与顾客满意相关的各种营销物流活动。

关于现代物流概念的代表性观点还有：

（1）美国物流管理协会（The Council of Logistics Management）认为，物流是供应链流程的一部分，是为了满足消费者需求而对货物、服务及相关信息在起始点与消费地之间高效率、高效益地正向和逆向流动以及存储所进行的计划、执行和控制的活动。

（2）美国物流工程师学会（The International Society of Logistics）认为，物流是与需求、设计、资源供给和维护有关，以支持目标、计划及运作的科学、管理、工程和技术活动的艺术。

（3）美国物流协会（The Council of Logistics）认为，物流是有计划地将原材料、半成品和成品由生产地送到消费地的所有流通活动。内容包括：为用户服务、需求预测、情报信息联系、材料搬运、订单处理、选址、采购、包装、运输、装卸、废料处理和仓库管理等。

（4）日本物流协会（Japan Institute of Logistics）认为，物流是一种对原材料、半成品和成品的有效流动进行规划、实施和管理的思路，它同时协调供应、生产和销售各部门的个别利益，最终达到满足客户的需求。

（5）欧洲物流协会（European Logistics Association）认为，物流是为达到特定的目的，在一个系统内对人员或商品的运输、安排以及支持活动的计划、执行和控制。

（6）中国台湾物流协会（Taiwan Association of Logistics Management）认为，物流是一种物的实体流通活动的行为，在流通过程中，通过管理程序有效地结合运输、仓储、装卸、包装、流通加工、资信等相关物流机能性活动，以创造价值、满足顾客和社会需求。简单地说，物流是物品从生产地至消费者或使用地点的整个流通过程。

（7）国家标准的物流术语：物流是物品从供应地向接收地的实体流动过程。根据实际需要，实现运输、仓储、装卸、搬运、流通加工、配送、信息处理等基本功能的有机结合。

（8）中华人民共和国交通部（现交通运输部）等六部委发布的《关于加快我国现代物流发展的若干意见》认为，物流是原材料、产成品及相关信息从起点至终点有效流动的全过程，它将运输、仓储、装卸、加工、整理、配送、信息等方面有机结合，形成完整的供应链，为用户提供多功能、一体化的综合性服务。

综上所述，所谓现代物流是指为了实现顾客满意和挖掘“第三利润源”，利用现代信息技术将运输、仓储、装卸搬运、包装、流通加工、配送、信息处理、需求预测、用户服务等活动有机地整合起来，经济有效地将原材料、半成品及产成品由生产地送到消费地的所有流通活动。

（三）现代物流概念的内涵

（1）现代物流是指有关“物”的流通的经济活动。现代物流是将货物由供应者向需求者的物理性移动，包括运输、仓储、装卸搬运、包装、流通加工、配送等活动，是从供应开始经各种中间环节的转让而到达最终消费者手中的实物运动，并以此实现社会商品的流通。

（2）现代物流是关于“物”的信息活动过程。伴随物资的流通将产生大量的信息，具体地说，物流是与上述运输、仓储、装卸搬运、包装、流通加工、配送等物资流通活动相关的信息活动。如果物流要将适当数量的产品在适当的地方用适当的价格供给消费者，就需要借助物流信息进行各种过程的统一和综合。可见，物流是一个借助通信方式控制仓库场所、运输方式、保管方法、加工配送等方面的系统。

（3）现代物流是创造时间价值和场所价值的经济活动。物流过程克服了时间和空间的距离，连接供给主体和需求主体，从供应、生产、搬运、仓储到销售，在各个不同环节上创造价值，使这一过程中有形、无形的资本获得增值，可见，它是物资在物理性移动中创造经济价值的活动。例如，将产品运输到消费者需要的场所，或在产品流通过程中加以分类的包装，可以方便消费者购买，使产品真正变成商品。

（4）现代物流是利用现代信息技术将多种活动有机整合的集成性活动。物流过程也是实现组织目标的过程，要对这一过程进行计划、控制和组织，既要满足顾客需要，又要实现自身盈利。在实现物的流动中包括运输、仓储、装卸搬运、流通加工、包装、配送等实物处理的过程，这些处理过程形成了环环相扣的链接整体。

另外，在物的流动中，要靠信息活动来统一和协调，借助于信息技术手段来实现物的流动的科学化和数字化，降低物流活动的成本。可以说，物流是产品流、商流、信息流的相互融合和统一。

（5）现代物流的目的是使顾客满意和挖掘“第三利润源”。现代物流的目标是以最经济的方式和手段为顾客提供良好的服务，在使顾客满意的同时创造“第三利润源”。因此，物流企业要认识顾客需求为其服务，通过准时、节约、规模优化、库存调节等手段来挖掘和创造“第三利润源”（利益增量），并在相关利益主体间进行合理分配，以达到双赢或多赢的目的。

案例

电子商务“成也物流，败也物流”

“如果你愿意出200块钱，我就给你找一个新丝路的女模特送货。”李国庆在2006年一次颁奖大会上用略带调侃的语气回应那些对送货员有意见的挑剔消费者。

时至今日，当当、淘宝、京东等国内电子商务巨头以提升自身用户体验的务实姿态，纷纷自建物流体系，无论是李国庆、马云还是刘强东显然在对待用户体验上从回避到献媚的华丽转身，说明了一个至关重要的问题：物流作为电子商务最后一千米、最接近用户的界面，承载的不仅仅是一次购物体验，更放大了用户对电商品牌认可的程度。可以说，电子商务是信息传播的保证，而物流是执行的保证，没有物流，电子商务只能是一张空头支票。

实际上，物流成本高，已是业内公开的秘密，这也成为整个电子商务企业所面临的最大瓶颈。无论是京东商城、当当，还是卓越，这些需要自己承担物流成本的电子商务企业至今盈利之路不无艰辛。

在日本，连锁商店成为电子商务必争之地。先是索尼等7家大公司与日本规模最大的连锁商店“7-11”宣布成立电子商务交易新公司，之后各个连锁商店纷纷效仿。不少日本业界人士提出，谁能尽早掌握有效销售渠道，谁就能在未来称霸电子商务交易市场。这种说法是有道理的，主要是因为连锁店所具有的诸多优势使它能够成为担当B2C物流配送的主力军。

首先，连锁店一般全天候营业，它可以满足网上消费者的要求提供24小时服务，在一天中任何时候为顾客送货；同时连锁店贴近居民区，可以缩短取货时间。这样有效地解决了B2C中送货时间长、成本高的问题。

其次，地域分布广阔的商业网络、优越的电子信息技术以及高效的物流系统使连锁经营店能够为网上虚拟商场提供实际意义的支持，可以说是连锁店使电子商务生了根，让电子商务落了地。B2C网站一旦与连锁经营店相结合，即可真正享受到连锁店巨大的商业网络和电子信息技术给它带来的好处。人们通过上网订购商品，来到附近的连锁店取货或由连锁店人员送货上门，就可十分便利省时地完成购物活动。

连锁经营店如果与B2C网站实现对接，可为网站运营商在节省费用的情况下带来大量忠实顾客。对于所有零售商而言，用于扩大顾客群的花费是一笔不小的开支。同时，电子商务通过特约连锁经营店，更能充分扩大参与网上购物的消费群体，也为更多消费者进行网上购物提供更大的便利。

在中国深圳的用户足不出户，就可以享用一座现代图书馆，并且不用为此支付一分钱。青番茄网站提供这样的服务：你只需注册并交纳一定的押金，就可以免费借阅图书。其与众不同的地方在于，对方将快递送书上门，并在借阅期满后上门收书。对于其提供的每一项服务，几乎都由自己埋单，它不是公益组织，也不是慈善机构，它靠什么赚钱呢？

通过简单计算即知，这是一笔巨大的投入——目前的同城快递单次费用一般在10元左右，以半价计，一个读者借阅一次，往返快递费用为10元，60万读者借一次，则意味着花掉600万元。因此对青番茄来说，物流同样是一个致命难题。青番茄目前采取的解决方式是：部分自建，部分和DHL合作。

在微博上，一些读者对此大加抱怨。“我想问问，一个订单处理要多长时间？我7月1日下的单，到7月8日仍在备货中，工作人员都是蜗牛吗？”

青番茄现在对读者承诺的送书时间为3～5天。该企业负责人表示之所以不承诺当日送达，是因为同城非“当日达”的价格比“当日达”低得多，在她看来，因为一切都是免费的，读者对送达时间也就没那么苛刻，“但以后肯定要努力争取更快一些，”

她说。

网络购物的便捷性即体现在送货上门，快捷方便，但对于家电尤其是冰箱、洗衣机、空调等体积较大的产品，对物流配送的效率、货物安全都要求较高。不过，尽管各大家电厂商在建立电子商务渠道方面不遗余力，但消费者对其的态度却是又爱又恨。反观国内部分网购平台在这方面却有着明显的不足，消费者在下单之后，快则三五天、慢则半个月才能收到产品。快递不快，成为消费者诟病的原因。

为了改变这一切，白色家电海尔集团旗下海尔商城就做出了“24 小时限时送达”的承诺，消费者在网上商城下单后，24 小时内就可享受集送货上门、调试安装于一体的一站式服务，满意后再付款；如果海尔在 24 小时内没有送货到门，消费者购买的任何产品都可免单。

海尔商城何以有此信心，破解网购平台的物流难题，让大件家电也能快速送达消费者的手中？这都要得益于海尔多年来的渠道建设，海尔专卖店已经林立于社区之中。有了这个基础，海尔商城利用虚实互动作为手段，将网络销售与遍及全国的现实渠道相结合，消费者在网上下单之后，由离顾客最近的专卖店出货，从而将网购周期大大缩短，使得送货时间限定在 24 小时之内，即使像冰箱、洗衣机、空调这类大件产品也能在既定的时间内顺利送达。这便是海尔商城相较传统网购平台的优势所在。在如今这个注重效率的时代，海尔商城以“24 小时限时送达”的承诺，开启了网购的新局面。

对于电子商务企业来说，定制适合自己的物流服务，能够按照自己要求的时间、要求的质量、要求的数量送到正确的客户手中，是对 B2C 物流的最基本的要求。真正塑造电子商务企业形象的部分在于快递员将商品送到客户手中时为客户留下的印象。相信曾经在凡客诚品有过购物经历的人都会因为如风达快递的优质服务而对凡客诚品的品牌形象有良好的印象。京东、1 号店等企业选择自建物流，其中主要的原因便是为了能够为客户提供更加个性化的服务。

目前，电子商务与物流配送之间的矛盾不仅是规模不相配套之间的矛盾，而且是电子商务企业订单相对不稳定，而物流公司在淡季遭遇大量运力及仓储的空闲，旺季又遭遇爆仓的矛盾。

商品交易在线下市场往往是相对稳定的，第三方物流企业可以通过为不同的企业提供物流服务而平衡业务量的波动，以形成稳定的、标准化的物流需求。那么线上市场是否也能够通过一体化的信息平台来实现运输资源的合理配置呢？

国内著名的物流供应链厂商博科资讯认为，电子商务与物流需要并肩发展，才能够避免两者发展不平衡造成的资源浪费。电子商务物流需要实现一体化、可追踪、完善的物流信息化平台，如果物流企业可以通过这个统一的信息化平台实现标准化物流服务，那么电商与物流在业务量波动方面的矛盾就迎刃而解了。

资料来源：http：//www.cnetnews.com.cn/2011/0722/2048512.shtml.

课堂讨论：

1. 为什么没有物流，电子商务只能是一张空头支票？
2. 电子商务为什么“成也物流，败也物流”？

任务三 电子商务对物流的挑战

引导案例

戴尔别具一格的电子商务化物流

电子商务已风靡全球，有些公司利用它已取得很好的成效，在此方面可以首推戴尔（Dell）公司。该公司在商用PC市场上已成为第一大供应商，其销售额每年以40%的增长率递增，是该行业平均增长率的2倍。

在美国，电子商务的提出最终是为了解决信息流、商流和资金流处理上的烦琐对现代化物流过程的延迟，进一步提高现代化的物流速度。可见，美国在实施电子商务之初，就有强大的物流支持，需要将电子商务与物流对接起来，即电子商务过程需要物流的电子化。

戴尔公司成绩的取得用其总裁迈克尔·戴尔的话说，应归功于物流电子商务化的巧妙运用。

一、戴尔的电子商务化物流运作流程

戴尔通过国际互联网和企业内部网进行销售。在日常的经营中，戴尔仅保持两星期的库存（行业标准超过60天），其存货一年可周转30次以上。基于这些数字，戴尔的毛利率和资本回报率是相当高的：分别是21%和106%。这些都是戴尔实施电子商务化物流后取得的物流效果。以下是它的电子商务化物流运作的流程。

1. 订单处理

在这一步，戴尔接受消费者的订单。消费者可以拨打800免费电话，也可以通过戴尔的网上商店进行订货。戴尔首先检查订单项目是否填写齐全，然后检查订单的付款条件，并按付款条件将订单分类。采用信用卡支付方式的订单将被优先满足，其他付款方式则要更长时间得到付款确认。只有确认支付完款项的订单才会立即自动发出。零部件的订货将转入生产数据库中，订单也随即转到生产部门进行下一步作业。用户订货后，可以对产品的生产过程、发货日期甚至运输公司的发货状况等进行跟踪。

2. 预生产

戴尔在正式开始生产之前，需要等待零部件的到货，这叫做预生产。预生产的时间因消费者所订的系统而不同，主要取决于供应商的仓库中是否有现成的零部件。

二、电子商务化物流给戴尔带来的好处及隐患

使用电子商务化物流后，一方面，戴尔可以先拿到用户的预付款和运费；另一方面，戴尔在货运公司将货运到后才与其结算运费。也就是说，戴尔既占压着用户的流动资金，又占压着物流公司的流动资金；戴尔的竞争对手一般保持着几个月的库存，但戴尔按单生产没有库存风险，只保持几天库存的水平，这些因素使其年均利润率超过对手50%。

但无论何种销售方式，首先必须对用户有好处，戴尔的电子商务型直销方式对用户的

价值包括：一是可以满足个性化的用户需求；二是精简的生产、销售、物流过程可以省去一些中间成本，价格较低；三是用户可以享受到完善的售后服务，包括物流、配送服务等。

决定戴尔直销系统成功与否的关键之一是要建立一个覆盖面较大、反应迅速、成本适合的物流网络和系统。如果戴尔按照承诺将所有的订货都直接从工厂送货上门，就会带来两个问题。

1. 物流成本过高

如果用户分布的区域很广，订货量又少，则这种系统因库存降低减少的库存费用将无法弥补因送货不经济导致的运输及其他相关成本的上升。因此在某些重要的销售市场设立区域配送中心是必要的，但这可能使库存成本上升，而交货期缩短。

2. 交货期过长

在传统的销售渠道下，消费者面对现货；在戴尔的销售方式下，用户面对的是期货。消费者缘于名牌企业的声誉还可能这样去等待，但这并不是消费者期望的事情。像戴尔这样依赖准确的需求预测、电话订货或网上订货，然后再组织生产和配送的模式，实际上蕴藏着较大的市场、生产及物流风险，不是很容易办到。

三、电子商务的生命力是增值性物流服务

如果将电子商务的物流需求仅仅理解为门到门运输、免费送货上门的话，那就错了。因为电子商务需要的不是普通的运输和仓储服务，而是物流服务。除了传统的物流服务外，电子商务还需要增值性的物流服务。增值性的物流服务包括以下几层含义和内容。

1. 延伸服务

物流能够在新经济的今天发展得如此迅猛，是因为它的核心是成本的降低，但它的额外服务更令企业界赞不绝口。因此物流服务向上可以延伸到市场调查与预测、采购及订单处理；向下可以延伸到配送、物流咨询、物流方案的选择与规划、库存控制决策建议、货款回收与结算、教育与培训、物流系统设计与规划方案的制作等。

2. 降低成本，即发掘“第三利润源泉”的服务

电子商务发展的前期，物流成本居高不下，有些企业可能会因为根本承受不了这种高成本而退出电子商务领域，或者是选择性地将电子商务的物流服务外包出去，这是很自然的事情。发展电子商务，一开始就应该寻找能够降低物流成本的物流方案。企业可以考虑的方案包括：采用第三方物流；电子商务经营者之间或电子商务经营者与普通商务经营者联合，采取物流共同化计划；同时，如果具有一定销售量的电子商务企业可以采用比较适用但投资较少的物流技术和设施设备，或推行物流管理技术，如运筹学中的管理技术、单品管理技术、条码技术和其他信息技术等，提高物流的效率和效益，降低物流成本。

戴尔给我们提供了电子商务化物流的先河。如何实现电子商务化物流已是目前企业所面临的问题，而能否提供电子商务化物流增值服务现在已成为衡量一个企业物流是否真正具有竞争力的标准。

思考：

1. 描述电子商务与现代物流的关系。
2. 电子商务对物流提出了什么要求？
3. 解读电子商务对现代物流的影响以及现代物流对电子商务的影响。

4. 分析电子商务环境下物流业的发展趋势。
5. 电子商务物流和物流企业的电子商务有什么区别？需要如何组建？

相关知识

电子商务是信息化、网络化的产物，虽然其自身的特点已广泛引起了人们的注意，但是人们对电子商务所涵盖的范围却没有统一、规范的认识。过去，人们对电子商务过程的认识往往只局限于信息流、商流和资金流的电子化、网络化，而忽视了物流的电子化过程，认为对于大多数商品和服务来说物流仍然可经由传统的经销渠道。但随着电子商务的进一步推广与应用，物流的重要性对电子商务活动的影响日益明显。试想，在电子商务下，如果消费者网上浏览后，通过轻松点击完成了网上购物，但所购货物迟迟不能送到手中甚至出现了买错货的情况，其结果可想而知，消费者只能放弃电子商务，选择更为安全可靠的传统购物方式。

在电子商务中，一些电子出版物，如软件、CD 等可以通过网络以电子的方式送给购买者，但绝大多数商品仍要通过各种方式完成从供应商到购买者的物流过程。许多网上商店由于解决不了物流问题，只好告诉购买者送货必须在一定的范围内，否则就不要购买，电子商务的跨地域优势也就没有了。

一、电子商务对物流活动的影响

现代物流与电子商务的关系极为密切。一方面，现代物流是电子商务不可缺少的支撑体系，网上完成交易的货物必须通过现代物流系统送到购买者手中。另一方面，现代物流的信息传递和组织管理也要借助电子商务的手段实现，从而使现代物流效率更高、物流资源利用更加充分。物流未来的发展与电子商务的影响是密不可分的，可以这样理解这种关系：物流本身的矛盾促使电子商务发展，而电子商务恰恰提供了解决物流瓶颈的手段；反过来，电子商务本身矛盾的解决也需要物流提供手段，新经济模式要求新物流模式。

（一）改变人们传统的物流观念

电子商务对传统物流观念的影响，可以从以下几个方面来理解：

（1）物流系统中的信息变成了整个供应链运营的环境基础。网络是平台，供应链是主体，电子商务是手段。信息环境对供应链的一体化起着控制和主导的作用。

（2）企业的市场竞争将更多地表现为以外联网所代表的企业联盟的竞争。换句话说，网上竞争的直接参与者将逐步减少。更多的企业将以商品或服务的专业化参与到以核心企业（有品牌优势、知识管理优势的企业）为龙头的分工协作的物流体系中，在更大的范围内建成一体化的供应链，并作为核心企业组织机构虚拟化的实体支持系统。供应链体系有纵向和横向的无限扩张的可能性，将对企业提出更广泛的联盟化和更深度的专业化需求。显然，在电子商务的框架内，联盟化和专业化是互为表里并统一在物流体系之中的。

（3）市场竞争的优势将不再是企业拥有的物质资源有多少，而在于它能调动、协调、整合多少社会资源来增强自己的市场竞争力。因此，企业的竞争将是以物流系统为依托的信息联盟或知识联盟的竞争。物流系统的管理也从对有形资产存货的管理转为对无形资产信息或知识的管理。

(4) 物流系统面临的基本技术经济问题是如何在供应链成员企业之间有效地分配信息资源使全系统的客户服务水平最高，即追求物流总成本最低的同时为客户提供个性化的服务。

(5) 物流系统由供给推动变为需求拉动。当物流系统内的所有方面都得到网络技术的支持时，产品的可得性将极大地提高。同时，物流系统的各个功能环节上的成本将极大地降低，如降低采购成本、降低库存成本、缩短产品开发周期、为客户提供有效的服务、降低销售和营销成本以及增加销售机会等。

(二) 改变物流的运作方式

传统的物流活动在运作过程中，不管是以生产为中心，还是以成本或利润为中心，其实质都是以商流为中心，从属于商流活动，因而物流的运动方式是紧紧伴随着商流来运动的。电子商务可使物流实现网络的实时控制。电子商务下物流的运作以信息为中心，信息不仅决定了物流的运动方向，而且决定着物流的运作方式。在实际运作过程中，通过网络上的信息传递，可以有效地实现对物流的实时控制，实现物流的合理化。

网络对物流的实时控制是以整体物流来进行的。在传统的物流活动中，虽然也依据计算机对物流实时控制，但这种控制都是以单个的运作方式来进行的。例如，在实施计算机管理的物流中心或仓储企业中，所实施的计算机管理信息系统都是以企业自身为中心来管理物流的。而在电子商务时代，网络全球化可使物流在全球范围内进行整体实时控制。

(三) 改变物流系统的结构

由于网上客户可以直接面对制造商并可获得个性化服务，故传统物流渠道中的批发商和零售商等中介将逐步淡出，但是区域销售代理将受制造商委托逐步加强其在渠道和地区性市场中的地位，作为制造商产品营销和服务功能的直接延伸。

网上时空的“零距离”与现实世界的反差将增大，客户对产品可得性的心理预期加大将导致企业交货速度的压力变大。因此，物流系统中的港、站、库、配送中心、运输线路等设施的布局、结构和任务将面临较大的调整。例如，美国的计算机巨头尤尼西斯公司在1988年采用了EDI的MRP系统后，将欧洲区的5个配送中心和14个辅助仓库缩减为1个配送中心。在企业保留若干地区性仓库以后，更多的仓库将改造为配送中心。由于企业存货的控制能力变强，物流系统中仓库的总数将减少。

由于信息共享的即时性使制造商在全球范围内进行资源配置成为可能，故制造商的组织结构将趋于分散并逐步虚拟化。当然，这主要是那些拥有品牌的、产品在技术上已经实现功能模块化和质量标准化的企业。

大规模的电信基础设施建设，使那些能够在网上直接传输的有形产品的物流系统隐形化。这类产品主要包括书报、音乐、软件等，即已经数字化的产品物流系统将逐步与网络系统重合，并最终被网络系统取代。

(四) 改变物流企业的经营形态

电子商务将改变物流企业对物流的组织和管理。在传统经济条件下，物流往往是由某一企业来进行组织和管理的，而电子商务则要求物流以社会的角度来实行系统的组织和管理，以打破传统物流分散的状态。这就要求企业在组织物流过程中，不仅要考虑本企业的物流组织和管理，而且要考虑全社会的整体系统。

电子商务将改变物流企业的竞争状态。在传统经济活动中，物流企业之间存在激烈的竞争，这种竞争依靠本企业提供优质服务和降低物流费用等方式进行。在电子商务时代，传统经济活动中的竞争虽然依然存在，但有效性大大降低的原因在于电子商务需要一个全球性的物流系统来保证商品实体的合理流动，对于一个企业来说，即使它的规模再大，也难以达到这一要求。这就要求物流企业应相互联合起来，在竞争中形成一种协同竞争的状态，以实现物流高效化、合理化、系统化。

（五）改善物流基础设施，提高物流技术与管理水平

电子商务将促进物流基础设施的改善。电子商务高效率和全球性的特点，要求物流必须具有良好的交通运输网络、通信网络等基础设施，这是最基本的保证。

电子商务将促进物流技术进步，物流技术主要包括物流硬技术和软技术。物流硬技术是指在组织物流过程中所需的各种材料、机械和设施等；物流软技术是指组织高效率的物流所需的计划、管理、评价等方面的技术和管理方法。现代物流技术包括各种操作方法、管理技能，如流通加工技术、物品包装技术、物品标识技术、物品实时跟踪技术等；同时包括物流规划、物流评价、物流设计、物流策略等。在计算机网络技术的应用普及后，尤其是随着电子商务的飞速发展，物流技术中又综合了许多现代技术，如 GIS（地理信息系统）、GPS（全球卫星定位）、EDI（电子数据交换）、BARCODE（条形码）等。

电子商务将促进物流管理水平的提高。物流管理水平的高低直接决定和影响着物流效率，也影响着电子商务高效率优势的实现。只有提高物流的管理水平，建立科学合理的管理制度，将科学的管理手段和方法应用于物流管理才能确保物流的畅通进行，实现物流的合理化和高效化。

（六）电子商务将物流业提升到前所未有的高度

电子商务的不断发展，必然导致整个社会的产业出现新的分布。从总体上来说，可以归结为两大类：一类是实业，包括制造业和物流业；另一类是信息业，包括广告、订货、销售、购买、服务、金融、支付和信息处理等。

在实业中，制造业和物流业二者相比，制造业会逐渐弱化，而物流业会逐渐强化。这个弱化是一个泛指的概念，实际上从社会的总体上来说，制造业的功能并没有弱化，而是不断变强，因为社会的发展必然会产生更多的需求，而这些需求就会产生更多的制造产品。“弱化”包括两个方面的含义：一方面是对于企业个体来说，变得越来越虚拟化，这是因为社会已经从短缺经济走向了剩余经济，绝大多数的产品都出现了供给大于需求的现象，这就导致很难找到一个企业能长期不变地只生产固有的产品，所以要求制造企业生产的产品必须随着社会需求迅速变化。今天生产这个产品，说不定明天就要改产另外的产品，今天这个企业还存在，说不定明天就不存在了。另一方面是指从社会总体上来看，制造企业的地位在不断地弱化。由于科技的发展，使人类的制造水平越来越高，制造变得越来越容易，从而导致制造业在整个社会的地位下降。

物流企业会越来越强化，这是因为在电子商务下消费者在网上的虚拟商店购物，并在网上支付，送货的功能就由物流公司承担。也就是说，现实的商店没有了，银行没有了，唯独物流公司不能省略，反而任务加重了。物流公司不但要把虚拟商店的货物送到用户手上，而且还要从各个生产企业及时进货，存放到物流仓库中。物流公司既是生产企业的仓库，又是用户的实物供应者。

在电子商务环境下，随着绝大多数的商店、银行虚拟化，商务事务处理信息化、多数生产企业柔性化，整个市场剩下的就只有实物物流处理工作，物流企业也就成为代表所有生产企业及供应商向用户进行实物供应的唯一的供应者，是进行区域市场实物供应的唯一主体。可见，电子商务把物流业提升到了前所未有的高度。物流企业应该认识到，电子商务为它们提供了一个空前发展的机遇！

（七）电子商务下物流需求的新变化

1. 销售的商品多样化和复杂化

在电子商务世界中，除了个别的商品特别不适合于采用电子商务的销售方式外，其他的大部分商品都适合在网上进行销售。随着商品的不断丰富，人们更希望购买具有个性化的商品，或者手工制作的产品，这些商品能够满足用户产量很少的特殊要求。在电子商务出现之前，人们购买这种商品的机会相对较少，认为生产者和消费者之间存在很多沟通的问题。但在电子商务环境下，人们通过网络可以很方便地寻找到这些商品，生产者和消费者（或者说出售者和购买者）之间存在的巨大鸿沟被网络轻易地填平，在电子商务环境下，人们购买的商品变得多样化和复杂化，从而导致了物流的多样化和复杂化。

2. 消费者的地区分布分散化

Internet 是无国界的，但是 Internet 所触及的地区是否就是电子商务的销售区域呢？在电子商务发展的初级阶段这是不可能的。一般商务活动的有形销售网点按销售区域来配置，每一个销售点负责一个特定区域的市场。例如，把全国划分为几个销售大区，每个大区内有若干销售网点，再设立一个配送中心，负责向该区域内的销售网点送货，销售网点向配送中心订货和补货，配送中心则在规定的时限内将订货送达。电子商务也可以按照这种方式来操作，但是电子商务的客户在地理分布上十分分散，要求送货的地点不集中，物流网络并不像 Internet 那样覆盖范围广，无法经济合理地组织送货。显然，提供电子商务服务的公司也需要像有形店铺销售一样，要对销售区域进行定位，对消费人群集中的地区提供物流承诺，否则是不经济的。还有一种处理办法就是针对不同的销售区域采取不同的物流服务政策。

3. 物流服务需求多功能化和社会化

与传统的把物流分割成包装、运输、仓储、装卸等若干个独立的环节，由不同的企业单独完成的做法不同，电子商务的物流要求物流企业提供全方位的服务，既包括仓储、运输服务，也包括配货、分发和各种客户需要的配套服务，使物流成为连接生产企业与用户的重要环节。电子商务企业发展的要求是做好商务的事情，主要完成订单的接收和处理，完成商流和资金流；而对于所有的物流，包括从仓储、包装到运输、配送等全部由物流企业来完成，把物流的各个环节作为一个完整的系统进行统筹协调、合理规划，使物流服务的功能多样化，更好地满足客户的需求。

（八）对客户服务的影响

对客户服务的影响主要表现在：

（1）要求在客户咨询服务的界面上，能保证企业与客户间的即时互动。

（2）要求客户服务的个性化。只有当企业对客户需求的响应实现了某种程度的个性化对应时，企业才能获得更多的商机。

（九）物流服务空间的拓展

电子商务需要的不是普通的运输和仓储服务，它需要的是物流服务，而物流与仓储运输存在着比较大的差别。电子商务经营者需要的是增值性的物流服务，而不仅仅是传统的物流服务。主要体现在下述五个方面。

1. 便利性服务

一切能够简化手续、简化操作的服务都是增值服务。简化是相对消费者而言的，并不是说服务的内容简化了，而是指为了获得某种服务，以前需要消费者自己做的事情，现在改为商品或者服务提供商来做，从而使消费者获得这种服务变得简单，而且更加好用，这当然增加了商品或服务的价值。

2. 低成本服务

发展电子商务，一开始就应该寻找能够降低成本的物流方案。企业可以考虑的方案包括：采用第三方物流服务商；电子商务经营者之间、电子商务经营者与普通商务经营者联合，采用物流共同化计划。

3. 快速反应服务

电子商务的优势之一是能大大简化业务流程，降低企业运作成本。而电子商务下企业成本优势的建立和保持必须以可靠和高效的物流作为保证。

快速反应已经成为物流发展的动力之一。传统的加快反应速度的做法变成单纯对快速运输的一种要求。而现代物流的观点认为，可以通过两条途径使过程变快：一是提高运输基础设施和设备的效率，如修建高速公路、铁路提速、制定新的交通管理办法及提高汽车的行驶速度等；二是优化电子商务系统的配送中心和物流中心的网络，重新设计适合电子商务的流通渠道，以此来减少物流环节，简化物流过程，提高物流系统的快速反应能力。

4. 延伸服务

电子商务下，新型物流强调物流服务功能的恰当定位与完善化、系列化。除了传统的存储、运输、包装、流通加工等服务外，向上可以延伸到市场调查与预测、采购及订单处理，向下可以延伸到配送、物流咨询、物流方案的选择与规划、库存控制决策建议、货款回收与结算、教育与培训、物流系统设计与规划方案的制作等。

5. 配送服务

在电子商务环境下，配送中心最初提供的是区域性的物流区分，以后发展到提供长距离服务，而且提供越来越多的服务项目。如何满足客户的需要，把货物送到客户手中，反映了配送中心的作业水平。配送中心不仅与生产厂家保持紧密的伙伴关系，而且直接与客户联系，能及时了解客户的需求信息，并沟通厂商和客户双方，发挥桥梁作用。

（十）供应链管理的变化

1. 供应链短距离化

在传统的供应链中，产品从生产企业流通到消费者要经过多层分销商，流程很长，由此造成了很多问题。现在，电子商务缩短了生产企业与最终用户之间供应链的距离，生产企业可以通过自己的网站绕过传统的经销商与客户直接沟通。虽然目前很多非生产企业的商业网站继续充当传统经销商的角色，但由于它们与生产企业、消费者直接互联，只是一个虚拟的信息与组织中介，不需要设置多层实体分销网络（包括人员与店铺设施），也不需要存货，因此，这些网站的存在仍然降低了流通成本，缩短了流通时间，使物流路径短距离化。

2. 供应链中货物流动方向由“推动式”变成“拉动式”

在传统的供应链中，由于供销之间的脱节，供应商难以得到及时而准确的销售信息，因此只能对存货管理采用计划方法。可见，存货的流动是“推动式”的。这种方法有明显的缺点：第一是缺乏灵活性，销路好的商品，其存货往往可得性差，销路不好的就积压；第二是运转周期长。

在电子商务环境下，供应链实现了一体化，供应商与零售商、消费者通过 Internet 连在一起。通过 POS、EOS 等现代物流技术，供应商可以及时且准确地掌握产品销售信息与顾客信息。此时存货管理采用反应方法，按所获信息组织产品生产和对零售商进行供货，存货的流动变成“拉动式”，完全可以消除“推动式”的缺点，并实现销售方面的“零库存”。

二、物流对电子商务的影响

（一）物流是电子商务的重要组成部分

在电子商务环境下，物流、商流、资金流与信息流的处理都可以通过计算机和网络通信设备实现。物流作为四流中最为特殊的一种，是指物质实体的流动过程。对于各种电子出版物、信息咨询服务、有价信息软件等少数商品和服务来说，可以直接通过网络传输的方式进行配送，而对于大多数商品和服务来说，仍要经由物理方式传输，一系列机械化、自动化工具的应用，准确、及时的物流信息对物流过程的监控将使物流的流动速度加快、准确率提高，能有效地减少库存、缩短生产周期。

从根本上来说，物流电子化应是电子商务的一个重要组成部分。缺少了现代化的物流过程，电子商务过程就不完整。物流在电子商务中的作用有：

（1）提高电子商务的效率与效益。

（2）实现电子商务的目标。

（3）扩大电子商务的市场范围。

（4）实现基于电子商务的供应链集成。

（5）集成电子商务的商流、信息流与资金流。

（6）支持电子商务的快速发展。

由此可见，物流是电子商务的重要组成部分。随着电子商务的推广与应用，物流对电子商务活动的影响日益明显。

（二）物流是实现电子商务的保证

目前的电子商务是在网上订货，用传统物流系统送货。许多网上商店由于解决不了物流问题，往往就限制了送货范围，从而失去了电子商务的跨地域优势；要求消费者除支付商品费用外，还要额外支付邮寄费，迫使消费者放弃电子商务，选择更为安全可靠的传统购物方式。由此可见，物流是实施电子商务的关键所在。

1. 服务商流

在商流活动中，供需双方在签订购销合同的那一刻起，商品的所有权就从供应方转移到了需求方，而商品实体还没有移动，所以一般的商流必须有相应的物流活动，按照需求方的要求将商品实体以适当的方式向需求方转移。

在这个过程中，物流实际上是商流的后续服务。没有物流的服务作用，商流活动也就不能正常实现。

2. 保障生产

其实在整个生产过程中，物流活动就一直存在着。从原材料的采购开始，就需要原材料的运输，否则生产不能正常进行；在生产的各个工艺流程之间，也需要原材料和半成品的物流过程；产品生产出来后，储存到仓库中或者进入销售过程，整个过程中都需要物流过程，显然，整个生产过程实际上就是系列化的物流活动。

3. 方便生活

在人们的现实生活中都存在着物流。通过不同国家间的运输，人们可以使用到各种商品，可以穿上世界名牌的服装，使用法国的迷人香水；通过先进的储藏技术，可以让新鲜的食品保持得更持久；通过多种形式的行李托运业务，让人们的旅途更加休闲。

（三）第三方物流是实现电子商务中跨区域物流的重点

在商业运行中，不同的交易方式会产生不同的物流模式。在电子商务这种交易方式下，物流模式的特点将使国际物流、跨区域物流不断增加，与之相应，第三方物流模式将成为一种必然选择。

采用第三方物流模式，优点主要有以下两个方面：

（1）网上商店的优势是投资少、收益高、经营灵活。网上商店一般都是新建的企业、公司，这些公司在成立初期不可能大力投资建设自己的配送网络，如果由第三方物流企业利用它们完善的网络系统为这些网上商店送货，那么，网上商店可以节省大笔的费用，第三方物流企业的专业送货比网上商店更为迅速、更有保证。

（2）如果出现跨区域物流，即顾客是网上商店难以送货的异地用户，若由处于异地的第三方物流公司送货，则这种送货可轻易完成。只有第三方物流非常发达的时候，网上购物才会得到迅速发展。

对于B2B电子商务交易模式，物流成本在商品交易成本中占很大比重，尤其在跨国交易中，如果没有良好的物流系统为交易双方服务，则这种成本增加的幅度会更大。企业组建自己的物流系统，不仅难度大，而且在出入境时仍然存在衔接不畅的问题。跨国性的第三方物流企业可以给交易双方提供最佳的服务，实现门到门的送货。EDI通过信息将交易双方联系在一起，而第三方物流企业则通过物流将双方联系在一起。

可以预见，随着电子商务发展日趋成熟，跨国、跨区域的物流将日益重要，如果没有物流网络、物流设施和物流技术的支持，电子商务将受到极大抑制；如果没有完善的物流系统，即使电子商务能够降低交易费用，也无法降低物流成本，电子商务所产生的效益将大打折扣。

三、电子商务给物流各环节带来的变化与挑战

（一）物流网络的变化

电子商务对物流网络有着两个方面的影响，一方面是物流网络信息化，另一方面是物流网络实体化。

1. 物流网络信息化

物流网络信息化是物流信息化的必然，是电子商务下物流活动的主要特征之一。当今世界互联网的可用性及网络技术的普及为物流网络信息化提供了良好的外部环境。

2. 物流网络实体化

物流网络可划分成线路和节点两部分，其相互交织连接，就成了物流网络。电子商务会使物流网络产生如下变化：

第一，仓库数目将减少，库存集中化。配送和JIT的运用已使某些企业实现了零库存生产。由于物流业会成为制造业的仓库和用户的实物供应者，工厂、商场等都会实现零库存，自然也就不会再设仓库了。配送中心的库存将取代社会上千家万户的零散库存。

第二，未来的物流节点的主要形式是配送中心。现在，仓库的专业分工将仓库分为两种类型，一类是以长期储藏为主要功能的“保管仓库”，另一类是以货物的流转为主要功能的“流通仓库”。在未来的电子商务环境下，物流管理以时间为基础，货物流转更快，制造业都将实现“零库存”，仓库为第三方物流企业所经营。这些趋势决定了“保管仓库”将进一步减少，而“流通仓库”将发展为配送中心。

第三，综合物流中心将与大型配送中心合二为一。物流中心被认为是各种不同运输方式的货站、货场、仓库、转运站等演变和进化而成的物流节点，主要功能是衔接不同的运输方式。综合物流中心一般设于大城市，数目极少，主要衔接铁路与公路运输。配送中心是将集货、分货、散货和流通加工等功能集合为一体的物流节点。

结合运输来考虑，物流中心与配送中心都处于一次运输与二次运输的衔接点位置，都具有强大的货物集散功能，因此，综合物流中心与大型配送中心很可能合二为一。

目前，城市综合物流中心的筹建已经开始，城市综合物流中心将铁路货运站、铁路编组站和公路货运站的配送、仓储、信息设施集约在一起，可以减少必须经过大规模编组站进行编组的铁道运输，实现各城市综合物流中心之间的直达货物列车运行，使“一次运输”顺畅化；又可以利用公路运输实行货物的集散，完成“二次运输”；还可以实现配送中心的公用化、社会化，使库存集中化。物流中心已成为城市功能的有机组成部分，其选址应处于市区边缘和交通枢纽节点。

（二）采购的变化

传统的采购极其复杂，采购员要寻找合适的供应商、检验产品、下订单、接取发货通知单和货物发票等。而在电子商务环境下，企业的采购过程会变得简单、顺畅。

近年来，国际上一些大公司已在专用网络上使用EDI，以降低采购过程中的劳务、印刷和邮寄费用。通常，企业可由此节约5%～10%的采购成本。

互联网与专用增值网相比可进一步降低采购成本。大企业能从互联网的低传输成本中获得更多收益，互联网也为中小型企业打开了一扇大门。通过互联网采购，企业可以接触

到更大范围的供应厂商，因而供应厂商间也就产生了更为激烈的竞争，又使企业从另一方面降低了采购成本。

（三）运输的变化

电子商务环境下，传统运输的原理并没有改变，但运输组织形式受其影响，有可能发生较大的变化。

1. 运输分为一次运输与二次运输

物流网络由物流节点和运输线路共同组成，节点决定着线路。传统经济模式下，各个仓库位置分散，物流的集中程度比较低，从而使运输也很分散。像铁路这种运量大、较集中的运输方式，为集中运量不得不采取编组而非直达方式（只有煤炭等几种大宗货物才可以采用直达方式）。

在电子商务环境下，库存集中起来，而库存集中必然导致运输集中。随着城市综合物流中心的建成，公路货站、铁路货站、铁路编组站被集中在一起，物流中心的物流量足以实现大规模的城市之间的铁路直达运输，运输也就被划分成一次运输和二次运输。一次运输是指综合物流中心之间的运输；二次运输是指物流中心辐射范围内的运输。一次运输主要运用铁路运输，运输费用低，直达方式使速度大大提高。二次运输用来完成配送任务，由当地运输组织（即运输组织人员、运输范围和服务对象都在当地区域范围内）来完成。

2. 多式联运大发展

在电子商务环境下，多式联运将得到大发展。这是由以下原因导致的：

第一，电子商务技术，尤其是企业之间联网（Extranet）使企业联盟更加容易实现。运输企业之间通过联盟，可扩大多式联运经营。

第二，多式联运方式为托运人提供了一票到底、门到门的服务方式，因为电子商务的本质特征之一就是简化交易过程，提高交易效率。在未来电子商务环境下，多式联运与其说是一种运输方式，不如说是一种组织方式或服务方式，它很可能成为运输所提供的首选服务方式。

（四）配送的变化

1. 配送业地位强化

在电子商务时代，B2C 的物流业务都要靠配送提供，B2B 的物流业务会逐渐外包给第三方物流，其供货方式也是配送制。没有配送，电子商务物流就无法实现，电子商务也就无法实现，电子商务的发展前途与配送业连在一起。同时，电子商务使制造业和零售业实现“零库存”，实际上是把库存转移给配送中心，因此配送中心成为整个社会的仓库。由此可见，配送业的地位大大提高了。

2. 配送中心成为商流、信息流和物流的汇集中心

以前，物流、商流和信息流是“三流分立”的，而信息化、社会化和现代化的物流配送中心把三者有机地结合在一起。从事配送业务离不开“三流”，其中信息流最为重要。实际上，商流和物流都是在信息流的指令下运作的。畅通、准确、及时的信息才能从根本上保证商流和物流的高质量与高效率。

（五）信息的变化

物流信息在将来变得十分重要，将成为物流管理的依据。

1. 信息流由闭环变为开环

传统的信息管理以物流企业的运输、保管、装卸、包装等功能环节为对象，以自身企业的物流管理为中心，与外界信息交换较少，是一种闭环管理模式。

现今的物流企业注重供应链管理，以顾客服务为中心，通过加强企业间的合作，把产品生产、采购、库存、运输、配送、销售等环节集成起来，将生产企业、配送中心（物流中心）、分销商（零售点）网络等经营过程的各方面纳入一个紧密的供应链中。此时，信息不是只在物流企业内闭环流动，信息流由闭环变为开环。信息的快速流动、交换和共享成为信息管理的新特征。

2. 信息系统各模块功能的变化

电子商务环境下的现代物流技术的应用使传统物流管理信息系统的某些模块功能发生了变化。

（1）采购。在电子商务的环境下，采购的范围扩大到全世界，可以利用网上产品目录和供应商供货清单生成提供需求和购货需求文档。

（2）运输。运用 GIS、GPS 等技术使运输方式更加合理、路线更短、载货更多，而且运输状况由不可见变为可见。

（3）仓库。条码技术的使用可以快速、准确而可靠地采集信息，极大地提高了产品流通的效率，以及库存管理的及时性和准确性。

（4）配送。传统企业的各仓库管理系统互不联系，从而造成大量交叉运输、脱销和积压。而在电子商务环境下，各个仓库管理系统实现了信息共享，配送由企业中央仓库统筹规划可以消除传统企业仓库管理的缺点。

（5）交易过程无纸化。

四、电子商务的物流和物流业的电子商务

在学习电子商务与现代物流时，有两个概念必须区分，即电子商务的物流和物流业的电子商务。

电子商务的物流是指：在实现电子商务特定过程的时间和空间范围内，由所需位移的商品、包装设备、装卸搬运机械、运输工具、仓储设施、人员和通信设施等若干相互制约的动态要素所构成的具有特定功能的有机整体。物流是电子商务的重要组成部分和支点，是电子商务成功实施的关键，因为商务活动通过物流将商品或服务转移到顾客手中后才得以终结。

电子商务的物流主要体现为：第一，整个系统具有无限的开放性；第二，物流节点普遍实行信息化管理；第三，信息流在物流过程中起引导和整合作用；第四，系统具有明显的规模优势。我国电子商务的物流在电子商务发展过程中存在的物流障碍问题主要体现为：传统的条块分割导致物流整合的大循环系统和配送能力缺失。

电子商务的具体实施有多种模式可以选择。结合我国国情，中国的电子商务物流体系可以有以下几种组建模式。

（一）制造商、经销商的电子商务与普通商务活动共用一套物流系统

制造商、经销商（批发商、零售商）可以建立基于 Internet 的电子商务销售系统，同时可以利用原有的物流资源承担电子商务的物流业务。制造商从专业分工角度看，核心业务是商品开发、设计和制造，但越来越多的制造商不仅有庞大的销售网络，而且还覆盖整个销售区域的物流配送网。这些制造企业完全可以利用原有物流网和设施来支持电子商务业务，而不需要新增物流、配送的投资，它们主要负责物流系统的设计、物流资源的合理规划。经销商比制造商更具有组织物流的优势，因为它们的主业就是流通。

（二）ISP、ICP 自己建立物流系统或利用社会化物流、配送服务

ISP（Internet Service Provider）、ICP（Internet Content Provider）在组织商流、信息流、资金流方面有绝对的优势，但在物流方面还需大量投入。国内一些企业与国外的信息企业合资组建电子商务公司时解决物流、配送系统的方法有三种。

1. 自己组建物流公司

对国内的 ISP、ICP 企业来说，采用这种方式，投资方十分慎重，因为电子商务的信息业务与物流业务是截然不同的两种业务，企业必须对跨行业经营产生的风险进行严格的评估，新组建的物流公司必须按照物流的要求运作才有可能成功，而且要避免“大而全”“小而全”。如果企业只是擅长于信息服务，那么它最好不要涉足物流、配送领域。在电子商务发展的初期以及物流、配送体系还不完善的情况下，不要把电子商务的物流服务水平定得太高。另外，可以多花一些精力来培养、扶持物流服务供应商，让专业物流服务商为电子商务提供物流服务。

2. 外包给专业物流公司

将物流外包给第三方物流公司是跨国公司管理物流的通行做法。按照供应链的理论，将不是自己核心的业务外包给从事该业务的专业公司去做，这样从原料供应到生产、再到产品的销售等各个环节的各种职能，都是由在某一领域具有专长或核心竞争力的专业公司相互协调和配合来完成的。这样所形成的供应链具有最大的竞争力。

3. 物流企业建立自己的电子商务系统

区域性或全球性的第三方物流企业具有物流网络上的优势，它们大到一定规模后，也想将业务沿着主营业务向供应链的上、下游延伸，向上延伸到制造业，向下延伸到销售业。比如，1999 年全球最大的美国联邦快递公司（FedEx）决定与专门提供 B2B 和 B2C 解决方案的 Intershop 通信公司合作开展电子商务业务。FedEx 一直认为，该公司从事的不是快递业而是信息业，进军电子商务领域的理由有三个：第一，FedEx 是全球领先的物流企业；第二，公司已经有覆盖全球 211 个国家或地区的物流网络；第三，公司内部已经成功地应用了信息网络，这一网络可以使消费者在全球通过 Internet 浏览服务器跟踪发运包裹的状况。该公司认为这样的信息网络与物流网络的结合完全可以为消费者提供完整的电子商务服务。像 FedEx 这样的第三方物流公司开展电子商务销售业务，其能力毋庸置疑，其完全有可能利用现有的物流和信息网络资源使两个领域的业务经营都做到专业化，实现公司资源的最大利用。

物流业的电子商务是指：利用 Internet 和 EDI（Electronic Data Interchange）等现代

信息传递和处理工具，以物流过程的信息流管理为起点，进行低成本网络营销，同时大规模集成物流中的所有供应链环节，向客户提供物流全过程的信息跟踪服务，从而在大幅度降低物流成本的同时使物流业做到真正意义上的及时响应（Just In Time），使企业零库存成为可能。

物流业的电子商务主要体现为：第一，为传统商务或传统行业的电子商务提供高水平的物流管理技术；第二，为物流需求方和物流服务商提供低成本的信息交换平台；第三，为物流企业自身的物流效率和管理水平等内部资源整合提供解决手段。

（三）电子商务的物流和物流业的电子商务的区别

通过以上对二者异同点的比较分析，进一步归纳总结如下：

1. 商业模式

电子商务有 B2B、B2C 等几种主要应用模式，电子商务的对象都是供应方和需求方。例如，B2C 电子商务，从消费者的角度看，商业模式要明确网上购物过程的先后顺序；从零售商的角度看，其商业模式要明确订货管理过程，即企业内部为履行顾客订单而必须采取的一系列步骤，目的在于尽可能加快整个在线交易的速度。物流业电子商务的实施对象重点在于物流服务提供商，需求方无论选择传统的物流服务还是电子商务下的物流，都以快速有效的物流控制为首要条件。

2. 技术应用层面

电子商务技术以互联网技术应用为主，包括网页制作、网络环境、数据库、网络安全和电子支付等。物流业的电子商务除上述技术的应用外，还涉及地理信息系统技术、全球卫星定位技术、远程数据传输通信技术、EDI 技术以及基于 Internet 的远程数据库接入与响应技术等。

3. 发展趋势

电子商务的发展问题是能否通过网络来实现用户个性化需求的大规模集成，能否通过网络实现安全的、快速的、大笔资金的网上划拨以及网下配送。物流业的电子商务发展主要在于供应链环节的信息控制和畅通，用户定制需求与物流一体化的统一，政府职能机构信息管理系统、单证系统在基于互联网的 EDI 上的有效处理，客户流的全方位实时把握等方面。

由此可见，企业电子商务应用的好坏，依赖于电子商务物流问题的解决，而电子商务物流问题的解决又依赖于物流业的电子商务应用和企业自身物流管理水平的提高。

五、电子商务物流发展现状

随着世界经济的快速发展和现代科学技术的进步，物流产业作为国民经济中一个新兴的服务部门，正在全球范围内迅速发展起来。在国际上，物流产业被认为是国民经济发展的动脉和基础产业，其发展程度成为衡量国家现代化程度和综合国力的重要标志之一。

我国的物流业也与国民经济其他部门一样近年来有了较大发展，市场规模近十万亿元，而且根据专家预测，未来几年我国物流市场将保持年均 20%的增速。我国物流业逐步形成以市场调节为主的运行机制，加强了对交通、通信等物流基础设施的投资，与物流相关的交通运输、信息通信、仓储、包装和配送等各行业都有了较快的发展。

（一）物流基础设施的能力大大提高

经过多年的发展，我国已经在交通运输、仓储设施、信息通信、货物包装与搬运等物流基础设施和装备方面取得了长足的发展，为物流产业的发展奠定了必要的物质基础。我国交通运输基础设施条件的进一步改善，以及我国的通信事业以前所未有的规模和速度发展，为专用物流信息网提供了必要的支持。目前我国网络规模居世界第二位，数字数据网总容量达到 46 万个端口，已具备提供现阶段国民经济信息化所需要的通信能力。

（二）物流质量有所提高

物流质量主要由物流时间、物流费用和物流效率来衡量。从物流业细分增长情况看，配送、流通加工、包装等发展最快，说明物流增值服务在加速发展。不过，与发达国家相比，我国还存在一定的差距。按照有关数据，发达国家物流成本占 GDP 的 10%，而我国占 16.7%，经济发达国家和地区物流成本只占产品总成本的 10%左右，而我国的物流成本占到了产品总成本的 21%。

（三）企业信息化建设取得显著成效

企业信息化正在成为企业增强活力和提高竞争力的推动力量。信息化决策主要集中在企业的最高管理层。这说明我国的企业信息化建设已经从简单应用发展到复杂应用，从战术层面发展到战略层面，从管理驱动发展到市场驱动，从技术推动发展到变革推动。

（四）国际物流量快速增长

改革开放促进了我国国际经济交往的不断发展，对外贸易快速增长。反映在国际物流方面，2014 年我国港口完成货物吞吐量 200 多亿吨，全国港口集装箱吞吐量完成近 2 亿 TEU，我国已成为世界上港口吞吐量和集装箱吞吐量最大、增长最快的国家。

六、我国物流产业发展存在的主要问题

电子商务的发展扩大了企业的销售范围，改变了企业传统的销售方式以及消费者的购物方式，使得送货上门等物流服务成为必然，促进了我国物流行业的兴起。我国物流业经过近些年的加速发展，已经具备了相当规模，但从现阶段看，我国的物流水平仍难以满足电子商务的需求，主要存在以下几方面问题。

（一）社会上重电子、轻商务，重商流、轻物流，重信息网、轻物流网的倾向比较严重

我国电子商务中的一个主要问题是在网上实现商流活动之后，没有一个有效的社会物流系统对实物的转移提供成本低、适时、适量的转移服务，而配送的成本过高、速度过慢不能在短期内解决。

我国的物流平台难以支撑电子商务的迅猛发展。发达国家，尤其是美国、欧洲、日本，在接受现代物流系统观念之后，物流基础平台的建设已经进行了几十年，供应链、配送、第三方物流等物流服务也有了较高的水平，完善的社会物流服务系统可以保障电子商务在网上完成后实现实物的适时、适量、低成本的转移。这些国家和地区虽然有物流瓶颈，但是能基本满足电子商务所提出的物流服务需求。但在我国，物流基础较差，电子商务活动中相当多的 B2C 网站都发生过商品延迟交付、商品损毁、商品缺件以及张冠李戴、账目错误等各种各样的问题。

（二）适合电子商务发展的物流体系尚未建立

条块分割的物流管理和流通体制制约着物流业的发展。作为复合性产业的物流业，涉及我国众多的经济部门和行业，但部门和地方长期实行条块分割、行业垄断和地方保护主义，加之与物流业相关的某些垄断行业的改革滞后，政企不分，行政性垄断经营依然严重，妨碍了全国统一公平的物流市场环境的建立。

在电子商务环境下，物流的专业化分工虽然日益明显，但是物流的组织和管理却不断向综合性发展，各种物流方式和物流载体之间的联系越来越紧密。我国目前与物流相关的各部门分别由铁道、交通、民航、商务等不同政府部门进行管理。依据这种条块管理体制，形成了自上而下的纵向隶属和管理格局，严重制约着在全社会范围内对物流进行合理的总体统筹和规划，阻碍了物流的社会化进程。

（三）物流基础设施不配套

物流离不开运输与仓储。仓储现代化要求高度的机械化、自动化、标准化，组织起高效的人机物系统。运输的现代化要求建立铁路、公路、水路、空运与管道的综合运输体系，实现“一条龙”服务。所以，发达国家都致力于港口、码头、机场、铁路、高速公路、立体仓库等建设。同时，为了降低运输费用，应大力改进运输方式，采用先进物流技术，开发新的装卸机械，应用现代化物流手段和方式，比如发展集装箱运输、托盘技术使仓储与运输呈现出综合一体化趋势。

我国的物流基础设施还不配套，综合的快速运输体系还有待进一步完善，存在明显的地区之间不均衡的现象。东南、西北的物流量有很大的差异，一些地区物流拥挤、堵塞，一些地区却出现了物流资源闲置的现象。我国专业化的配送中心较少，许多企业对仓库的认识还局限在存储功能上，新技术、新装备应用相对较少。许多电子商务物流企业对现代物流的概念、地位及作用认识不够，设施陈旧，物流管理的电子化程度还较低，不能满足迅速发展的电子商务的要求。

（四）物流管理手段落后

我国物流业由于受多方面因素的影响，因此物流质量总体水平比较低。目前我国物流企业数量少、规模小，服务意识和服务质量也不尽如人意，服务方式和手段比较原始和单一。多数从事物流服务的企业只能简单地提供运输（送货）和仓储服务，而在流通加工、物流信息服务、库存管理、物流成本控制等物流增值服务方面，尤其是在物流方案设计以及全程物流服务等更高层次的物流服务方面还没有全面展开。物流企业规模较小，缺乏竞争实力。除少数企业以外，大多数物流企业技术装备和管理手段仍比较落后，服务网络和信息系统不健全，大大影响了物流服务的准确性与及时性。目前从事物流服务的企业，包括传统的运输和储运等流通企业和新型的专业化物流企业，规模和实力都还比较弱小，网络化的经营组织尚未形成，物流企业经营管理水平较低，物流服务质量有待进一步提高。多数从事物流服务的企业缺乏必要的服务规范和内部管理规程，经营管理粗放，很难提供规范化的物流服务，服务质量较低。物流供应链冗长、低效、环节过多，与国外先进的现代化物流工业相比，我们的物流整体水平只能说是手工作坊式的，在一些基本功如集装箱设计、货车设计、载货区、托盘标准等方面相差甚远。真正有效的供应链应该是扁平式的，如能够提供综合服务的大型物流中心在我国是少之又少。

（五）第三方物流服务滞后

从发达国家来看，第三方物流的功能是设计、执行以及管理客户供应链中的物流需求，特点是依据信息和物流专业知识，以最低的成本提供客户需要的物流管理和服务。目前我国多数物流企业是在传统体制下的物资流通企业基础上发展而来的，企业服务内容多数仍是仓储、运输、搬运，很少有物流企业能够提供综合性的物流服务，第三方物流服务的功能尚不能得到很好的发挥。我国的物流企业，无论是物流服务的硬件还是软件，与电子商务要求提供的高效率、低成本的第三方物流服务还有较大的差距，信息收集、加工、处理、运用能力，物流的专门知识，物流的统筹策划、精细化组织和管理能力都明显不足。

（六）物流研究相对落后和物流专业人才短缺，是物流产业发展的巨大障碍

我国的物流产业正以每年30%的速度迅速增长，作为紧缺人才之一的高级物流人才，需求更以几何级数递增。比较而言，我国在物流研究和教育方面还非常落后，从事物流研究的大学和专业研究机构还很少，企业层面的研究和投入更是微乎其微。物流教育水平不高主要表现为缺乏规范的物流人才培育途径。目前在高等院校中开设物流专业课程的大学虽然不少，但缺乏统一的协调和系统的规划。

物流研究生教育才刚刚起步。企业的短期培训仍然是目前物流培训的主要方式。企业缺少通晓现代物流运作和物流管理的复合型专业人才，员工素质不高，服务意识不足，缺乏开拓市场的主动性。加大物流人才技能培训力度是保证物流行业健康发展的重要任务。

七、电子商务物流业的发展趋势

在电子商务时代，物流发展到集约化阶段，一体化的配送中心不单单提供仓储和运输服务，还必须开展配货、配送和各种提高附加值的流通加工服务项目，也可按客户的需要提供其他服务。现代供应链管理是指通过从供应者到消费者供应链的综合运作，使物流达到最优化。企业追求的是全面的、系统的综合效果，而不是单一的、孤立的片面观点。

（一）一流的服务——物流企业的追求

在电子商务下，物流业是介于供货方和购货方之间的第三方，并以服务作为第一宗旨。首先，在概念上变革，由“推”到“拉”。配送中心应更多地考虑“客户要我提供哪些服务”，从这层意义讲，它是“拉”，而不是仅仅考虑“我能为客户提供哪些服务”，即“推”。例如，配送中心起初提供的是区域性的物流服务，以后发展到提供长距离服务，而且能提供越来越多的服务项目。又如配送中心派人到生产厂家“驻点”，直接为客户发货。越来越多的生产厂家把所有物流工作全部委托配送中心，从根本意义上讲，配送中心的工作已延伸到生产厂家。

如何满足客户的需要把货物送到客户手中，就要看配送中心的作业水平了。配送中心不仅与生产厂家保持紧密的伙伴关系，而且直接与客户联系，及时了解客户的需求信息，并沟通厂商和客户双方，起着桥梁的作用，如美国普雷兹集团公司（APC）是一个以运输和配送为主的规模庞大的公司。物流企业不仅为货主提供优质的服务，而且要具备运输、仓储、进出口贸易等一系列知识，深入研究货主企业的生产经营，优化流程设计，进行全方位系统服务。优质和系统的服务使物流企业与货主企业结成战略伙伴关系（或称策略联

盟），一方面有助于货主企业的产品迅速进入市场，提高竞争力；另一方面使物流企业有稳定的资源。对物流企业而言，服务质量和服务水平正逐渐成为比价格更为重要的选择因素。

（二）信息化——现代物流业的必由之路

在电子商务时代，要提供最佳的服务，物流系统必须具有良好的信息处理和传输系统。大型的配送公司往往建立了 ECR 和 JIT 系统。所谓 ECR（Efficient Customer Response），即有效客户信息反馈，有了它就可做到客户要什么就生产什么，而不是生产出东西等顾客来买。仓库商品的周转次数每年达 20 次左右，若利用 ECR，则可增加到 24 次，仓库的吞吐量大大增加。通过 JIT（Just In Time）系统，可从零售商店很快地得到销售反馈信息。建立了 ECR 和 JIT 的配送不仅实现了内部的信息网络化，而且增加了配送货物的跟踪信息，从而大大提高了物流企业的服务水平和竞争力，降低了成本。

在电子商务环境下，由于全球经济的一体化趋势，当前的物流业正向全球化、信息化、一体化发展。物流信息化包括商品代码和数据库的建立、运输网络合理化、销售网络系统化和物流中心管理电子化建设等，目前还有很多工作有待实施。可以说，没有现代化的信息管理，就没有现代化的物流。

（三）全球化——物流企业竞争的趋势

20 世纪 90 年代早期，由于电子商务的出现，加速了全球经济的一体化，致使物流企业的发展达到了多国化。企业从许多不同的国家收集所需要的资源，加工后向各国输出。

全球化战略的趋势使物流企业和生产企业更紧密地联系在一起，形成了社会大分工。生产企业集中精力制造产品、降低成本、创造价值；物流企业则花费大量时间和精力从事物流服务，物流企业满足需求的系统比原来更进了一步。例如，在配送中心，对进口商品的代理报关、暂时储存、搬运和配送、必要的流通加工，实现了一条龙服务。

八、应对策略

物流企业面对电子商务的迅速发展，应认真制定物流业发展的战略和策略。

（一）重视物流地位，加强现代电子商务和物流理论的研究

首先要提高全社会对电子商务物流的认识，要把电子商务与电子商务物流放在一起进行宣传。电子商务是商业领域的一次革命，而电子商务物流是物流领域的一次革命。要改变过去重商流、轻物流的思想，把物流提升到竞争战略的地位。加强现代电子商务和物流理论的研究，鼓励理论界研究电子商务物流中的难题，加快我国电子商务物流发展的步伐。政府要组织相关科学研究单位和教育单位的力量，对电子商务物流的技术、管理等问题开展系统的研究，加大物流技术知识的普及、推广和宣传。同时，还要吸收国外的先进思想、理论和技术，吸取别国物流管理研究的成果，向电子商务物流发达的国家学习。

（二）加快标准体系建设

物流行业的标准化、规范化是提高物流效率、降低成本的重要基础。物流信息系统需要像纽带一样把供应链上的各个伙伴、各个环节联结成一个整体，这就要在编码、文件格式、数据接口、EDI、GPS 等相关代码方面实现标准化，物流软件也需要融入格式、流程等方面的行业标准，以消除不同企业之间的信息沟通障碍，为企业物流信息系统的建设创造良好的环境。国家有关部门应加强物流方面的标准化、规范化的建设，促进我国物流业统一标准的形成。

（三）应用推广信息技术，推进物流公共信息平台的建设

物流集成化发展的横向集成最终要落实在物流公共信息平台上。通过对各个区域内物流相关信息的采集，为生产、销售及物流等企业的信息系统提供物流信息，支撑企业信息系统提供基础物流信息，满足企业信息系统对物流公用信息的需求，支撑企业信息系统各种功能的实现。同时，通过共享物流信息来促进政府部门间行业管理与市场规范化管理方面协同工作机制的建立。

物流公共信息平台最重要的作用就是能整合区域内各种物流信息系统的信息资源，完成各系统之间的数据交换，实现信息共享；可以加强物流企业与上下游企业之间的合作，形成并优化供应链，有利于提高社会大量闲置物流资源的利用率，起到调配社会物流资源、优化社会供应链、理顺经济链的重要作用。物流信息平台的建设有利于实现与电子商务 B2B 或 B2C 系统的对接。良好的物流信息平台是与电子商务系统高度集成的统一平台。同时，物流公共信息平台作为政府、行业和企业间相互衔接的公共服务平台，作为我国现代服务业发展的重要组成部分，能够提高政府、行业和企业的协作水平，提高企业的数据连接性和供应链可视化，普遍降低现代物流社会总成本，增强我国经济的国际竞争力。

（四）加强供应链与物流一体化建设

现代物流的纵向集成需要加强供应链与物流一体化建设，强调物流的微观集成、自身集成与宏观集成系统的发展。

加强供应链与物流一体化体系建设的核心问题是针对重大共性关键技术的研发。近年来，虽然政府、行业和企业加大了对现代物流信息系统的投入，但从实施的总体效果来看，一个普遍存在的问题是物流信息系统的总体成本过高，这是因为缺乏先进适用且经济合理的基础性关键技术。因此，要集中力量对现代物流关键技术进行研究开发，形成具备自主知识产权的产品，降低关键技术普遍使用的整体成本，加强信息安全和国家安全的建设。关键技术的研发主要包括针对信息采集、快速反应、管理监控以及双向通信等。

从国外的情况来看，供应链与物流一体化的发展基本经历了从基础性的业务执行、数据采集/内部可视化、数据连接性、供应链可视化以及复杂的供应链管理决策支持等诸多阶段。供应链与物流一体化的系统复杂程度越高，给企业带来的效益也就越大。从多家权威机构进行的调查分析结果来看，当前我国企业供应链与物流一体化发展尚处于业务执行和数据采集/内部可视化之间，供应链与物流一体化管理的效率没有完全发挥出来。我国现代物流信息化工作的展开，具体来讲就是要通过推进物流活动横向与纵向的集成，提高针对具体行业与区域的解决方案水平，使现代物流运行质量得到整体提升。

（五）建立和发展适应网络经济形势的物流业

随着网络的普及、电子商务的开展，必然引起产业重组，一些商店、银行的分行、支行、营业点将逐步撤销。将这些企业的富余人员组建成合理的配送中心，几个配送中心可以合并成一个物流公司或货物流通中心，从而逐渐形成一个完善的物流业。

（六）合理规划新组建的配送中心、物流企业

物流业是一个系统，应当组成一个相互联系、相互区别、相互分工协作、有等级层次结构的物流企业体系。各个小区设一个综合配送中心，负责小区的供货送货；若干小区联合起来，建立大型物流中心，负责向各个小区配送中心供货送货；巨型物流中心如港口码头、铁路站点，负责向全区、甚至向国内各地转运物资。不同的物流企业承担不同的功能，彼此又相互协作、相互支持，构成一个功能齐全、布局合理的物流企业体系。

（七）建立第三方物流模式

第三方物流模式是一种完全专业化的物流模式。生产企业专门生产，将生产企业的原材料供应、产品的销售送货等物流业务全交给物流企业承担。物流企业是生产企业的大管家，既保证自己的经济效益，又保证生产企业的经济效益。

建立第三方物流模式最大的困难是体制。生产企业担心自己成了物流企业的附属品，成了物流企业的供应仓库。其实这种思想是狭隘的。物流企业直接面对市场，根据市场的需要来组织调控生产企业，形成一个经济联合体，共同面对市场，这是一种适应市场的表现。

（八）配送中心的基本功能

为适应电子商务的需要，配送中心应当有如下基本功能：

（1）货物储存。无论是生产企业生产出来的还是从外地转运来的商品，都要储存在这里。

（2）运输。根据网上销售的信息，将网上销售的商品送到用户手中。同时，也要及时进货，保证及时吸纳生产企业的产品，保证货物不脱销。

（3）包装、装卸、流通加工等功能。

（4）商品展示功能。

（5）销售零售功能。

传统的物流中心和配送中心都具有前三个功能，而在电子商务的情况下，配送中心还应增加商品展示、销售零售功能。建立物流企业要立足于高科技、高起点。网络经济，实际上就是一种经济模式。物流企业要适应电子商务，就要努力依靠科技建立在高起点上。

（1）物流企业要上网，要在网上建立站点，提供信息。除了介绍公司、仓库、货物信息外，还要给用户提供送货信息。

（2）要有高水平的、先进的储运设施。物流企业要有足够的仓库储存场所、先进的包装装卸和存放设备设施，应当有舒适宽敞的商品展示和零售场所；要有强大先进的运输车队和强大的吞吐能力，还要有无线通信设备，随时可以上网联系。

项目小结

物流是电子商务的重要组成部分。物流是指物品从供应地向接收地的实体流动过程。根据实际需要，将运输、储存、装卸搬运、包装、流通加工、配送、信息处理等基本功能实施有机结合。电子商务活动中的物流与普通商务一样，目的都是要将客户所订货物送到

其手中。进入21世纪，由于电子商务和网络技术等在物流运作过程中的应用，使物流运行结构更趋合理，电子商务物流在全球经济一体化趋势中的重要性更加突出。本项目首先介绍了现代物流的概念、电子商务概念，两者的内涵和运行模式，然后对电子商务与物流的关系进行了阐述；在此基础上，叙述了电子商务环境下物流业的发展趋势；最后，从战略和运作两个层面讨论了电子商务中物流方案的重点考虑因素和组建电子商务物流的几种方式。

项目训练

1. 实践项目

上网浏览海尔集团公司（http：//www.haier.com）和宝供物流企业集团有限公司（http：//www.pgl-world.cn）的电子商务网站。

2. 实践目的

通过资料的收集与分析加深对本项目内容的理解。

3. 实践要求

比较两个网站在功能、风格等方面的异同并分析其原因。

4. 实践环节

（1）复习以前所学的电子商务相关知识。

（2）复习本项目有关内容，提出自己的问题。

（3）浏览指定网站并比较分析。

5. 实践结果

学生完成实践报告。

自测题

一、选择题

1. 通过物流形成附加价值的是（　　）。

A. 储存　　B. 运输　　C. 信息　　D. 搬运

2. 电子商务的特点是（　　）。

A. 高效性　　B. 方便性　　C. 安全性　　D. 集成性

E. 可扩展性

3. 电子商务中任何一笔交易都包含（　　）。

A. 商流　　B. 信息流　　C. 资金流　　D. 物流

E. 交易流

4. 电子商务最常见的三种交易模式是（　　）。

A. B2C　　B. C2C　　C. B2G　　D. B2B

5. 电子商务物流的特点是（　　）。

A. 信息化　　B. 自动化

C. 网络化　　D. 智能化

E. 柔性化

6. 电子商务对物流的影响将改变物流企业的经营形态，主要表现是（　　）。

A. 改变物流企业对物流的组织和管理

B. 改变物流企业的竞争状态

C. 物流是电子商务的重要组成部分

D. 物流是实现电子商务的保证

7. 电子商务物流业的发展趋势是（　　）。

A. 信息化　　B. 多功能化

C. 一流的服务　　D. 全球化

二、判断题

1. 物流是实现“以顾客为中心”理念的根本保证。（　　）

2. 现代物流作为一种经济活动，既能实现价值，又能创造价值。（　　）

3. 物流是降低物质消耗和提高劳动生产率以外的“第三利润源”。（　　）

4. 在电子商务环境下，企业的市场竞争将更多地表现为以外联网所代表的企业联盟的竞争。（　　）

5. 传统的物流活动在其运作过程中实质上都是以商流为中心，而在电子商务下，物流的运作是以信息流为中心的。（　　）

6. 大力发展第三方物流，是物流社会化的客观要求。（　　）

三、问答题

1. 什么是现代物流？如何正确理解现代物流的含义？

2. 现代物流与传统物流的区别是什么？

3. 物流产生的原因是什么？

4. 简述电子商务对物流活动的影响。

5. 简述物流对电子商务的影响。

6. 电子商务物流的特点有哪些？

7. 电子商务物流的一般过程是怎样的？

8. 试述电子商务物流的发展趋势。

9. 分析我国的电子商务与物流的发展策略。

四、综合案例分析题

企业电子商务与物流的整合

1. 网上连邦

连锁店是电子商务整合物流的有效途径，但正规连锁（或称直营连锁）耗资很大，相比之下特许连锁就要灵活得多，成本也低得多。例如，连邦总部（北京连邦软件股份有限公司）采用正规连锁与特许连锁并行的方法，从1994年建立7个直营店之后，就开始全国建立特许加盟店，直至今日发展到500多家专卖店。同时网上连邦作为B2B模式依赖于传统的商业模式和物流配送体系并不断发展，在商品采购上分为首批采购和日常采购，避免死库存增加成本，同时也加强了专卖店订单的智能管理；在配发货方面分别对代销产品、配货产品和订货产品三块分而治之，做到密切吻合专卖店的要求，从约定数量、订货单管理和控制库存风险各个方面保证质量。在厂商直供方面采用由厂商直接供货和结算由总部统一负责的途径，提高了工作效率和速度的同时降低了成本费用，减少资金占用。事实证明网上连邦的确是“赢在连锁”，以相对完善的物流体系使B2B真正成为企业的加速器。

2. 科利华的中运网

运输与仓储设施共同组成了物流业的基础平台。许多物流企业的发展就是由货物运输开始起步的，利用信息网络技术在货源运输企业与货运配载服务企业之间搭建起有效的信息桥梁，实现资源共享，这是现代物流的又一个主攻方向。基于这种需求日益迫切，一批以货运配载市场为切入点的货运信息网相继诞生，其中科利华的中运网名头不小，来势汹汹。它们立足于网络并与传统产业结合，目标定位于在全国范围内形成一个高效、通畅、可调控的流通体系。其公路运输网络化体系由无数个地面代理中心及营业点组成，各配送中心有统一标识，并引进电脑网络化管理，对装卸、搬运、保管等过程实行标准化操作，货主可根据代理中心的覆盖区域来选择配送中心，此信息通过网络传输给当地的配送中心，配送中心根据具体要求和到达时间做好配送准备工作。货物到达后，地面配送中心计算机对货物自动分拣和配装，以消除重复运输，提高运输工具的利用率，进一步降低商品的流通成本，提高流通效益。这方面网络企业已近30家，比较著名的还有亚之桥全国货运信息服务网和金干线。

3. 阳光网达

阳光网达公司的主要目标是要成为中国最大的电子商务物流公司，电子商务服务提供商是其主要的客户目标。国内目前的配送体系主要包括邮政系统、国际配送公司和其他专业公司。这些专业公司从事的主要是原材料的配送，基本模式为B2B，从体系和服务上看，都不具备点对点的传输能力，而民营的物流企业又存在技术手段落后的问题，阳光网达恰好填补这个空缺。在运作上，第一个阶段是阳光网达建设网站、分拣中心，所有B2C的电子商务的物品都用条形码，每件货物交接的时候会用电子方式。目前采用的方式是运单填好之后粘贴在包装盒上，委托阳光网达后，是什么货物、运送到哪里等服务用电子方式传递，阳光网达来包装，每件物品上面都有条形码，可以实现快速分拣。物流按照集中、分散、再分散的原则组织。第二个阶段是向两个方向发展：一方面是物理网络进一步完善，输出统一管理和规范、技术交互的手段，考虑在上海、广州等大城市直接建立自己的代理机构；另一方面是信息网络系统要基于多种信息渠道的交互，什么时候交货，到哪儿了，什么时候该往哪儿发，都通过信息手段快速交互。在信息网络方面，公司通过互联网、无线通信、条形码等先进技术，实现商品投递过程中的全程跟踪、查询与分拣。公司力求通过代理方式，扩展成一个全国性的、快速而规模化的物流体系，专门为电子商务网站服务。

思考题：

1. 上述案例中的企业是如何有效利用先进的物流技术和电子商务平台取得成功的？
2. 你认为阳光网达的发展战略是否适应未来的电子商务与物流的发展？
3. 科利华的中运网是怎样做到与传统物流相结合的？

案例名称	企业电子商务与物流的整合
工作任务	案例分析
完成时间	
任务目标	理解电子商务与物流的关系
任务要求	详读三个案例，根据思考题进行分析与总结
研讨内容	1. 上述案例中的企业是如何有效利用先进的物流技术和电子商务平台取得成功的？ 2. 你认为阳光网达的发展战略是否适应未来的电子商务与物流的发展？ 3. 科利华的中运网是怎样做到与传统物流相结合的？
研讨成果	
讨论过程	
自我角色	
自我评价	
小组评价	
教师评价	

项目二

电子商务物流的作业过程

问题引入

某火腿厂生产厂家根据客户订单为北京地区某连锁超市生产一批火腿肠。根据生产计划，该厂家首先购进生产原料，包括猪肉、淀粉、肠衣、调料等，然后在企业流水生产线上对原材料进行生产、加工；生产完毕，用集装箱将火腿肠运抵北京地区某物流配送中心；在配送中心进行分类包装，加贴标签，再由配送中心将其前述超市供顾客选购，最终走向消费者的餐桌。

问题：

火腿肠是怎样走上餐桌的？

学习目标

知识目标：

理解电子商务下构成物流总体的各种基本活动，如包装、运输、装卸搬运、仓储、流通加工等的概念及相关知识，以及它们在总体物流中所起的作用和相互之间的联系。

能力目标：

认识各种运输方式及其选择方法；掌握库存控制方法和各种基本活动在具体物流实践中的运用以及物流系统的组成；熟悉电子商务物流作业活动的实际操作流程及操作要求；提高对物流活动优化问题的认识；能够树立系统概念，理解在电子商务时代，物流应该在系统思想的指导下，充分发挥其支持和保障作用。

任务一 电子商务物流的起点：包装

引导案例

山姆森玻璃瓶：一个价值600万美元的玻璃瓶

说起可口可乐的玻璃瓶包装，至今仍为人们所称道。1898年鲁特玻璃公司一位年轻的工人亚历山大·山姆森在同女友约会中，发现女友穿的一套筒型连衣裙，显得臀部突出，腰部和腿部纤细，非常好看。约会结束后，他突发灵感，根据女友穿的这套裙子的形象设计出一个玻璃瓶。经过反复的修改，亚历山大·山姆森不仅将瓶子设计得非常美观，很像一位亭亭玉立的少女，他还把瓶子的容量设计成刚好一杯水大小。瓶子试制出来之后，获得大众交口称赞。有经营意识的亚历山大·山姆森立即到专利局申请专利。当时，可口可乐的决策者坎德勒在市场上看到了亚历山大·山姆森设计的玻璃瓶后，认为非常适合作为可口可乐的包装。于是他主动向亚历山大·山姆森提出购买这个瓶子的专利。经过一番讨价还价，最后可口可乐公司以600万美元的天价买下此专利。要知道在100多年前，600万美元可是一项巨大的投资。然而实践证明，可口可乐公司这一决策是非常成功的。亚历山大·山姆森设计的瓶子不仅美观，而且使用非常安全，易握，不易滑落。更令人叫绝的是，其瓶子的中下部是扭纹形的，如同少女所穿的条纹裙子；而瓶子的中段则圆满丰硕，如同少女的臀部。此外，由于瓶子的结构是中大下小，当它盛装可口可乐时，给人的感觉是分量很多的。采用亚历山大·山姆森设计的玻璃瓶作为可口可乐的包装以后，可口可乐的销量飞速增长，在两年的时间内，销量翻了一倍。从此，采用山姆森玻璃瓶作为包装的可口可乐开始畅销美国，并迅速风靡世界。600万美元的投入，为可口可乐公司带来了数以亿美元计的回报。

资料来源：http：//www.cpp1.cn.

思考：

1. 什么是包装？
2. 包装的基本功能和要求是什么？
3. 如何选择包装材料及产品包装设计？
4. 如何优化包装？

相关知识

一、包装的概念

包装是在物流过程中为保护产品、方便储运、促进销售，按一定的技术方法采用容器、材料及辅助物等将物品包封，并予以适当的装饰标志的工作的总称。简言之，包装是包装物及包装操作的总称。

二、包装在物流中的地位

在社会再生产过程中，包装处于生产过程的末尾和物流过程的开始，既是生产的终点，又是物流的始点。

在现代物流观念形成以前，包装被天经地义地看作生产的终点，一直是生产领域的活动。包装的设计主要从生产终结的要求出发，因而不能满足流通的要求。物流的研究认为，包装与物流的关系要比包装与生产的关系密切得多，作为物流始点的意义比作为生产终点的意义要大得多。因此，包装应进入物流系统之中，这是现代物流的一个新观念。

三、包装的功能

（一）防护功能

包装的防护功能有两方面的含义：一方面包装能够防止被包装物在物流过程中受到质量和数量上的损失；另一方面包装能够防止危害性内装物对接触的人、生物和环境造成危害或污染。

（二）方便功能

包装的方便功能是指便于储运和装卸。经过适当包装的商品，其包装件的外形符合一定的规格，便于仓库存储的堆叠存放，能提高仓库利用率和增加车船等运输工具的装载能力。显然，包装能够较合理地利用物流空间；整齐规矩的包装件外形也便于运输搬运，为装卸活动提供方便，提高装卸作业效率；包装件外表面的储运标志能方便商品的清点，减少货差，从而提高验收工作效率。

（三）促销功能

包装的促销功能是指包装能促成商品的销售，加速商品的流转。包装使生产出来的产品商品化，它能够与其所包装的物品一起创造价值。包装能诱导购买者产生购买动机，起连接商品与消费者的媒介作用。

一方面，包装尤其是特异包装的形状和构造具有吸引顾客的魅力；另一方面，包装运用图案、色彩等手段引起顾客的购买欲望，通过装潢艺术的特有语言，在瞬间引起消费者的注意，起到宣传、推销商品的作用。

一般而言，包装的三大基本功能是彼此联系、相辅相成的，它们通过包装融为一体，共同发挥作用。这三个功能是最基本的，但是不同用途的包装其功能的侧重会有所不同。例如，销售包装侧重于包装促进销售的功能；而运输包装则强调包装的防护、方便功能。

四、包装的分类

包装一般可分为商业包装和运输包装两种。

商业包装以促进销售为主要目的，其特点是外形美，有必要的装潢，包装单位适合于顾客的购买量及商店陈设的要求。在流通过程中，商品越接近顾客，越要求包装有促进销售的效果。

运输包装是指强化输送、保护产品为目的的包装。运输包装的特点是在满足物流要求的基础上使包装费用越低越好。

此外，按包装的保护技术可分为防潮包装、防锈包装、防虫包装、防腐包装、防震包装、危险品包装等。

五、包装材料

包装材料有容器材料、内包装材料、辅助材料等，主要有下述类别。

（一）纸和纸板品

运输用大型纸袋可用3～6层牛皮纸叠合而成，也可用牛皮纸和塑料薄膜做成复合多层构造。纸箱的原料是各种规格的白纸板和瓦楞纸板，但要求其强度和耐压能力必须达到一定指标，在选材和尺寸设计时应加以注意。

（二）塑料制品

塑料制品的包装应用日益广泛，塑料袋及塑料编织袋已成为牛皮纸袋的代用品。塑料制品还用作酒、食用油等液体的运输容器。现在又出现了纸袋结合包装，将折叠塑料袋容器放入瓦楞纸箱中，以代替传统的玻璃瓶、金属罐、木桶等。塑料成形容器也得到广泛的应用，如聚乙烯容器、箱、罐等，特别是颜料和食品业等塑料通用箱发展很快。

（三）木制容器

木制容器包括木箱、胶合板箱及木桶，为了节省木材，常使用框架箱、栅栏箱或木条胶合板箱，为了增加强度也有加铁箍的。对于重物包装，常在底部加木制垫货板。

（四）金属容器

输送用的金属容器有罐和箱，材料有镀锌铁板等。金属罐用于食品、化学药品、牛奶、油质类物品，而桶则主要用于以石油为主的非腐蚀性流体、粉体及固体的包装。

（五）包装用辅助材料

1. 黏合剂

用于材料的制造、制袋、制箱及封口作业，黏合剂有水型、溶液型、热融型和压敏型等。近年来由于普遍采用高速制箱及封口的自动包装机，所以大量使用短时间内能够黏合的热融黏合剂。

2. 黏合带

黏合带有橡胶带、热敏带、黏结带三种。橡胶带遇水可直接溶解，结合力强，黏结后完全固化，封口很结实；热敏带一经加热活化便产生黏结力，一旦结合，不好揭开且不易老化；黏结带是在带的一面涂上压敏性黏合剂，如纸带、布带、玻璃纸带、乙烯树脂带等，也有两面涂胶的双面胶带，这种带子用手压便可结合，十分方便。

3. 捆扎材料

捆扎的作用是打捆、压缩、缠绕、保持形状、提高强度、封口防盗、便于处置和防止破损等。现代已很少用天然捆扎材料，而多用聚乙烯绳、聚丙烯绳、纸带、聚丙烯带、钢带、尼龙布等。

六、包装合理化

（一）包装的轻薄化

由于包装只起保护作用，对产品使用价值没有任何意义，因此，在强度、寿命、成本相同的条件下，更轻、更薄、更短、更小的包装可以提高装卸搬运的效率。而且轻薄短小的包装一般价格比较便宜，如果是一次性包装也可以减少废弃包装材料的数量。

（二）包装的单纯化

为了提高包装作业的效率，包装材料和规格应力求单纯化，包装规格还应标准化，包装形状和种类也应单纯化。

（三）符合集装单元化和标准化的要求

包装的规格与托盘、集装箱关系密切，也应考虑到运输车辆、搬运机械的匹配，从系统的观点制定包装的尺寸标准。

（四）包装的机械化

为了提高作业效率和包装现代化水平，各种包装机械的开发和应用是很重要的。

案例

NIKE 包装的创新设计

在过去几年中，为减小包装的生态影响，NIKE 进行了大量的包装创新工作。NIKE 近期对包装进行了一次全面的重新设计，18 种包装盒改为两种，然后改为一种良性生态包装，用来盛放运动鞋、滑雪板、太阳镜等商品。这种包装采用一种开创性的折叠式设计，其结构中不使用重金属、油墨、胶水，并且每年为 NIKE 节约 8 000 吨纤维材料。

旧的包装盒作为再生原料，被投入到一个封闭的循环系统的粉碎设备中处理。在处理过程中，对周围环境不会造成污染。这些纸箱超出美国环保局所要求的环保标准。新的粉碎设备应用到纸箱生产后，提高了纸箱的性能。这些纸箱重量减少了 10%，但强度不变，仅此一项，每年节约 4 000 吨的纤维原料。

在配送中心，正在试验重新利用包装箱的可行性，由于是采用新技术的纸板，纸箱不易被损坏，且易于重新使用。

课堂讨论：

1. 结合案例谈谈 NIKE 是如何进行包装创新设计的。
2. 包装创新改革给公司带来了哪些好处？

任务二　电子商务物流的接点：装卸搬运

引导案例

推进集装装卸　提高工作效率

某物流公司营业不久，在日常的工作中发现了一个简单的规律：一般情况下集装装卸要比散装装卸工作效率高。某日，公司同时承担了一批箱装核桃和散装核桃的装卸任务。箱装核桃共 1 000 箱，净重 8 吨，散装核桃共计 6 吨。公司派出相同的两个小组分别进行装卸作业，结果发现进行箱装核桃装卸小组比进行散装作业的小组早 1 小时完成全部工作。公司对这一现象进行了分析，最后得出结论：之所以箱装核桃比散装核桃更容易实现装卸作业，是由于它们的存放状态不同。散装核桃散放在地上，运上卡车必须经过集中、搬运、升起、运走四个作业环节；而箱装核桃集中存放于箱子内，运上卡车只经过搬运、升起、运走三个作业环节。因此，物资的存放状态不同，对装卸搬运作业活动的难易程度影响很大。

在物流活动中，装卸作业是发生频率最高的一个环节，因此实现装卸作业的合理化具有非常重要的意义。其中提高装卸活性（即物资的存放状态对装卸搬运作业的方便或难易度）就是其中一个有效方法和原则。在本案例中，集装核桃比散装核桃装卸作业更加方便，即装卸活性高，故作业效率也高。

思考：

1. 什么是装卸搬运？
2. 装卸搬运作业有哪些？
3. 装卸搬运作业出现在物流的什么环节上？
4. 装卸搬运作业有哪些注意事项？
5. 如何做到装卸搬运作业合理化？

相关知识

一、装卸搬运的含义

装卸是指物品在指定地点以人力或机械装入或卸下运输设备的活动。搬运是在同一场所内，对物品进行水平移动为主的物流作业。装卸搬运是指在同一地域范围内进行的、以改变物品的存放状态和空间位置为主要内容和目的的活动。具体来说，包括装上、卸下、移送、拣选、分类、堆垛、入库、出库等活动。装卸搬运活动频繁发生，作业繁多，这也是物品易损坏的重要原因之一。

二、装卸搬运作业的构成

装卸搬运作业有对输送设备（如辊道、车辆）的装入、装上和取出、卸下作业，也有对固定设备（如保管货架等）的出库、入库作业。

（一）堆放拆垛作业

堆放（或装上、装入）作业是指把货物移动或举升到装运设备或固定设备的指定位置，再按所要求的状态放置的作业；而拆垛（卸下、卸出）作业则是其逆向作业。

（二）分拣配货作业

分拣是在堆垛作业前后或配送作业之前把货物按品种、出入先后、货流进行分类，再放到指定地点的作业。而配货则是把货物从所在的位置按品种、下一步作业种类、发货对象进行分类的作业。

（三）搬送、移送作业

搬送、移送是为了进行装卸、分拣、配送活动而发生的移动物资的作业，包括水平、垂直、斜行搬送，以及几种组合的搬送。

三、装卸搬运合理化的原则

（一）消除无效搬运

要提高搬运纯度，只搬运必要的物资，如有些物资要去除杂质之后再搬运比较合理，以避免过度包装，减小无效负荷；提高装载效率，充分发挥搬运机器的能力和装载空间；中空的物件可以填装其他小物品再进行搬运；减少倒搬次数，作业次数增多不仅浪费人力、物力，还会增加物品损坏的可能性。

（二）提高搬运活性

物料和货物的存放状态对装卸搬运作业的难易程度称为搬运活性，表 2－1 为活性区分和活性指数。物品放置时要有利于下次搬运，如装于容器内并垫放的物品比散放于地面的物品易于搬运；在装上时要考虑便于卸下；在入库时要考虑便于出库，还要创造易于搬运的环境和使用易于搬运的包装。

表 2－1　搬运活性

搬运活性指数	物品状态	作业说明	作业种类				还需要作业数目	已不需要的作业数目
			集中	搬起	升起	运走		
0	散放在地上	集中、搬起、升起、运走	要	要	要	要	4	0
1	集装箱中	搬起、升起、运走	否	要	要	要	3	1
2	托盘上	升起、运走	否	否	要	要	2	2
3	车中	运走	否	否	否	要	1	3
4	运动着的物品	不要	否	否	否	否	0	4

（三）注意重力的影响和作用

应减少人体的上下运动，避免反复从地面搬起重物；避免人力抬运或搬送物品；应设法利用重力移动物品，如使物品在重力作用下在倾斜的辊道运输机上移动。

（四）合理利用机械

初期搬运机械大多在以下情况下使用：超重物品；运量大、耗费人力多、人力难以操作的物品；粉体或液体搬运的物料；速度太快或距离太长，人力不能胜任的物品；装卸作业高度差距太大，人力无法操作的物品。今后的发展方向是，即使在人可以操作的场合，为了提高生产率、安全性、服务性和作业的适应性等，也应将人力操作转由机械来实现，而人可以在更高级的工作中发挥作用。

（五）保持物流的均衡顺畅

物品的处理量波动大时会使搬运作业变得困难，但是搬运作业受运输等其他环节的制约，搬运节奏不能完全自主决定，必须综合各方面因素妥善安排，物流量应尽量均衡，避免忙闲不均的现象。

（六）集装单元化原则

将零放物体归整为统一格式的集装单元称为集装单元化。这对搬运作业的改善是至关重要的原则，集装单元化可以达到以下目的：由于搬运单位变大，可以发挥机械的效能，提高作业效率，搬运方便，灵活性好；负载的大小均匀，有利于实行作业标准化；在作业过程中避免物品损伤；对保护搬运的物品有利。

（七）提高综合效果

物流过程中运输、仓储、包装和装卸搬运各环节的改善必须考虑综合效益，不能仅从单方面考虑。

拓展训练

1. 举例并简述装卸搬运机械在物流中的作用。
2. 以不同的运输方式为例，简述主要的装卸搬运作业方法。
3. 举例说明常见的公路汽车运输装卸搬运机械有哪些。
4. 以连锁经营大卖场为例，描述装卸搬运的作业。

任务三　电子商务物流的价值途径：流通加工

引导案例

上海联华的加工型物流运作模式

联华生鲜的加工按原料和成品的对应关系可分为两种类型：组合和分割。两种类型在物料清单（BOM）设置和原料计算以及成本核算方面都存在很大的差异。在BOM中每个产品设定一个加工车间，只属于唯一的车间，在产品上区分最终产品、半成品和配送产品，商品的包装分为定量和不定量，原料的类型区分为最终原料和中间原料，设定各原料相对于单位成品的耗用量。

联华生鲜的加工型物流运作是在配送中心对物品进行生产辅助性加工后进行配送，其内容包括分割、包装、计量、检验、贴标签等。

加工型物流运作的主要作用表现在：通过分割加工，可实现小批量、多批次的配送，有利于降低用户库存或实现零库存配送。包装、贴标签是实现自动化的重要手段。加工更有利于提高运输工具的配载和装卸效率；可净化物流环境，有利于实现绿色物流；还可增强增值服务功能，增加附加值。

思考：

1. 什么是流通加工？
2. 流通加工的作用有哪些？
3. 流通加工与生产加工的区别有哪些？
4. 流通加工的类型有哪些？上海联华配送中心的流通加工属于什么类型的流通加工？
5. 流通加工的合理化方法有哪些？

相关知识

一、流通加工的概念

在流通过程中，辅助性的加工活动称为流通加工。流通与加工的概念本属于不同范畴。加工是改变物质的形状和性质，形成一定产品的活动；而流通则改变的是物质的空间状态与时间状态。流通加工是为了弥补生产过程的加工不足，更有效地满足用户或本企业的需求，使产需双方更好地衔接，将这些加工活动放在物流过程中完成，而成为物流的一个组成部分。流通加工是生产加工在流通领域中的延伸，如图2-1所示。

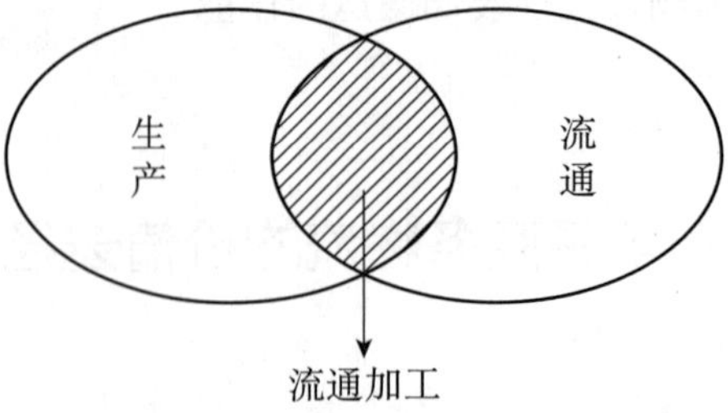

图2-1 流通加工示意图

二、流通加工在物流中的地位

（一）流通加工有效地完善了流通

流通加工在实现时间、场所两个重要效用方面，确实不能与运输和储存相比，因而，不能认为流通加工是物流的主要功能要素。流通加工的普遍性也不能与运输、储存相比，流通加工不是在所有物流中必然出现的。但这绝不是说流通加工不重要，实际上它是不可轻视的，是起着补充、完善、提高、增强作用的功能要素，它能发挥运输、储存等其他功能要素无法实现的作用。显然，流通加工的地位可以描述为提高物流水平，促进流通向现代化发展的必不可少的要素。

（二）流通加工是物流中的重要利润源

流通加工是一种低投入、高产出的加工方式，往往以简单加工解决问题。实践证明，有的流通加工通过改变装潢使商品档次跃升而充分实现其价值，有的流通加工能将产品利用率提高 20%～50%，这是采取一般方法提高生产率所难以达到的。

（三）流通加工在国民经济中是重要的加工形式

在整个国民经济的组织和运行方面，流通加工是其中一种重要的加工形态，对推动国民经济的发展、完善国民经济的产业结构和生产分工有一定的意义。

三、流通加工的作用

（一）提高原材料利用率

利用流通加工将生产厂直接运来的简单规格产品，按照使用部门的要求进行集中下料。例如，将钢板进行剪板、切裁；将钢筋或圆钢裁制成毛坯；将木材加工成各种长度及大小的方板等。集中下料可以优材优用、小材大用、合理套裁，有很好的技术经济效果。例如，北京、济南、丹东等城市对平板玻璃进行流通加工（集中裁制、开片供应），使玻璃的利用率从 60%提高到 85%～95%。

（二）进行初级加工，方便用户

对于用量小或临时产生需要的单位，因缺乏进行高效率初级加工的能力，依靠流通加工可使这些使用单位省去进行初级加工的投资、设备及人力，从而搞活供应，方便用户。目前发展较快的初级加工有：将水泥加工成生混凝土；将原木或板方材加工成门窗；冷拉钢筋；冲制异形零件；钢板预处理、整形、打孔等。

（三）提高加工效率及设备利用率

物流企业建立集中加工点后，可以采用效率高、技术先进、加工量大的专门机具和设备，并加强宣传力度，以广招货源。

四、流通加工合理化

流通加工合理化的含义是实现流通加工的最优配置，不仅做到避免各种不合理，使流通加工有存在的价值，而且做到最优的选择。

（一）流通加工不合理的若干形式

各种不合理的流通加工都会产生抵消效益的负效应。不合理流通加工形式有如下四点。

1. 流通加工地点设置不合理

流通加工地点设置（即布局状况）是整个流通加工是否有效的重要因素。一般而言，为衔接单品种大批量生产与多样化需求的流通加工，加工地设置在需求地区才能实现大批量的干线运输与多品种末端配送的物流优势。如果将流通加工地设置在生产地区，则不合理之处在于：第一，多样化需求要求的产品多品种、小批量由产地向需求地的长距离运输会出现不合理；第二，在生产地增加了一个加工环节，同时增加了近距离运输、装卸、储存等一系列物流活动。

2. 流通加工方式选择不当

流通加工方式包括流通加工对象、流通加工工艺、流通加工技术、流通加工程度等。确定流通加工方式实际上是确定生产加工的合理分工。分工不合理，本来应由生产加工完成的，却错误地由流通加工完成；本来应由流通加工完成的，却错误地由生产过程完成，这些都会造成不合理现象。

3. 流通加工作用不大，形成多余环节

有的流通加工过于简单，或对生产者和消费者作用都不大，甚至有时流通加工存在盲目性，未能解决品种、规格、质量、包装等问题，相反却增加了环节，这也是流通加工不合理的重要形式。

4. 流通加工成本过高，效益不好

流通加工之所以能够有生命力，重要优势之一是有较大的投入产出比，因而起着补充完善作用。如果流通加工成本过高，则不能实现以较低投入实现较高使用价值的目的。除了一些必需的、政策的要求（即亏损也要进行的加工）外，都应看作是不合理的。

（二）流通加工合理化

流通加工合理化的含义是实现流通加工的最优配置，实现流通加工合理化主要应考虑以下几方面。

1. 加工和配送结合

这是将流通加工设置在配送点，一方面按配送的需要进行加工，另一方面加工又是配送业务流程分货、拣货、配货中的一环。加工后的产品直接投入配货作业，这就无须单独设置一个加工的中间环节，使流通加工有别于独立生产，从而使流通加工与中转流通巧妙地结合在一起。同时，由于配送之前加工，可使配送服务水平大大提高。加工和配送结合是当前对流通加工合理选择的重要形式，在煤炭、水泥等产品的流通中已表现出较大的优势。

2. 加工和配套结合

在对配套要求较高的流通中，配套的主体来自各个生产单位，但是，完全配套有时无法全部依靠现有的生产单位。进行适当的流通加工可以有效促成配套，大大提升流通的桥梁与纽带作用。

3. 加工和合理运输相结合

流通加工能有效衔接干线运输与支线运输，促进两种运输形式的合理化。支线运输转干线运输或干线运输转支线运输必须设置停顿环节，而利用流通加工不是进行一般的支转干或干转支运输，而是按干线或支线运输合理的要求进行适当加工，从而大大提高了运输及运输转载水平。

4. 加工和合理商流相结合

通过加工有效促进销售，使商流合理化，也是流通加工合理化的考虑方向之一。加工和配送的结合，通过加工提高了配送水平，强化了销售，是加工与合理商流相结合的一个成功例证。此外，通过包装加工，形成方便的购买量，通过组装加工来解除用户在使用前组装、调试的难处，都是有效促进商流的例子。

5. 加工和节约相结合

节约能源、设备、人力、耗费是流通加工合理化重要的考虑因素，也是目前我国设置流通加工，考虑其合理化的普遍形式。

案例

迪安食品公司鲜牛奶配送

迪安食品公司打算在墨西哥市场投放牛奶制品和冷冻蔬菜。对于这家有 23 亿美元资产、总部设在芝加哥、仅在美国从事销售活动的公司来说，这是一项重大的举措。由于北美自由贸易协定允许开放墨西哥市场，迪安食品公司正在利用机会将其产品介绍给 9 000 万新的消费者。

牛奶是一种特别吸引人的产品，因为墨西哥新鲜牛奶短缺，而人口中有一半年龄在 18 岁以下（主要的喝牛奶者）。并且，因为政府的限价，还没有什么动力驱使批发商和零售商推销该产品。在投入这项冒险事业之前，迪安指派了两名经理去研究墨西哥市场营销和物流需求。迪安还寻求专业厂商利东（Tetra Pak）公司的合作，这是迪安食品公司的包装供应商之一，经营着一家大型的墨西哥公司。

迪安首先通过建立一家合资企业把目标对准墨西哥奶制品市场。该合资企业期望配送商有经验处理迪安的牛奶和奶制品，将其装运到边界城镇。墨西哥现在消费迪安的帕索市（EIPASO）奶制品公司的三分之一的产品。迪安食品公司的合资企业仍然需要解决几个问题。第一个问题是冷藏问题，因为绝大部分的产品是在小型的“夫妻”店里出售的，这类店里几乎没有什么冷藏设备。因为产品的堆放空间缩小了，在货架上的保存期也缩短了，迪安就把加仑壶包装改成小纸箱包装。第二个问题与超市有关。这些超市常常通宵停电，造成冰激凌产品反复地融化和冻结，以至于损害了产品的质量。迪安正在考虑一个解决办法就是自己购买冰箱并对店里 24 小时维持供电进行补贴。第三个问题是墨西哥缺少奶牛场。这一短缺正在迫使迪安考虑发展与原奶生产商的关系，而不是实际经营这些奶牛场。第四个问题是低质量牛奶的问题。因为墨西哥几乎没有有关产品质量控制的法律规章，所出售的全部牛奶中有 40%未经巴氏法灭菌就直接输送到消费者手中。虽然存在许多潜在的困难，迪安的管理部门仍把这种形式看作是在一个大市场中获得大份额的机会。迪安先生说：“我们得快点行动，现在正是机会。”

课堂讨论：

迪安食品公司的鲜牛奶是如何流通加工的？

任务四 电子商务物流的动脉：运输

引导案例

××联合物流有限公司是在铁道部和各铁路局、分局的大力支持下，在铁道部多种经营发展中心的帮助和指导下，由36家路内股东和2家路外股东共同出资组建的有限责任公司，股东单位涉及全路的14个铁路局。从2001年11月正式开始营业。

公司业务经营领域涉及国际国内货运、进出口、仓储运输、物流综合服务以及公共营销等，经营网络遍布全国。

在国内总体物流市场潜力巨大、物流行业飞速发展的形势下，××联合物流有限公司依托铁路资源优势和雄厚的资金实力，通过经营管理“六个统一”（统一品牌标识、统一报价体系、统一服务规范、统一作业标准、统一结算办法、统一企业形象），借助现代物流管理体制和信息技术，提高企业综合效益，计划在5年内将××联合物流有限公司建成国内物流企业的航空母舰。

铁路运输一直是××联合物流有限公司的资源优势和基础业务，近几年来，国家对基础设施建设的投入不断加大，高速公路的里程快速增长、高铁不断完善、各大航空公司的竞争，这些都导致铁路运输优势不断减少，部分客户由铁路运输转为其他运输。

思考：

1. 什么是运输？
2. 运输方式有哪些？
3. 运输有哪些功能？
4. 如何做到合理化运输？

相关知识

一、运输的概念及作用

（一）运输的概念

运输是载运和输送人和物，改变人和物的空间位置。基本运输方式有五种：公路、铁路、水路、航空和管道运输。物流中的运输是指通过运输手段使货物在物流节点之间流动，实现买卖行为。

运输是物流系统的一项重要功能，包括生产领域的运输和流通领域的运输。生产领域的运输是在生产企业内部进行的，称为厂内运输，是生产过程的一个组成部分，直接服务于产品生产，包括原材料、半成品和成品的运输，这种厂内运输也称为物料搬运。流通领域的运输活动是生产过程在流通领域的继续，运输的是物质产品或商品，是为社会服务的。

（二）运输的作用

1. 运输是物流的主要功能要素之一

运输是物流的最基本的一项活动，是物流的主要功能要素之一。根据物流的概念，物流是“物”的物理性运动，这种运动不但改变了物的时间状态，也改变了物的空间状态。而运输承担了改变空间状态的主要任务。运输是改变空间状态的主要手段，运输再配以搬运、配送等活动就能圆满完成改变空间状态的全部任务。很多人将运输等同于物流就是因为物流中很大一部分任务是由运输承担的，是物流的主要部分。

2. 运输是社会物质生产的必要条件之一

运输是国民经济的基础和保障。马克思曾经将运输称为“第四个物质生产部门”，将运输看作是生产过程的继续，这个继续以生产过程为前提，保证生产过程的完成。虽然运输的生产活动与一般的生产活动不同，它不创造新的物质产品，不增加社会产品的数量，不赋予产品新的使用价值，只变动其所在的空间位置，但这一变动能使生产继续下去，使社会再生产不断推进，显然运输可看作一种物质生产部门。

3. 运输是社会物质生产的必要条件

运输是社会物质生产的必要条件，表现在以下四个方面：

（1）运输是生产过程在流通领域的继续。在生产过程中，运输是生产的直接组成部分，没有运输，生产内部的各环节就无法正常进行，运输连接生产与再生产、生产与消费，是社会再生产过程的必要条件。

（2）运输是连接产销、沟通城乡的纽带。交通运输在整个国民经济中是一个极为重要的部门，它起着连接生产、分配、交换、消费各环节，沟通城乡、各地区使其成为统一的整体。运输使整个社会经济活动正常运转和顺利进行，是加速社会再生产和促进社会再生产继续进行的前提条件。

（3）运输是保证市场供应、满足生产建设、实现社会生产目的的基本条件。运输不增加物质产品的使用价值，却增加了物质产品的价值。随着市场活动日趋频繁，物质产品使用价值只有通过运输才能最终实现。

（4）运输能够创造“空间效用”。空间效用的含义是：同种“物”由于空间场所不同，那么其使用价值和效益的实现程度也不同。由于“物”的场所改变而最大限度地发挥其使用价值，最大限度地提高投入产出比，则称为“空间效用”。通过运输，将“物”运到空间效用最高的地方，就能发挥“物”的潜力，实现资源的优化配置。从这个意义来讲，也相当于通过运输提高了物的使用价值。

4. 运输是“第三利润源”的主要源泉

运输是“第三利润源”的主要源泉，表现在以下三个方面：

（1）运输是运动中的活动，要靠大量的动力消耗才能实现，而运输又承担大跨度空间转移的任务，所以活动的时间长、距离长、消耗大。消耗的绝对数量大，节约的潜力也就大。

（2）运费在全部物流费用中占最高的比例，一般综合分析计算社会物流费用，运输费在其中接近50%，有些产品的运输费高于其生产费，所以节约的潜力是很大的。

（3）由于运输总里程大，运输总量巨大，通过体制改革和运输合理化可大大缩短运输量，从而获得比较大的节约。

二、运输方式及其特点

选择合适的运输方式和工具，使企业能用最少的时间，走最短的路线，花最少的费用，安全地实现货物的运输。

一般按运输设备及运输工具分类，目前最常用的运输方式主要有五种，即公路运输、铁路运输、水路运输、航空运输和管道运输。另外根据需要还形成了联合运输、散装运输、集装箱运输等方式。

（一）主要运输方式

1. 公路运输

公路运输的主要工具是汽车，也可使用其他车辆（如人、畜力车）在公路上进行货客运输。公路运输主要承担近距离、小批量的货运和水运，铁路运输难以到达地区的长途、大批量货运，以及铁路、水运优势难以发挥的短途运输。公路运输的经济半径一般在200千米以内。

公路运输的特点是机动灵活、可实现门到门、货损小、安全性高、投资少、周转快，适合中短途。公路运输的优点是灵活性强，公路建设期短，投资较低，易于因地制宜，对收货站设施要求不高。可以采取“门到门”的运输形式，即从发货者门口直到收货者门口，而无须转运或反复装卸搬运。公路运输也可作为其他运输方式的衔接手段。公路运输的不足之处是运量较小，能耗大，环境污染严重。汽车载重量小，不适宜装载大件、重件的物品。单位运输成本费用比水路运输和铁路运输高。此外，公路运输过程中货物震动较大，在路况较差的情况下，容易造成货物损坏、丢失事故。

2. 铁路运输

铁路运输是使用铁路列车运送客货的一种运输方式。铁路运输主要承担长距离、大批量的货运，在没有水运条件的地区，几乎所有大批量货物都依靠铁路运输。铁路运输是在干线运输中起主力运输作用的运输形式，经济里程一般在200千米以上。

铁路运输的特点是运输能力大，安全程度高，运送速度较快，成本较低。铁路运输的优点是速度快，运输不大受自然条件限制，载运量大，运输成本较低；主要缺点是灵活性差，只能在固定线路上实现运输，需要与其他运输手段配合和衔接。

3. 水路运输

水路运输是使用船舶运送客货的一种运输方式，简称“水运”。水路运输主要承载大数量、长距离的运输，是在干线运输中起主力作用的运输形式。在内河及沿海，水路运输也常作为小型运输工具使用，担任补充和衔接大批量干线运输的任务。

水运的特点是运输能力大、运输成本低、投资小、劳动生产率高、速度较慢。水运的主要优点是成本低，能进行低成本、大批量、远距离的运输。水运的缺点主要是运输速度慢，受港口、水位、季节、气候影响较大，一年中中断运输的时间较长。

水运有以下四种形式：

（1）沿海运输。使用船舶通过大陆附近沿海航道运送客货的一种方式，一般使用中、小型船舶。

（2）近海运输。使用船舶通过大陆邻近国家海上航道运送客货的一种运输形式，视航程可使用中型船舶，也可使用小型船舶。

（3）远洋运输。使用船舶跨大洋的长途运输形式，主要依靠运量大的大型船舶。

（4）内河运输。使用船舶在陆地内的江、河、湖、川等水道进行运输的一种方式，主要使用中、小型船舶。

4. 航空运输

航空运输是使用飞机或其他航空器进行运输的一种形式。航空运输的单位成本很高，因此，主要适合运载的货物有两类，一类是价值高、运费承担能力很强的货物，如贵重设备的零部件、高档产品等；另一类是紧急需要的物资，如救灾抢险物资等。

航空运输的特点是速度快、运输成本高，适合长途运输。航空运输的主要优点是速度快，不受地形的限制。在火车、汽车都达不到的地区也可依靠航空运输。航空运输的缺点是飞机造价高、能耗大、成本高、运输能力小、技术要求严格，而且需要航空港设施。

5. 管道运输

管道运输是利用管道输送气体、液体和粉状固体的一种运输方式。这是一种不需要动力引擎，运输通道和运输工具合二为一，借高压气泵的压力把货物经管道向目的地输送的运输方式。其运输形式是靠物体在管道内顺着压力方向循序移动实现的，与其他运输方式的重要区别在于，管道设备是静止不动的。

管道运输的特点是运输能力大，运输成本低，主要用于液体、气体运输。管道运输的主要优点是工程小，占地少，运输量大，成本较低，受自然条件影响较小，特别是山区铺设管道比修建铁路容易。管道运输的缺点是受货物限制，只适合运输气体和液体，固定资产投资大，机动灵活性差（单向运输）。

（二）联合运输

联合运输是一种使用同一运送凭证，由不同运输方式或不同运输企业进行有机衔接的联运货物，即利用各种运输方式的优势，发挥不同运输工具效率的运输形式，简称“联运”。可作为开展集装单元作业配合的手段，提供一票到底、全程负责的运输服务。

联合运输的优点有以下几个方面：

（1）联运能沟通各种运输之间的横向联系。组织联运，可以根据不同运输方式的特点，扬长避短，科学地组织运输全过程，发挥各种运输工具的最佳效果。

（2）联运能挖掘运输潜力，提高运输效率。组织联运可以使车、船、站、港紧密结合，将运输工具、设备潜力得到充分发挥，加快车船周转，缩短流通时间，提高运输效率。

（3）联运可减少物资流通费用，方便货主。组织联运可以提高运送速度，加速物资、车船周转，节约在途资金，适应社会需要，有利于开展集装单元化运输，使集装单元化技术得到充分的发挥。对于不同运输方式之间的接力运输，采用集装单元化可以有效提高装卸效率。

三、运输的合理化与现代化

(一) 不合理的运输

不合理的运输是指违反物资合理调运流向，运输方式选择不当，增加了不必要的运输里程和中转环节的运输。目前我国存在的主要不合理运输形式有下述 8 种。

1. 单程空驶

空车无货载行驶，可以说是不合理运输的最严重形式。在实际运输组织中，有时必须调运空车，从管理上不能将其看作是不合理运输。但是，因调运不当，货源计划不周，不采用运输社会化而形成的空驶，是不合理运输的表现。造成空驶的不合理运输主要有以下三种原因：

(1) 未能利用社会化的运输体系，依靠自备车送货提货，这往往会出现单程空驶的不合理运输。

(2) 由于工作失误或计划不周，造成货源不实，车辆空去空回，形成双程空驶。

(3) 由于车辆过分专用，无法搭运回程货，只能单程实车，单程回空周转。

2. 对流运输

对流运输是指同类的或可以相互代替的货物的相向运输。主要有以下两种表现形式：

(1) 明显对流。同类货物沿着同一线路相向运输。

(2) 隐蔽对流。同类货物在不同运输方式的平行路线或不同时间进行的相反方向的运输。

例如，A—D 400 千米，A—B 100 千米，B—C 100 千米，C—D 200 千米。A 地需要物资3 000吨，C 地需物资 500 吨，B 地可提供 500 吨，D 地可提供 3 000 吨。分析运输合理方案。

方案一：3 000×400＋500×100＝1 250 000（吨千米）

方案二：2 500×400＋500×200＋500×100＝1 150 000（吨千米）

3. 迂回运输

由于物流网的纵横交错及车辆的机动性，在同一发站和到站之间往往有不同的运输路径可供选择。凡不经过最短路径的绕道运输，都称为迂回运输。迂回运输有一定的复杂性，不能简单处理，只有当计划不周、地理不熟、组织不当而发生的迂回，才属于不合理运输。例如，最短距离有交通阻塞、道路情况不好或有对噪声、排气等特殊限制而不能使用时发生的迂回不属于不合理运输。

4. 重复运输

重复运输的一种形式是，本来可以直接将货物运到目的地，但是在未到达目的地而在目的地之外的其他场所将货卸下，再重复装运送达目的地。另一种形式是，同品种货物在同一地点运进，同时又向外运出。重复运输的最大问题是增加了非必要的中间环节，这就延缓了流通速度，增加了费用，增大了货损。

5. 倒流运输

倒流运输是指货物从销地或中转地向产地或起运地回流的一种运输现象，其不合理程度要甚于对流运输。原因在于，往返两程的运输都是不必要的，形成了双程的浪费。倒流运输也可以看作是隐蔽对流的一种特殊形式。

6. 过远运输

过远运输是指不就地或就近获取某种物资，却从外地或远处运来同样物资。过远运输占用运力时间长，运输工具周转慢，物资和占压的资金时间长，远距离自然条件相差大，容易出现货损，增加了费用支出。

7. 运力选择不当

运力选择不当是指未选择各种运输工具的优势，不正确地使用运输工具而造成的不合理现象。常见的有以下形式：

（1）弃水走陆。可以利用水运也可以利用陆运时，不利用成本较低的水运或水陆联运，而选择成本较高的铁路运输或汽车运输，使水运优势不能发挥。

（2）铁路、大型船舶的过近运输。不是铁路及大型船舶的经济运行里程却利用这些运力进行运输的不合理做法。主要不合理之处在于火车和大型船舶起运及到达目的地的准备、装卸时间长，且机动灵活性不足，在过近距离中，发挥不了运速快的优势。相反，由于装卸时间长，反而会延长运输时间。另外，与小型运输设备比较，火车和大型船舶装卸难度大、费用也较高。

（3）运输工具承载能力选择不当。不根据承运货物数量和重量选择，而盲目决定运输工具，造成过分超载、损坏车辆及货物不满载、浪费运力的现象。尤其是“小马拉大车”现象发生较多。

8. 托运方式选择不当

对于货主而言，是指没有选择最好托运方式而造成运力浪费和费用支出加大的一种不合理运输。例如，应选择整车，而采取零散托运；应当直达而选择中转运输；应中转运输而选择直达运输，这些都属于这一类型的不合理运输。

上述的各种不合理运输形式都是在特定条件下表现出来的，在进行判断时必须注意不合理的前提条件，否则容易出现判断失误。例如，同一种产品，商标不同、价格不同，所发生的对流不能绝对看作不合理，因为其中存在着市场机制引导的竞争，优胜劣汰，如果强调因为表面的对流而不允许运输，就会保护落后、阻碍竞争甚至助长地区封锁。

以上对不合理运输的描述，主要是就形式本身而言得出的结论。在实践中，必须将其放在物流系统中做综合判断，在不做系统分析和综合判断时，很可能出现“效益背反”现象。单从一种情况来看，如果做到了合理，则会使其他部分出现不合理。只有从系统整体的角度出发，综合进行判断才能有效避免“效益背反”现象，从而优化全系统。

（二）运输合理化的概念

由于运输是物流中最重要的功能要素之一，物流合理化在很大程度上依赖于运输合理化。在物流过程中，运输合理化是指按照商品流通规律、交通运输条件、货物合理流向、市场供需情况，走最少的环节，用最少的运力，花最少的费用，以最快的速度，把货物从供应地运送到需求地。

1. 影响运输合理化的外部因素

（1）政府。稳定而有效率的商品经济需要有竞争力的运输服务，与其他企业相比，政府更多地采取规章制度或经济政策来干预运输活动，限制承运人、服务市场和价格，对交通系统及通行权进行控制等。

（2）资源分布状况。资源分布的不平衡在很大程度上影响了运输的合理性，如煤炭、石油等。

（3）国民经济结构。

（4）运输网布局。运输网布局主要依赖自然条件和产业结构。

（5）运输决策的参与者。托运人和收货人有共同目的，就是在规定的时间内以最低成本完成货物转移；承运人期望以最低成本完成运输并获得最大收入；公众是最后参与者，通过其消费产生影响。

2. 影响运输合理化的内部因素

影响运输合理化的内部因素很多，起决定性作用的有五方面的因素，称为合理运输的“五要素”。

（1）运输距离。在运输时，运输时间、运输货损、运费、车辆或船舶周转等运输的若干技术经济指标都与运距有一定的比例关系，运距长短是评价运输是否合理的一个最基本因素。

（2）运输环节。每增加一次运输，不但会增加起运费和总运费，而且要增加运输的附属活动，如装卸、包装等，各项技术经济指标也会因此下降。可见，减少运输环节，尤其是同类运输工具的环节，对合理运输有促进作用。

（3）运输工具。各种运输工具都有使用的优势领域，对运输工具进行优化选择，按运输工具特点进行装卸运输作业，发挥所用运输工具的最大作用是运输合理化的重要一环。

（4）运输时间。运输是物流过程中需要花费较多时间的环节，尤其是远程运输。由于在全部物流时间中，运输时间占绝大部分，所以，缩短运输时间对缩短整个流通时间有决定性的作用。此外，运输时间短，有利于运输工具的加速周转，充分发挥运力的作用，有利于货主资金的周转，有利于运输线路通过能力的提高，对运输合理化有很大贡献。

（5）运输费用。运费在全部物流费用中占很大比例，运费高低在很大程度上决定整个物流系统的竞争能力。实际上，运输费用的降低，无论对货主企业还是对物流经营企业，都是运输合理化的一个重要目标。运费的判断，也是各种合理化实施是否行之有效的最终判断依据之一。

3. 运输合理化的实现途径

人们在生产实践中探索和创立了不少运输合理化的途径，在一定时期内、一定条件下取得了以下效果：

（1）提高运输工具实载率。实载率有两个含义：一是单车实际载重与运距的乘积、标定载重与行驶里程的乘积的比率。在安排单车、单船运输时，实载率是作为判断装载合理与否的重要指标；二是车船的统计指标，即在一定时期内车船实际完成的货物周转量（以吨千米计）占车船载重吨位与行驶千米数乘积的百分比。计算时车船行驶的千米数，不但包括载货行驶，也包括空驶。

提高实载率的意义在于：充分利用运输工具的额定能力，减少车船空驶和不满载行驶的空间，减少浪费，从而求得运输的合理化。

当前，国内外开展的“配送”形式，优势之一就是将多家需要的货和一家需要的多种货实行配装，以达到容积和载重的充分合理运用，与以往自家提货或一家送货车辆大部空驶状况相比，这是运输合理化的一个进展。在铁路运输中，采用整车运输、合装整车、整车分卸及整车零卸等具体措施都是提高实载率的有效措施。

（2）采取减少动力投入、增加运输能力的有效措施以求得合理化。这种合理化的要点是，少投入、多产出，走高效益之路。运输的投入主要是能耗和基础设施的建设，在设施建设已定型和完成的情况下，尽量减少能源投入是少投入的核心。做到了这一点就能大大节约运费，降低单位货物的运输成本，达到合理化的目的。

国内外在这方面的有效措施有：

1）满载超轴。“超轴”的含义就是在机车能力允许情况下，多加挂车皮。我国在客运紧张时，也采取加长列车、多挂车皮的办法，在不增加机车的情况下增加运输量。

2）水运拖排和拖带法。竹、木等物资的运输，利用竹、木本身浮力，不用运输工具载运，采取拖带法运输，可省去运输工具本身的动力消耗从而求得合理；将无动力泊船编成一定队形，一般是“纵列”，用拖轮拖带行驶，比船舶载乘运输运量大。

3）顶推法。顶推法是我国内河货运采取的一种有效方法，将内河泊船编成一定队形，由机动船顶推前进。其优点是航行阻力小、顶推量大、速度较快、运输成本低。

4）汽车挂车。汽车挂车的原理与船舶拖带、火车加挂基本相同，都是在充分利用动能的基础上增加运输能力。

（3）发展社会化的运输体系。运输社会化的含义是发展运输的大生产优势，实行专业分工，打破一家一户自成运输体系的状况。一家一户的运输，车辆自有，自我服务，不能形成规模，而且一家一户的运量需求有限，难以自我调节，因而容易出现空驶、运力选择不当、不能满载等浪费现象，且配套的接货和发货设施、装卸搬运设施也很难有效地运行。实行运输社会化可以统一安排运输工具，避免对流、倒流、空驶、运力选择不当等多种不合理形式，不但可以追求组织效益，而且可以追求规模效益，所以发展社会化的运输体系是运输合理化非常重要的措施。当前火车运输的社会化运输体系已经较完善，而在公路运输中，一家一户运输的小生产方式非常普遍，是建立社会化运输体系的重点。在社会化运输体系中，各种联运体系是其中水平较高的方式。我国在利用联运这种社会化运输体系时，创造“一条龙”的货运方式。对产销地和产销量都较稳定的产品，事先与铁路、公路等社会运输部门签订协议，规定专门收、到站，专门航线及运输路线，专门船舶和泊位等，有效地保证许多工业产品的稳定运输。

（4）开展中短距离铁路、公路分流，“以公代铁”的运输。这一措施的要点是在公路运输经济里程范围内，或者经过论证后超出平均经济里程范围也应尽量利用公路。这种运输合理化的表现主要有以下两点：一是对于比较紧张的铁路运输，用公路分流后，可以得到一定程度的缓解，从而加大这一区段的运输通过能力；二是充分利用公路从门到门，以及在中途运输中速度快且灵活机动的优势，实现铁路运输服务难以达到的水平。

（5）直达运输。直达运输是通过减少中转过程中的换载，从而提高运输速度，省去装卸费用，降低中转货损。直达的优势，在一次运输批量或用户一次需求量达到了一整车时表现最为突出。此外，在生产资料、生活资料的运输中，通过直达建立稳定的产销关系和运输系统，有利于提高运输的计划水平。从用户需求量看，批量大到一定程度直达是合理的，批量较小时中转是合理的。

（6）配载运输。配载运输是充分利用运输工具载重量和容积，合理安排装载货物和载运方法以求得合理化的一种运输方式。配载运输也是提高运输工具实载率的一种有效形式。配载运输往往是轻、重商品的混合配载，在以重质货物运输为主的情况下，同时搭载一些轻泡货物。例如，水运中装载矿石、黄沙等重质货物时，在舱面捎运木材，在基本不增加运力投入和不减少重质货物运输的情况下，解决了轻泡货物的搭运。

（7）“四就”直拨运输。“四就”直拨运输是减少中转运输环节，力求以最少的中转次数完成运输任务的一种形式。“四就”直拨，首先是由管理机构预先筹划，然后就厂、就站（码头）、就库、就车（船）将货物分送给用户，不需要再入库。

（8）发展特殊运输技术和运输工具。依靠科技进步是运输合理化的重要途径。例如，专用散装车及罐车，解决了粉状、液状物运输损耗大、安全性差等问题；集装箱船比一般船能容纳更多的箱体，集装箱高速直达车船加快了运输速度，它们都是通过用先进的科学技术实现合理化。

（9）通过流通加工使运输合理化。有些产品由于本身形态和特性问题，很难实现运输的合理化，进行适当加工后就能够有效解决合理运输问题。例如，将棉花等轻泡货物捆紧包装成规定尺寸，装车就容易提高装载量；水产品及肉类预先冷冻，就可提高车辆装载率并降低运输损耗。

任务五 电子商务物流的中心：存储

引导案例

富日物流的主要客户包括大型家用电器厂商（小天鹅、伊莱克斯、上海夏普、LG、三洋等）、酒类生产企业（五粮液的若干子品牌、金六福等）、方便食品生产企业（如康师傅、统一等）和其他快速消费品厂商（金光纸业、维达纸业等）。

富日物流的商业模式是基于配送的仓储服务。制造商或大批发商通过干线运输等方式大批量地把货品存放在富日物流的仓库里，然后根据终端店面的销售需求，用小车小批量配送到零售店或消费地。富日物流为客户提供仓储、配送、装卸、加工、代收款、信息咨询等物流服务，利润来源包括仓租费、物流配送费、流通加工服务费等。

富日物流的仓库全都是平面仓库。部分采用托盘和叉车进行库内搬运，少量采用手工搬运。月台设计适合大型货柜车、平板车、小型箱式配送车的快速装卸作业。

思考：

1. 什么是仓储、仓库？
2. 仓储的作用是什么？
3. 有哪些类型的仓库？家电、酒类、方便食品对仓库的要求是否一样？为什么？

4. 描述一下仓储作业流程。

5. 为什么制造商要把商品先存到富日物流的仓库中，而不是直接销售给终端用户？如何做到仓储合理化？

相关知识

一、货物存储的概念

货物存储在物流系统中是一个相对传统、完善的环节，也是在整个生产流通过程中，任何领域都客观存在，不能为其他物流活动所替代的环节。即使在所谓的“零库存”、供应商管理库存的今天，存储也仅仅是由社会再生产的一个领域转移到了另一个领域。因此，存储作业是物流活动中一个不可缺少的重要环节，是任何其他经济活动不能代替的。

货物存储即货物在生产流通过程中的停留保管过程。存储主要通过各种仓库实现。仓库按照不同分类方式有不同的种类。按照基本形态分为自用仓库、营业仓库、公共仓库和租赁仓库；按流通环节分为产地仓库、集散仓库、流通中心仓库和消费地仓库；按地理布局分为沿岸仓库、沿线仓库和内陆仓库；按保管对象分为普通仓库、材料仓库、冷藏仓库、恒温仓库、危险品仓库和储备仓库；按建筑结构可分为平房仓库、楼房仓库、高层货架仓库、罐式仓库和简易仓库。

二、货物存储的功能

（一）调节供需

在整个社会再生产中，供需之间（无论是生产与消费之间，还是生产企业的供、产、销之间）充满着各种矛盾。在现代化大生产条件下，越来越多的货物需要经过各种不同形式的存储来调节供需关系。

（二）保管

保管是存储最基本的功能，即保存库存物的使用价值。针对每一种库存物的自然属性，结合环境条件和社会因素，存储工作采取有效的针对性措施，延缓库存物发生有形损耗和无形损耗的速度，维护库存物的使用价值。

（三）配送

配送是指根据客户的要求，在物流节点（仓库或配送中心）进行分货、配货、加工等工作，并将配好的货物按客户约定的时间和方式送达指定地点，交给收货人。配送不仅有利于生产企业（用户）减少生产存储，流通企业提高效益，更重要的是它有利于社会资源的综合利用，减小分散存储、分散管理造成的损失。配送功能的出现使货物存储由静态管理转向了动态管理，从而开拓了物流合理化的领域。

（四）提供信息

任何产品的生产都必须满足社会需要，生产者应关注市场需求的动向。社会仓储的变化反映了市场需求的动向。物流企业客户服务的一项重要工作就是帮助客户收集货物仓储信息，为生产企业、销售企业提供及时、有效的仓储数据和分析报告。

（五）陈列展示

存货客户要转让已在仓库存放的货物时，购买方可以到仓库查对货物、取样查验，此时的仓储功能体现了陈列展示的功能。众多具有便利交易条件的仓储都提供交易活动服务，甚至部分形成了有影响的交易市场。近年来大量发展的仓储式商店，就是仓储交易功能高度发展，集仓储、陈列、展示、交易为一体的综合体。

案例

为了保证肉和香肠产品对存储保质期的特殊要求，在高架区的上风口安装了空调系统，以保证130多种不同产品的安全存放。库房高27米，其中四个库位位于地下。整个库房设有两个温度区域，分拣区为10℃～12℃，高架存储区为0～2℃，以满足不同产品的专业存储要求。托盘货物进入存储区后，按照不同产品的不同需要，放置3～270天进行熟化。在业务量不大时，仓库管理系统会对存储进行优化，以保证订单分拣在高峰作业时段的高效率。在优化存储时，第二天需要的托盘从缓存区取出进入活跃存储区，并遵循先入先出原则。

课堂讨论：

1. 简单讲述对仓储的认识。
2. 物品养护的方法有哪些？

任务六 电子商务物流作业系统

引导案例

北京金象大药房医药连锁有限公司（以下简称“金象大药房”）是由北京金象复星医药股份有限公司、北京华方投资经营公司、上海复星网络发展有限公司共同出资组建，隶属于北京金象复星医药股份有限公司。北京金象复星医药股份有限公司在1995年开始筹备和申请成立金象大药房，1997年国内医药零售管理局势开始出现变化，历经了1999年一年时间的努力后，金象大药房在2000年被国家药品监督管理局批准为全国首批药品零售跨省连锁试点企业，经营范围涵盖化学药制剂、抗生素、生化制品、中成药、营养补剂、中药饮片、医疗器械、生物制品、医用图书等8 800多个品种。

金象大药房在上海、天津、成都、内蒙古、江苏、河北等13个省市自治区的20个城市拥有直营店、加盟店200多家，15 000平方米的现代化物流配送中心，全面的微机管理，科学规范的运作程序，为各连锁店提供高质量的、安全稳定的商品服务。随着店铺数量的增多，相应的配送中心和分店的库存成本都在上升，金象大药房为了减少库存，对配送体系提出了更多的要求。一般要求 24 小时送货制，即分店当天订货次日货物送到。金象大药房为零售连锁药店，一般广泛分布在闹市区和居民社区之中，最接近广大消费者。如果是小批量的缺货可以由邻近店送货过来，如果是整件缺货或紧急送货，配送中心都有相应的紧急送货体系作为保证，整件要货的情况很少见。

金象大药房的特色是“全、特、优、新”，即全面、特色、优质、新品。在北京一般药店没有的药品在这里基本上都有，从而在北京老百姓中享有一定声誉。秉承“大众安康是金象经营的原点”的企业经营理念。金象大药房为消费者提供多种服务项目：全国最早实行了处方药封闭，非处方药开架自选的方式；24 小时全面营业；电话咨询，预约订货，四环路以内免费送货上门；聘请名医坐堂，定期流动义诊；免费代煎汤药；免费供应药茶；推行金象会员积分卡；实现银行卡结算服务；免费提供报刊图书阅览……

金象大药房的高层集中精力寻求好的商铺建卖场。在店铺选址上，力求贴近直接消费者，品牌店、骨干店、社区店同步铺开，凭借仓储和配送作为坚强后盾，在较短的时间内将连锁店覆盖了北京市城区。以北京市为基地，采用蛙跳的方式，以每年新增 50 家连锁店的速度，向全国其他大中型城市扩张。

连锁企业最重要的在于管理，链条越长，风险越大，店越来越多，管理形式也会越来越严峻，一旦某一个重要环节出现问题，后果极其严重。为了避免出现这一问题，金象大药房花费上千万元用于管理硬件上的投入，在不断引进新人的同时，组织现有员工培训学习，提高团队的整体战斗力。

根据市场发展的情况来看，连锁有连锁的优势，单店有单店的优势。金象大药房的优势在于连锁和品牌，故而在管理模式上，金象大药房采取严格规范的统一管理，避免经营和管理失控，避免品牌的无节制延伸，以确保各连锁店的服务质量。由于连锁药店不需要建库房，所以相对成本较低，成本较低自然在价格上具备优势。由于连锁药店统一进货配送，所以能够确保质量，确保质量自然能够树立良好商誉。

金象大药房的配送中心依据节能高效的原则投入资本不大，但运行效率和效益较高，配送管理细致，把主要精力放在流程优化上。据北京金象大药房医药连锁有限公司副总经理孙健先生介绍，2005 年该公司和国内外二十多家大型医药生产企业签订了直供协议，这些企业包括西安杨森、中美史克、葛兰素、辉瑞制药、哈药集团、石药集团等国内外大企业。这些企业都以低于批发价的优惠价格向金象大药房供货。

金象大药房配送中心的主要配送流程是医药生产厂商把货发到大型批发企业如国药集团的物流中心，国药集团接到金象大药房的订单后把货发到金象大药房的配送中心。金象大药房的配送中心再进行进货、订单处理、拣货、仓储管理、配货、出货等操作，每个环节都实行双人复核制，层层把关。金象大药房成立专门的质量管理部加强货物出入库和在途管理，质量管理部重点考核丢失率、破损率、晚点率、差错率等四个 KPI 指标。科学的库存管理、及时的网络信息沟通、无纸化办公和交叉理货式配送的完美结合，使金象大药房的物流配送环节环环相扣，保证金象大药房的各家连锁店当天订货次日按时准确送到。

金象大药房在物流外包方面，解散原有的运输车队，将运输部分外包出去，由中铁物流公司负责药品运输服务。它们和中铁物流签好协议，在协议中规范好双方的权利义务，让中铁物流在规定的时间期限内将货物准确送达到各连锁店。据孙健先生介绍，自从该公司将运输这块业务外包给专业化物流公司之后，就省却了原来很多车队管理方面的问题，降低了人员成本，运输送货准确率和准点率大大提高，很少出现门店没有收到所需货品的情况，从而大大提高了生产效率。

完善的配送体系使医药物流在城市现代物流业中占据重要地位。相对于一般的连锁超市，零售连锁药店（由于出售药品，消费者更多一些信赖）在品牌、形象上更具优势；而且由于消费者在购药时更需要专业意见，药店也更容易与消费者沟通。金象大药房在每家连锁店至少配备一名注册药剂师，为老百姓购药答疑解惑。因此，药店连锁形成网络，增加了连锁企业的无形价值。比如这种网络配合电子商务（不限于药品）可以获得增值利润。同样，也可以利用这一网络销售医疗器械、保健食品、化妆品、鲜花等。另一方面，这一网络资源可被用来收集消费习惯、需求等市场信息，开展一些客户关系管理方面的活动。

资料来源：http：//www.51test.net.

思考：

1. 什么是电子商务物流系统？
2. 电子商务物流系统的构成包括哪些？
3. 传统物流作业系统和电子商务物流作业系统的区别在哪里？
4. 画出北京金象大药房医药连锁有限公司的电子商务物流体系示意图，并说说它的操作流程。

相关知识

一、电子商务物流系统及其构成

（一）电子商务物流系统的概念

电子商务物流系统是指在实现电子商务特定过程的时间和空间范围内，由物流各个功能要素及其所需位移的商品或物资、包装设备、装卸搬运机械、运输工具、仓储设施、人员和通信设施等若干相互制约的动态要素所构成的具有特定功能的有机整体。

电子商务物流系统的目的是实现电子商务过程中商品或物资的空间效益和时间效益，在保证商品满足供给需求的前提下，实现各种物流环节的合理衔接，并取得最佳经济效益。电子商务物流系统既是电子商务系统中的一个子系统或组成部分，也是社会经济大系统的一个子系统。

（二）电子商务物流系统的构成

正如前面定义所描述的，物流系统是由运输、存储、装卸搬运和配送等各环节所组成的，它们也可以称为物流的子系统，如图 2－2 所示。作为物流系统的输入是运输、存储、搬运和装卸等环节所耗费的劳务、设备及材料等资源，经过处理转化成为物流系统的输出，即物流服务。

电子商务物流系统与传统的物流系统并无本质的区别，不同之处就在于电子商务物流系统突出强调一系列电子化、机械化、自动化工具的应用以及准确、及时的物流信息对物流过程的监督，它更加强调物流的速度、物流系统信息的通畅和整个物流系统的合理化。

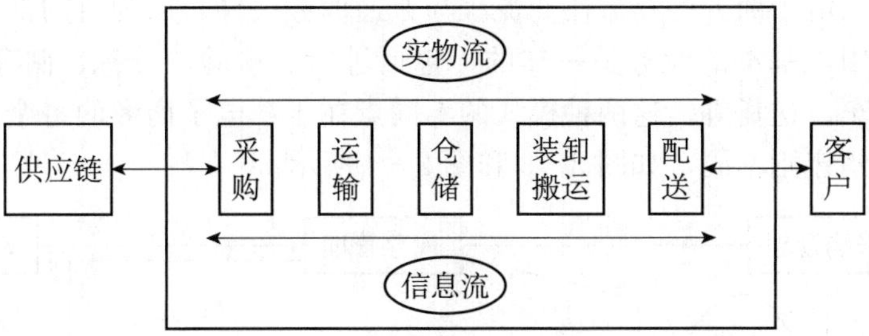

图 2-2　电子商务物流系统

电子商务交易过程中畅通的信息流把相应的运输、仓储、配送等业务活动联系起来，使之协调一致，这是提高电子商务物流系统整体运作效率的必要途径。

二、电子商务物流作业系统概述

（一）传统物流作业系统

传统物流作业包括运输、仓储、装卸搬运、配送、流通加工、物流信息、客户服务等环节，其作业内容包括：运输作业、仓储作业、装卸搬运作业、配送作业、流通加工作业、物流信息作业、客户服务作业。

（二）电子商务物流作业系统的分类

电子商务物流作业系统主要包括六类：订单管理、仓储与分拨、运输与交付、退货管理、客户服务、数据管理与分析等。

1. 订单管理

订单管理包括接收订单、整理数据、订单确认、交易处理（包括信用卡结算赊欠业务处理）等。

2. 仓储与分拨

仓储与分拨中心主要有两方面业务：分拣和存货清单管理。

3. 运输与交付

运输与交付具体包括确认运输需求、设计运输路线、运输作业实施等。

4. 退货管理

退货管理承担货物的修复、重新包装等任务。

5. 客户服务

客户服务包括售前和售后服务，主要包括对顾客的电话、传真、电子邮件的回复以及货物的安装和维修等工作。

6. 数据管理与分析

对于顾客提交的订单，电子商务物流系统能对相关数据进行分析，产生深度分析报告。

（三）电子商务物流作业流程

物流作业流程与商流、信息流、资金流的作业流程有关，也与商务形式（普通商务、电子商务）有关。电子商务的物流作业流程与普通商务一样，因为目的都是要将用户所订货物送到用户手中，基本的业务是一样的，包括进货、检验、分拣、储存、拣选、包装、分类、组配、装车、送货等。这两种模式的不同点在于：电子商务的每个订单都要送货上门，而有形店铺销售则不同，如图 2-3 和图 2-4 所示。

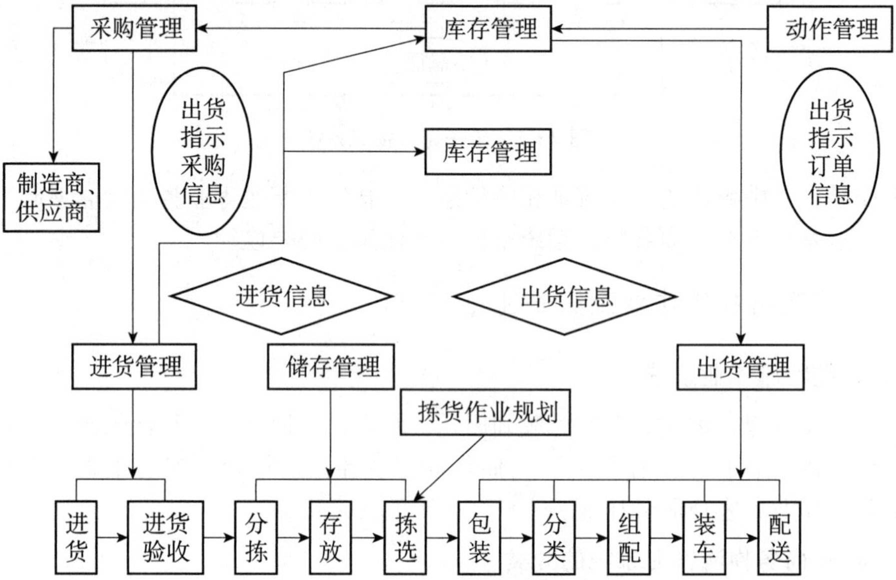

图 2-3 传统商务物流作业流程

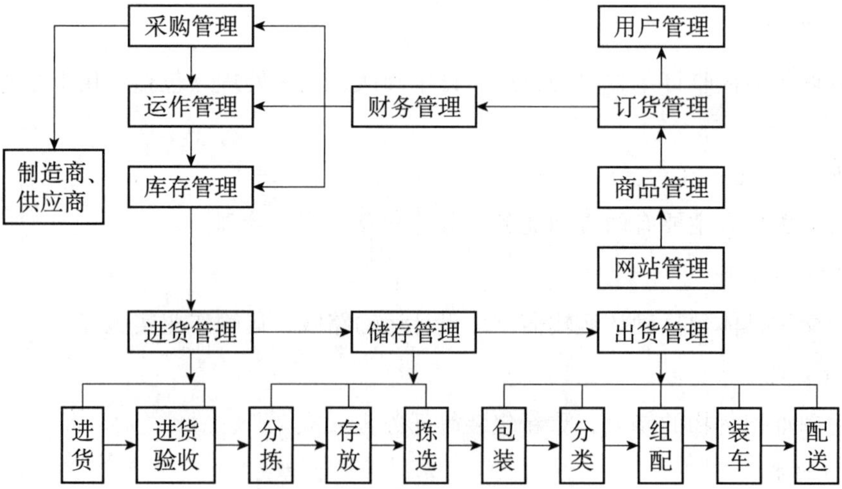

图 2-4 电子商务物流作业流程

案例

日本伊藤洋华堂公司食品物流系统

伊藤洋华堂公司在东京圈内的新食品物流系统已经完成，其特征是深入地研究和统筹店内物流，以减轻店铺的作业负担，到货的精度达到了 49 999/50 000，在世界上还很少见到运用这样高度现代物流系统的案例。

特点一：由信息技术支撑的补货方式。

在连锁店，从采购商品，到将商品展示，再到送往专场的过程，往往负担较重，伊藤洋华堂也不例外。区分一般商品和特卖商品、验货、向卖场不同的货架码放等细致的作业需要从入货口开始做一次分拣、二次分拣、验货、上货等工作。新的物流系统将这些中间作业全部进行了改善，实现了商品卸货后向卖场直接上货，能够达到这样的效果完全靠的是信息系统。

新补货方式以货架为单位，按顺序进行，做到效率最大化。首先，对各店铺的货架与存放的商品进行调查，将商品及其在货架上的货位信息输入到物流中心的计算机系统，建立起商品、店铺、货位的对应关系，通过计算机系统自动地识别某种商品有多少，应该补充到哪一家店铺的哪个货位上。完成这样复杂的作业系统误差只有1/50 000，应用如此高精度的物流系统，当然就不需要再进行验货作业了。

新物流系统还引入了鲜度维持管理系统，商品的主文件中设定了商品有效期和准许销售期限，在商品入库时输入制造年月，计算机系统就可以自动判断是否可以入库。入库商品严格按照先进先出原则进行作业，每日由作业人员检验商品日期，为保证不出现超过准许销售期限的商品，对接近准许销售期限的商品提供了预警的功能，采用双重保险方式。

特点二：维持精度达49 999/50 000的作业系统。

货物配送采用下述三种方式：

A类商品和特卖商品采用清单配送方式，用叉车将商品搬送到出库区域，使用扫描器对出货进行核对和确认，信息反馈到计算机系统。

B、C类商品的出库采用手推式配货台车的方式。台车是伊藤洋华堂公司自己设计的式样，能够识别货架的位置，可以自动选择最短的距离。台车上配置自动数据采集终端。专门用来下载不同店铺和不同通道划分的出货信息。货物从货架上取出后，经扫描确认，按商品类别放入可折叠的货箱中。配货完成之后再进行数据上传，打印出的标签贴到货箱上，之后由自动分拣机进行分拣。自动分拣机的出货口排列着轮式托盘、包装箱和粘贴有通道编码标签的货箱，作业人员将商品放入按通道准备出货的轮式托盘上，轮式托盘带有分隔板，可以在一台轮式托盘上分开旋转多个通道的商品。

特点三：五亿日元以上的成本降低效果。

过去，在伊藤洋华堂的店铺，员工8:00上班、11:00补货还未完成的情况屡见不鲜。新物流系统投入使用后，货物在10:00之前完全上架完毕，补货效率大大提高。

接货作业的时间从80分钟大幅度压缩到20分钟，而且实现了店铺的无验货作业。

缩短的时间用来进行订货和接待顾客，使店铺的顾客服务水平也得到提高。

不仅仅是时间，同一个店铺一年的人员费用能够节省200万～300万日元，现在东京圈物流中心的配货店铺数合计为177个（洋华堂公司117个店铺、其他60个店铺），用每一个店铺节省的300万日元相乘，计算结果可以减少五亿日元的经费。

伊藤洋华堂公司正尝试在其他地区也采用新加工食品物流系统，其中已经初步确定了北海道、静冈县、中京三个地区作为候补。伊藤洋华堂公司与日本的外资零售业不同，没有多余的店铺库存，也没有无效的物流作业，在欧美还见不到这样的现代物流系统，也可以说是企业物流革新的典范。

课堂讨论：

该公司物流作业系统的优势在哪里？

项目小结

物流活动构成要素主要包括运输、存储、包装、装卸、流通加工、信息管理等六个方面。本项目主要介绍了前五个方面内容。

运输是物流活动的首要构成要素，其功能是为实现物品的空间位移、创造场所效用、物品存储。按运输工具不同，可将运输方式划分为铁路运输、公路运输、水路运输、航空运输、管道运输五种基本方式。另外，由于这五种运输方式在运载工具、线路设施、营运方式及技术经济特征等方面各不相同，有各自不同的适用范围，因此，又出现了把各种运输方式联合起来，实行“一票到底”的多式联运。

运输合理化的主要途径包括：确定合理的运输距离；确定合理的运输环节；确定合理的运输工具；确定合理的运输时间；确定合理的运输费用；改进运输技术水平，提高运输作业效率；加强各种运输方式的紧密协作，实行多式联运；合理安排运输与其他物流环节间的比例关系。

存储的功能包括供需调节功能、价格调节功能、调节货物运输能力功能、配送和流通加工功能。仓库是储藏物品场所的总称。

包装是包装物及包装操作的总称，基本功能包括防护功能、方便与效率提高功能、促销功能、信息传递功能。包装合理化的途径包括：包装轻薄化、包装模数化、包装机械化、防止包装不足或包装过剩、包装绿色化。

装卸具有支持、保障与衔接性功能。装卸合理化的途径包括：消除无效搬运；提高搬运活性；利用重力作用，减少附加重量；合理利用机械；保持物流的均衡顺畅；集装单元化原则；立足全局，提高综合效果。

流通加工与一般的生产性加工存在区别。流通加工的功能包括促进销售，提高加工设备的利用率，提高原材料的利用率，提高被加工产品的质量，促进物流合理化等。流通加工的合理化的途径包括：流通加工与配送相结合，流通加工与配套相结合，流通加工与合理运输相结合，流通加工与合理商流相结合，流通加工与节约相结合。

项目训练

项目训练一

1．实践项目

给毕业班的同学做行李包装设计并实施包装。

2．实践目的

（1）掌握包装设计流程和包装设计需要考虑的因素。

（2）熟悉包装制造过程。

（3）熟悉包装活动。

3. 实践要求

（1）了解毕业班同学行李包装需求，逐一登记。
（2）制订毕业班同学行李包装的详细计划。
（3）为毕业班同学的行李量身定做包装设计。
（4）根据包装设计制作或定制包装，注意包装材料和结构对行李保护的影响。
（5）实施包装作业，记录作业过程和遇到的问题。
（6）跟踪货物到达目的地后的状态，做出成功或失败统计。
（7）找出你认为最满意的包装方案，并用书面的形式表现出来。

4. 实践结果

（1）对毕业班同学的行李包装进行总结，写出书面报告。
（2）比较不同包装方案的最终结果，评比出优胜方案。
（3）对毕业班同学行李包装活动进行评价。

项目训练二

1. 实践项目

商品的装卸搬运。

2. 实践目的

通过实践促进对物流装卸搬运基本知识的掌握。

3. 实践要求

参观一个物流企业，观察在物流中装卸搬运的实际操作。

4. 实践环节

（1）实践场所选择。本市具有一定规模、物流机械化水平较高的物流企业。
（2）实践准备工作。复习本项目有关内容，提出自己的问题，设计好参观目标。
（3）实践步骤。
1）该物流企业的规模、客户服务范围。
2）该企业主要的装卸搬运作业流程及其设施。
3）装卸搬运中主要存在的问题。
4）该企业改善装卸搬运作业的可行性分析。

5. 实践结果

学生完成实践报告。

项目训练三

1. 实践项目

商品的流通加工。

2. 实践目的

通过实践促进对物流流通加工基本知识的掌握。

3. 实践要求

参观一个物流企业，观察在物流中流通加工的实际操作。

4. 实践环节

(1) 实践场所选择。选择本市具有一定规模、物流机械化水平较高的物流企业。

(2) 实践准备工作。复习本项目有关内容，提出自己的问题，设计好参观目标。

(3) 实践步骤。

1) 该物流企业的流通加工范围。

2) 该企业主要的流通加工场所及设施。

3) 流通加工中主要存在的问题。

4) 该企业采用流通加工的价值分析。

5. 实践结果

学生完成实践报告。

项目训练四

1. 实践项目

联运费用的计算。

2. 实践目的

通过实践促进对物流运输基本知识的掌握。

3. 实践内容

上海某公司有一批重量为 62 吨的百货商品，其中重货 30 吨，轻货 32 吨，共 $136m^3$。用海铁联运方式，经由大连，换装两节整车，其中一节 50 吨棚车装 $82m^3$，一节 30 吨棚车装 $54m^3$，运往哈尔滨。海铁联运的运费和杂费计算过程如下：

(1) 联运运费计算过程。

1) 确定运价里程：从沿海运价里程表中，查得上海至大连为 558 英里；从铁路运价分号表中查大连至哈尔滨的距离为 994km。从水路运价分级表中，查为 8 级；从铁路运价分号表中，查为整车 9 号。

2) 确定运价率：从北方沿海联运运价率表中，查为 7.38 元/吨；从铁路整车运价表中，查为 21.0 元/吨×0.85=17.85 元/吨。

3) 确定计量数值：水路按货重计重，应为 62 吨；铁路按标重计重，应为 80 吨。

代入公式求得：

百货海铁联运运费=(62×7.38)+(80×17.94)=1 892.76(元)

(2) 联运杂费计算过程。

1) 计算海上装船费：根据现行沿海港口货物装卸费率表，查得上海地区 37 号列名为货物类与船、车作业交会点的费率为 0.80 元/吨，其计量数值按货物实重 62 吨计量后，代入公式求得：

上海货物港务费=62×0.8=49.6(元)

2) 计算上海货物港务费：根据现行沿海港口收费规则，货物港务费率为 0.10 元/吨，计量数值按货物实重 62 吨计量后，代入公式求得：

上海港务费=62×0.1=6.2(元)

3）计算大连换装包干费：根据沿海港口联运包干费率表分段收费部分，查得32号列名为货物类与水、陆分别交会点的费率为1.80元/吨，计量数值按货物实重62吨计量后，代入公式求得：

大连换装包干费＝62×1.8＝111.6（元）

4）计算哈尔滨卸车费：根据铁路整车货物装卸费率表，查得提请货物类5，费率号与两区交会点的费率为0.77元/吨，计量数值按货物实重62吨计量后，代入公式求得：

哈尔滨卸车费＝62×0.77＝47.74（元）

5）计算杂费总额：

杂费总额＝49.6＋6.2＋111.6＋47.74＝215.14（元）

（3）百货总运杂费计算过程。

百货总运杂费＝联运运费＋运杂费＝1 892.76＋215.14＝2 107.90（元）

4. 实践要求

（1）计算货物运杂费的过程包括哪几步？

（2）从上海运送货物到哈尔滨，还有哪些可用方案？

（3）多式联运的优势是什么？

5. 实践结果

学生完成实践报告。

项目训练五

1. 实践项目

商品的存储。

2. 实践目的

通过实践促进对物流存储基本知识的掌握。

3. 实践要求

参观一个物流仓储企业，观察在物流中存储过程的实际操作。

4. 实践环节

（1）实践场所选择。本市具有一定规模、物流机械化水平较高的物流仓储企业。

（2）实践准备工作。复习本项目有关内容，提出自己的问题，设计好参观目标。

（3）实践步骤。

1）该物流企业的仓储范围。

2）该企业主要的仓储场所及其仓储设备设施等。

3）仓储中主要存在的问题。

5. 实践结果

学生完成实践报告。

项目训练六

1. 实践项目

电子商务物流作业系统。

2. 实践目的

通过实践促进对物流作业系统基本知识的掌握。

3. 实践要求

参观一个先进物流企业，观察在物流中作业系统的实际操作。

4. 实践环节

（1）实践场所选择。本市具有一定规模、物流机械化水平较高的企业或重点物流企业。

（2）实践准备工作。复习本项目有关内容，提出自己的问题，设计好参观目标。

（3）实践步骤。

1）该企业主要的物流作业系统及物流作业设备等。

2）物流作业系统中主要存在的问题。

5. 实践结果

学生完成实践报告。

自测题

一、选择题

1. 在物流包装设计中需要考虑的因素中，（　　）是首要因素。

A. 标志性　B. 装卸性　C. 作业性　D. 保护性

2. （　　）不是物流包装的作用。

A. 保护货物　B. 便于处理　C. 促进销售　D. 美观大方

3. 下列四个包装材料中，属于非绿色包装材料的是（　　）。

A. 可食性包装材料　B. 可降解材料

C. 重复再用材料　D. 一次性塑料

4. 包装合理化是指（　　）。

A. 包装尺寸标准化　B. 包装作业机械化

C. 包装成本低廉化　D. 包装单位小型化

5. 下列哪些是装卸搬运的特点？（　　）

A. 附属性　B. 伴生性　C. 支持保障性　D. 统一性

E. 先进性

6. 物流装卸搬运的原则有（　　）。

A. 有效作业原则　B. 集中作业原则

C. 简化原则　D. 安全原则

E. 系统优化原则　F. 时间最短原则

7. 物流过程中运输、仓储、包装和装卸搬运各环节的改善，不能仅从单方面考虑，应将各环节作为一个系统来看待，考虑综合效益。这在物料搬运中体现了（　　）。

A. 集装化原则　B. 系统化原则

C. 提高搬运活性原则　　D. 无效搬运原则

8. 关于流通加工的理解，（　）是正确的。

A. 流通加工的对象是不进入流通过程的商品，不具有商品的属性，因此流通加工的对象不是最终产品，而是原材料、零配件和半成品。

B. 如果必须进行复杂加工才能形成人们所需的商品，那么，这种复杂加工应专设生产加工过程，而流通加工大多是简单加工，而不是复杂加工，因此流通加工可以是对生产加工的取消或代替。

C. 从价值观点看，生产加工的目的在于创造价值和使用价值，而流通加工则在于完善使用价值并在不进行大改变的情况下提高价值。

D. 流通加工的组织者是从事流通工作的人员，他能密切结合流通的需要进行这种加工活动，从加工单位来看，流通加工与生产加工都由生产企业完成。

9. 以下四个选项中，（　）不能实现流通加工的合理化。

A. 加工和配套结合　　B. 加工和配送分离

C. 加工和合理运输结合　　D. 加工和合理商流相结合

10. 运输管理的基本原则是（　）。

A. 规模经济　　B. 距离经济

C. 效益经济　　D. 规模经济和效益经济

11. （　）运输特别适合于配送短距离、高价值的产品，该运输不仅是进行直达运输，而且是其他运输方式的接运工具。

A. 铁路　　B. 公路　　C. 航空　　D. 航运

12. 在下列运输服务的提供商中，（　）具有这样优势：能统一定价，有利于改善价格策略，降低重复成本，体现横向的规模经济。

A. 单一方式承运人　　B. 小件承运人

C. 多式联运经营人　　D. 三方运输

13. 管道运输的主要不足之处是（　）。

A. 运输物品受限制　　B. 运输费用较高

C. 运输管道造价太高　　D. 运输时间长

14. 使物品发生场所、空间移动的物流活动是（　）。

A. 配送　　B. 搬运　　C. 储存　　D. 运输

15. 管道运输的最大的优点是（　）。

A. 变动成本低　　B. 管理费用低

C. 没有停顿或休止时间　　D. 灵活

16. 多式联运的发展取决于（　）。

A. 集装箱技术　　B. 各种运输工具之间的衔接

C. 成本效应　　D. 集装箱运量的增加

17. 对用户来说，采用多式联运（　）。

A. 节约成本　　B. 运输速度慢

C. 环节多　　D. 托运手续复杂

18. 在运输合理化的诸因素中，（　　）是最重要的因素。
A. 竞争环境　　B. 多式联运中的合作者
C. 运输距离　　D. 运输工具折旧及费用
19. 提高运输合理化的最主要的措施是（　　）。
A. 提高运输工具实载率　　B. 提高运输工具使用率
C. 减少运输时间　　D. 减少运输费用
20. 运输环节的主要考虑因素是（　　）。
A. 运输速度　　B. 成本最低
C. 运输时间与成本的平衡　　D. 运输工具的选择
21 公路运输适合承担（　　）的运输。
A. 短距离　　B. 中长距离　　C. “门到门”　　D. 大宗货物
E. 小批量货物　　F. 费用低
22. 多式联运具有（　　）的特点。
A. 手续简便　　B. 运费低　　C. 机动、灵活　　D. 安全可靠
E. 便于实现“门到门”运输　　F. 全程一份运单
23. 商品不合理运输主要有以下几种表现形式：（　　）、重复运输、无效运输、运力选择不当和托运方式选择不当。
A. 迂回运输　　B. 过远运输　　C. 对流运输　　D. 倒流运输
E. 亏损运输　　F. 二次运输
24. 决定合理运输方式的主要依据有（　　）。
A. 运价　　B. 运输速度　　C. 安全　　D. 保险费
E. 方便　　F. 距离

二、判断题

1. 按被装物品的主要运动形式分类，装卸搬运可分为垂直装卸和上下装卸。（　　）
2. 过多的装卸次数、过大的包装及装卸时间过长都是无效装卸的搬运装卸。（　　）
3. 充分利用重力和消除重力影响来进行装卸是实现装卸搬运合理化的途径之一。（　　）
4. 装卸搬运中灵活性指数为 1～5，共 5 个等级，物品装卸搬运的灵活性指数越高，该物品装卸搬运所需要的时间就越多。（　　）
5. 装卸搬运是指在一定地域范围内进行的、以改变货物存放状态和空间位置为主要内容和目的的物流活动。通常情况下，货物存放状态和空间位置密不可分。（　　）
6. 因为搬运不能增加货物的价值与使用价值，反而会增加货物破损的可能性与成本，因此要千方百计地消除无效搬运，以最少的搬运次数达到目的。（　　）
7. 流通加工就是为了消费（或再生产）所进行的加工，与直接为消费进行的加工从目的来讲是一样的，这与一般生产没有特殊之处。（　　）
8. 流通加工大多是简单加工，而不是复杂加工，因此流通加工对生产加工是一种辅助和补充。若进行复杂加工，流通加工可以取消或代替生产加工。（　　）
9. 对于流通加工合理化的最终判断，是看它是否能实现企业本身的效益，并且是否

取得了最优效益。( )

10. 整车运输是铁路运输中最普通的运输方式。( )

11. 集装箱运输的最大优势是减少了运输工具的筹集装卸时间。( )

12. 在工业企业范围内，厂内运输属于搬运范畴，而非运输。( )

13. 集中存储就是大规模存储。( )

14. 分散存储是面向社会的存储。( )

15. 集中存储使存储与运输费用降低。( )

16. 仓储解决的是生产集中型与消费分散型之间的矛盾。( )

17. 反映仓库经营的最重要参数是仓库周转次数。( )

18. 合理存储是将商品受外界环境影响所发生的损失降低到最低程度，它是一项根据商品本身性质及所处的环境和条件而采取的为阻止或延缓商品本身性能变化的工作。( )

19. 仓储、搬运和包装是物流作业中相互依赖的独立部分。( )

20. 物流系统一般由输入、转换、输出、服务四部分组成。( )

三、问答题

1. 装卸搬运的概念及在物流中的地位和作用是什么?
2. 物流装卸搬运作业的基本原则是什么?
3. 物流装卸搬运的合理化措施有哪些? 你认为哪几条是最重要的?
4. 电子商务物流的作业主要包括哪些业务?
5. 电子商务物流作业系统与传统物流作业系统有何区别?

四、综合案例分析题

亚马逊公司的困惑

亚马逊公司自1995年创办以来，共亏损12亿美元，而且有一半的亏损是在2003年上半年发生的。

据分析家苏里亚称，亚马逊为了运销更多的商品而建立了更多的仓库，这将最大限度地降低商品的流通速度。速度的降低使亚马逊与传统零售商的差别进一步缩小。这就使该公司与其宗旨——建立更有效的“虚拟”零售商相背离。

苏里亚报告将亚马逊这位新经济偶像与传统零售商相提并论，他的理由很简单：亚马逊投入巨资建立仓储和配送中心，用以存放不断增多的销售货品；依靠品牌认知度及巨额投入来刺激营业额增长。从这种意义上说，它面对的管理问题与传统零售商并无不同。

苏里亚报告还认为，亚马逊所做的与传统经营商没有什么区别，但如果以传统经济的标准来衡量，该公司的经营状况甚至比三流零售店还糟糕。

有鉴于此，苏里亚用衡量传统零售商经营状况的最常用指标——创造正现金流的能力来评估亚马逊。这种能力取决于对市场需求和价格定位的正确评估。控制压库量是关键，一旦库存失控，零售商就将面临巨额亏损。偏偏在此领域，亚马逊交上的答卷不能令人满意，某年第四季，公司销售额达6.76亿美元，但却被迫冲销了3 900万美元的库存。在购物季库存失控被苏里亚称为零售界的经典错误。

苏里亚同时指出，亚马逊的存货周转速度不断下降，这也是他怀疑亚马逊零售管理能力的又一证据。亚马逊 1998 年的存货周转率为 8.5 倍，但到 2002 年首季已下降至 2.9 倍。2001 年亚马逊的营业额较前一年增加近 190%，但库存上升速度更快，高达 650%。亚马逊的债务也在如滚雪球般激增，2002 年已增至 21 亿美元。自公司成立至发布业绩的最新一季，亚马逊共实现 29 亿美元营业额，但其现金投入达 28 亿美元，这意味着公司每实现 1 美元的产品销售额就需投入 0.95 美元的成本。

思考题：

1. 亚马逊有必要建立自己的仓库吗？
2. 亚马逊的亏损源于何处？
3. 亚马逊到底错在哪里？
4. 电子商务物流系统如何运作才能解决这些问题？

案例名称	亚马逊公司的困惑
工作任务	案例分析
完成时间	
任务目标	理解电子商务物流的六个基本活动
任务要求	详读案例，根据思考题进行分析与总结
研讨内容	1. 亚马逊有必要建立自己的仓库吗？ 2. 亚马逊的亏损源于何处？ 3. 亚马逊到底错在哪里？ 4. 电子商务物流系统如何运作才能解决这些问题？
研讨成果	
讨论过程	
自我角色	
自我评价	
小组评价	
教师评价	

项目三

电子商务下的物流配送和物流配送中心

问题引入

家庭日用品的配送作业

某配送中心为北京几个超市提供部分商品的配送服务。某日，该配送中心接到客户超市的订单传真，要求为该超市配送可口可乐 9 箱、飘柔洗发水 8 箱、康师傅香辣牛肉面 6 箱、雕牌洗洁精 30 瓶、力士香皂 2 箱、顺美扫帚 15 把、马可波罗火腿肠 5 箱、蒙牛纯牛奶 12 箱、米醋 50 瓶及娃哈哈矿泉水 15 箱等货物，货款按以前的协议于月底结清。

问题：

物流员为满足客户要求需要做哪些工作？

学习目标

知识目标：

掌握电子商务下物流配送的概念、分类、方法、运作模式及工作流程，理解电子商务下物流配送的作用，了解电子商务下物流配送的特点，掌握电子商务下物流配送中心的概念，理解物流配送中心应具备的条件，了解物流配送中心的特点和功能。

能力目标：

熟悉电子商务下物流配送中心设置的主要岗位，掌握物流配送中心的作业流程，提高对电子商务下物流配送合理化问题的认识。

任务一 电子商务下的物流配送

引导案例

QM公司是一家从事配送业务的物流公司，信息系统应用相对比较落后。随着网络化的不断普及，公司的业务发展遇到了瓶颈，怎样将传统的物流配送方式升级为电子商务下的物流配送成为企业首先要解决的问题。

思考：

1. 区分与配送相关的几组概念。
2. 电子商务下的物流配送有哪些特点、类型？
3. 电子商务下的物流配送的方式有哪些？如何来运作？运作流程是怎样的？

相关知识

一、物流配送的概念和特点

（一）物流配送的概念

我国国家标准《物流术语》对配送的定义是：在经济合理区域范围内，根据用户要求，对物品进行拣选、加工、包装、分割、组配等作业，并按时送达指定地点的物流活动。

从配送的实际形态来看，尽管一些词汇如送货、交货、运送、投送、发放、运输、输送、供应、供给与配送相近似，但都不能对配送做出满意的标注。

（二）物流配送的特点

从美国、日本等较早开展配送活动的国家看，对配送可以归纳出以下几个特点。

1. 配送有别于送货

配送不是一般概念的送货，也不是生产企业推销产品时直接从事的销售性送货，而是从物流据点至用户的一种特殊送货形式。从送货功能上看，配送的特殊性表现为：

（1）配送企业是专职流通企业，而不是生产企业。

（2）配送是中转型送货，而一般送货尤其是从工厂至用户的送货往往是直达型。

（3）配送是客户需要什么送什么，而一般送货是生产什么送什么。

2. 配送有别于运送、投送、发放

配送是在全面配货的基础上，按用户对种类、数量、时间等方面的要求所进行的输送活动，因此有别于运送、投送、发放。

3. 配送有别于运输、输送

配送不是单纯的运输或输送，而是运输与其他活动共同构成的有机体。配送中所包含的部分运输活动在整个输送过程中处于“二次输送”“支线输送”“末端输送”的位置，起止点是物流节点和最终用户，这也是不同于一般输送的特点。

4. 配送有别于一般概念的供应、供给

配送不是广义概念的订货、签约、结算、进货及物资分配的供应，而是以供给者进货到户的形式供应。从服务方式上看，配送是一种门到门的服务，可以将货物从物流节点一直输送到用户的仓库、营业所、车间乃至生产线的起点。

配送是一种特殊的、综合的物流活动方式，是商流与物流的结合，几乎涵盖了物流中所有的要素和功能，是物流活动的一个缩影或某一范围内物流全部活动的具体体现。一般来说，配送集运输、装卸、保管、包装和加工于一身，通过一系列活动将货物送达用户需求的目的地。因此，也可以这样理解配送概念：

第一，配送是物流中一种特殊的、综合的活动形式。配送是特殊的物流，处于接近用户端的流通领域，辐射范围小，属于末端物流，因而有其局限性，并不能解决流通领域的所有问题。但是，配送又是一种重要的物流形式，有重要战略价值，因为接近顾客是经营战略至关重要的内容。

第二，配送是商流与物流的紧密结合。从商流上讲，配送和物流的不同之处在于，物流是商物分离的产物，而配送则是商物合一的产物，配送本身就是一种商业形式。虽然配送活动在具体实施时也可以通过商物分离形式来实现，但从配送的发展趋势来看，商流与物流越来越紧密的结合则是配送成功的重要保障。

第三，配送的实质是送货。配送是一种送货，但又有别于一般送货。一般送货可以是一种偶然行为，而配送却是一种固定的形态，甚至有确定的组织和渠道，有一套装备、管理和技术力量，有一套制度的体制形式。可见，配送是高水平的送货形式。

第四，配送是“配”和“送”有机结合的一种形式。配送使“配”和“送”有机结合，利用有效的分拣、配货等理货工作，使送货作业达到一定的规模，以利用规模优势取得较低的送货成本。如果不进行分拣、配货，有一件运一件，需要一点送一点，这就会大大增加成本，使送货并不优于取货。可见，为追求整个配送的优势，分拣、配货等项工作必不可少。

第五，配送是一种“中转”形式。配送是中转型送货，是企业需要什么送什么，必须在一定的中转环节中集聚这种需要，从而使配送活动以中转形式出现。当然，从广义上讲，许多人也将非中转型送货纳入配送范围，将配送活动的外延从中转扩大到非中转。显然，仅以“送”为标志来划分配送的外延，也是有一定道理的。

第六，配送以用户要求为出发点。在定义中强调“根据用户要求”，明确了用户的主导地位。配送是从用户利益出发，按用户要求进行的一种活动。在观念上必须明确用户第一、质量第一，配送企业的地位是服务地位而不是主导地位，不能从本企业利益出发，而应从用户利益出发，在满足用户利益的基础上获得本企业的利益。更为重要的是，不能利用配送损伤或控制用户，不能利用配送作为分割部门、分割行业、割据市场的手段。当然，过分强调“根据用户要求”也是不可取的，用户要求受到用户本身的局限，有时会损害自我或双方的利益，而是应该追求合理性，进而正确指导用户，实现共同受益的商业原则。

二、电子商务下物流配送的概念

电子商务下物流配送是指物流配送企业采用网络化的计算机技术和现代化的硬件设备、软件系统及先进的管理手段，针对社会需求，严格地、守信用地按用户的订货要求，进行一系列分类、编配、整理、分工及配货等理货工作，定时、定点且定量地交给没有范围限制的各类用户，满足其对商品的需求。可以看出，电子商务下物流配送是信息化、现代化、社会化的物流配送，是一种新型的物流配送。这种新型的物流配送能使商品流通中较传统的物流配送方式更容易实现信息化、自动化、现代化、社会化、智能化、合理化和简单化，使货畅其流、物尽其用，既减少生产企业的库存，加速资金周转，提高物流效率，降低物流成本，又刺激社会需求，有利于整个社会的宏观调控，同时提高了整个社会的经济效益，促进了市场经济的健康发展。

三、电子商务下物流配送的特点

根据电子商务对物流配送的要求，电子商务配送主要具有下述特点。

（一）虚拟性

虚拟性是指在信息网络构筑的虚拟空间中进行的配送活动（配送的虚拟性源于网络所具有的虚拟性）。它通过对配送活动的现实虚拟，生成各种虚拟环境，作用于人的视觉和听觉，使人不仅可以看到配送活动的图像，而且可以进行配送的操作演示，产生身临其境的感觉。虚拟现实（Virtual Reality，VR）是一种可创建和体验虚拟世界的计算机系统。企业利用该系统具有的好处有：

（1）可以建立配送中心的订货虚拟系统，科学、合理地确定订购的品种和规模。

（2）可以建立虚拟进货系统，科学、合理地确定运输线路和时间。

（3）可以建立库存信息系统，虚拟反映库存品种和规模，科学、合理地确定库存的品种和规模，规划库存的利用效率。

（4）可以建立虚拟配货装配系统，科学、合理地安排人力分布和设备分配，选择合理的运输工具。

此外，电子商务的虚拟性特点可以使企业有效地对配送活动进行实时监控，保证配送环节的合理衔接，提高配送效率。

（二）高效性

虚拟性的特点可使企业根据现况建立一套完整有效的自动信息系统，将一些程序化的活动通过自动信息传递系统实现。企业可根据用户的需求情况，通过自动信息传递系统调整库存数量和结构，调节订货数量和结构，进而调整配送作业活动。而对于一些非程序的活动，可通过自动信息传递系统进行提示或预报，进行调节配送，提高信息的传输和配送效率。

虚拟性的特点也可使企业建立一套有效的计算机辅助决策系统，将一些程序化的活动通过计算机辅助决策系统完成，从而提高决策效率。

此外，电子商务可迅速、有效地完成信息的交流、单证的传输以及提高配送过程中的支付速度。

（三）低成本

电子商务不仅降低了配送双方的成本，而且也降低了整个社会的配送成本，具体表现在：

（1）电子商务配送降低了配送双方的库存成本。在电子商务配送的情况下，配送双方可以有效地利用电子商务技术和交易等优势，减小配送双方的库存规模。同时，对于整个社会来说，库存水平也得到了降低，使库存管理的成本和费用相对下降。

（2）电子商务配送降低了配送双方的行销成本。提供配送的一方可降低促销成本和送货成本，需要配送服务的一方可降低信息采集成本，节约自建配送系统的投资及相应的管理费用。

（3）电子商务配送降低了配送双方的结算成本和单证传输成本。在电子商务配送的情况下，配送双方能够通过网络快速结算，并能快速进行单证传输。

（4）电子商务配送降低了租金成本。一方面，它可以使企业合理地确定配送场地的面积和地点，提高配送场所的利用率，降低配送场所的使用成本；另一方面，它可以使企业减小办公场地的面积，因为在电子技术和电子工具高度发达的今天，企业可以充分地利用网络管理的方法对配送活动进行管理，所以需要的办公面积远远小于传统配送管理。

（四）个性化

个性化是指电子商务配送能根据用户的不同需求提供一对一的配送服务，更好地满足不同用户的配送需求。个性化服务在配送中的应用、推广和发展将开创配送服务的新时代。个性化不仅使普通的大宗配送业务得到发展，而且能够适应用户需求多样化的发展趋势和潮流。

个性化服务的实现主要通过共同筛选技术和神经网络匹配技术实现。共同筛选技术可以把用户需求的配送习惯、喜好的配送方式与其他用户需求的配送习惯、喜好的配送方式加以比较，以确立用户下一次对配送的具体要求。神经网络匹配技术通过模仿人的大脑程序，识别复杂数据中的隐含模式，使提供配送服务者能够迅速地与每一位用户通信和交流，从而满足用户提出的特殊配送要求。

四、电子商务下物流配送的类型

电子商务下的物流配送可以按不同的分类标准进行分类。

（一）按照配送组织者和配送实施点的不同分类

1. 配送中心配送

配送组织者为配送中心，通常有完善的配送设施、设备，配送专业性强，用户通常有固定的配送关系。

配送中心配送具有配送能力强、配送品种多、数量大的优点，是配送的主要形式。但由于兴建配送中心必须配置很多先进的设施和设备，如兴建大型集货场、加工厂，配备各种拣选、运输和通信设备等，投资较大，所以在实施配送的初期，很难广泛推行这种配送形式。

2. 仓库配送

仓库配送以仓库为节点进行配送，一般在保持仓库存储保管功能的前提下，增加部分配送的功能。由于仓库的设施和设备不是按照配送活动的要求专门设计和配置的，所以在利用原有设施、设备时，必须对它进行适当的技术改造。

虽然仓库配送在活动能力、经营规模和服务范围等方面均小于配送中心，但仓库配送有利于挖掘传统仓库的潜力，所花费的投资较少，所以它是起步阶段发展配送可选择的形式。

3. 商店配送

商店配送的组织者为商业或物资的门市网点，这些网点主要承担商品的零售，规模一般不大，但经营的品种较齐全。这种配送形式除自身日常的零售业务外，还要按用户的要求配齐商品（包括本店经营商品和客户订货商品）后送达用户，从某种意义上来说，它是一种销售配送形式。

商店配送的组织者实力有限，所配送的商品种类繁多，用户需用量较小，有些商品只是偶尔需要，很难与大配送中心建立计划配送关系，所以往往只是承担少量、零星商品的配送。由于商店和物资零售网点数量较多，配送半径较短，比较灵活机动，可承担生产企业非主要生产物资的配送及对消费者个人的配送，因此这种配送是配送中心配送的辅助及补充形式。

4. 生产企业配送

生产企业配送是以工矿企业成品库为节点开展的配送活动。

采用生产企业配送的条件是：产品的需求量较大，且品种、规格和质量等要求相对稳定，生产企业与产品消费地距离较近。这样生产企业配送就免去了货物中转环节，减少了物流费用，具有一定的优势。但是它不能像配送中心那样取得合理运输的优势及规模效益，有一定的局限性。

目前，有协作关系的企业之间常采用生产企业配送形式。某些地方性产品（如就地生产和就地消费的食品、饮料、百货等）和不宜中转的物资（如某些化工产品）也常常采用这种配送形式进行配送。

（二）按照时间和数量进行分类

1. 定时配送

定时配送是按事先约定的时间间隔进行配送货物的一种配送形式。定时配送的时间间隔长短不等，短的仅几个小时，长的可达几天。每次配送的品种和数量都可预先计划，也可以临时根据客户的需求调整。定时配送又可以分为以下三种：

（1）小时配。小时配即接到客户订货要求后，在1小时之内将商品送达。它适用于一般消费者突发的个性化需求所产生的配送要求，也经常用做配送系统中应急的配送方式。

（2）日配。日配即在接到客户订货要求后，在 24 小时之内将商品送达。日配是定时配送中实行较为广泛的配送方式，特别适合于：1）消费者追求新鲜的食品，如水果、蔬菜、肉类、蛋类、点心等；2）客户是小型商店，随进随销；3）受库房条件限制，不可能保持较长时间的库存，如已采用零库存方式的生产企业、缺乏储存设施（如冷冻设施）的客户；4）临时出现的要求。

（3）准时配送。准时配送是使配送供货与生产企业生产保持同步的一种方式。这种方式比日配方式和一般定时方式更为精细、准确，每天配送至少一次，以保证企业生产时，货物不在客户仓库中停留，而是直接运往生产地，或在指定的时间直接送到指定的工位，从而实现零库存。

定时配送时间固定，易于安排工作计划和使用车辆，对于用户来说也易于安排接收货物。但是由于定时配送制允许用户临时调整货物的品种、数量，因此配送物品种类变化较大，配货、装货难度较大，使运力安排困难。

2. 定量配送

定量配送是指按照规定的批量，在一个指定的时间范围内进行配送货物的一种配送形式。

定量配送方式的数量固定，备货较为简单，可以通过与用户的协商，根据托盘、集装箱和车辆的装载能力进行测算并确定配送数量，从而大大提高配送效率。同时由于这种配送时间限定不严格，因此可将不同的用户需要的物品凑成整车后配送，运力利用较好，并且对配送线路可以进行合理优化，以降低配送成本。对于用户来讲，每次接货都处理同样的货物，有利于合理安排人力和仓位。

3. 定时、定量配送

定时、定量配送是按照所规定的配送时间和配送商品的品种、数量配送货物的一种配送形式。

这种配送形式兼有定时、定量两种形式的优点，但是其特殊性强，计划难度大，适合采用的对象不多，只适合于生产和销售稳定、产品批量较大的生产制造企业或大型连锁商场，可见它不是一种普遍的形式。

4. 定时、定线路配送

定时、定线路配送是指通过对客户分布状况的分析，设计出合理的配送运输路线，根据运输路线安排到达站点的时刻表，按照时刻表沿着规定的运行路线配送货物的一种配送形式。实施这种配送，用户必须提前提出供货的数量和品种，并且必须按规定的时间和确定的站点接收货物。

采用这种配送形式，在配送用户较多而且比较集中的地区，可同时为多个用户提供服务，有利于安排车辆和驾驶人员，但也可能因为过分复杂的配送要求造成配送组织工作和车辆安排困难。由于定时、定线路配送只适用于消费者集中的地区，并且配送的品种、数量不能太多，所以这种配送形式的应用领域有一定的局限性。

5. 即时配送

即时配送是完全按照用户提出的配送时间和数量、品种要求即时配送货物的配送形式。即时配送可以满足用户的急需，是一种灵活性很高的应急配送方式。作为配送企业，实施即时配送必须有较强的组织能力和应变能力，必须熟悉服务对象的情况。即时配送完全按照用户的要求进行，能促使用户压缩库存，使货物的经常性储备趋近于零。

（三）按照配送商品种类和数量的不同分类

1. 少品种、大批量配送

工业企业需要量较大的商品，单独一个品种或几个品种就能达到较大的输送量，可实行整车运输。这种商品往往不需要再与其他商品搭配，可由专业性很强的配送组织实施这种配送，如我国开展的“工业配煤”配送活动实际上就属于这种类型的配送。

少品种、大批量配送，因其配送的商品品种少而数量多，所以配送工作简单，易于配装和合理安排运输工具，多数可采取直送方式，而且物流成本较低，能够获得较高的经济效益。

2. 多品种、小批量配送

有些生产企业，其产品生产所消耗的物资品种很多，但单位时间内每种物资的需要量又不是很大，具有多品种、小批量消费的特点。为满足这种生产需要和市场消费需求，在物流实践中实施了多品种、小批量的配送。

多品种、小批量配送是按用户的要求，将其所需要的各种物品选好、配备齐全，凑整装车后由配送点送达用户。这种配送方式作业水平高，配送中心设备复杂，配货计划难度大，需要有高水平的组织工作与之配合，可见，它是一种高水平、高标准的配送活动。目前在国内经济较发达的地区，这种方式常见于生产制造企业零配件的配送和商业连锁体系商品的配送。

3. 配套成套配送

配套成套配送是按照顾客的要求，将所需要的多种商品（配套产品）配备齐全后直接运送到生产企业、建设工地或其他顾客。例如，对生产制造企业生产的某一台产品或某一个部件，将其所需的全部零件配齐，再按生产计划的要求在一定时间送达指定地点，以使生产企业即时装配。

在这种配送方式下，配送企业承担了生产企业的大部分供应工作，使生产企业专注于生产过程，有利于生产企业实行“准时制”生产。

（四）按照经营形式的不同分类

1. 销售配送

销售配送是指配送企业是销售性企业或销售企业，作为销售战略的一个环节所进行的促销型配送。

销售配送的对象和用户往往是不固定的，这取决于对市场的占有情况。配送的经营状况取决于市场状况，随机性较强且计划性较差。例如，各种类型的商店配送一般多属于销售配送。用配送形式进行销售是增加销售数量、扩大市场占有率、获得更多销售收益的重要方式。由于销售配送是在送货服务前提下进行的活动，所以受到用户的欢迎。

2. 供应配送

供应配送是用户为了自己的供应需要所采取的配送形式，往往是由用户或用户集团组建的配送点集中组织大批量进货，然后向本企业配送或向本企业集团内若干企业配送。

供应配送在大型企业、企业集团或联合公司中采用较多，如连锁商店。这种形式可以提高供应水平和供应能力，可以通过大批量进货取得价格折扣和优惠，达到降低供应成本的目的。

3. “销售-供应”一体化配送

销售企业对于那些基本固定的用户和基本确定的配送产品，在进行销售的同时还承担着用户有计划供应的职能。企业既是销售者同时又是用户的供应代理人，发挥用户代理人的作用。对某些用户来讲，就可以取消自己的供应机构，而委托销售者代理。

“销售-供应”一体化配送对销售者来讲，能获得稳定的用户和销售渠道，有利于本身的稳定持续发展，有利于扩大销售数量。对于用户来讲，获得稳定的供应，可大大节约因组织供应所耗费的人力、物力、财力，能有效控制进货渠道，这是任何企业供应机构难以做到的，因而供应保证程度可大大提高。

4. 代存代供配送

代存代供配送是用户把属于自己的货物委托配送企业代存、代供，或委托代订，然后组织对该用户的配送。

这种配送的特点是货物所有权不发生变化，只是货物的位置发生转移，配送企业仅从代存、代供中获取收益，而不能获得商业利润。

（五）按照配送企业专业化程度进行分类

1. 综合配送

综合配送是指配送的商品种类较多，且来源渠道不同，但在一个配送网点中组织对用户的配送。这类配送的综合性很强。

综合配送的优点在于，可减轻用户组织物资进货的负担，只需要与少数配送企业联系，便可解决多种需求的配送。它的局限在于，由于产品性能、形状差别很大，在组织时技术难度也较大。一般只是对性状相同或接近的不同类产品实行综合配送，差别过大的产品难以采用综合配送。

2. 专业配送

专业配送是按产品性质和状态划分专业领域的配送方式。由于这种配送方式自身的特点，可以优化配送设施，合理配备配送机械车辆，并能设计适用合理的工艺流程，以提高配送效率。例如，金属材料配送，中、小件杂货配送，木材、平板玻璃、化工产品、生鲜食品、家具、水泥、煤炭、石油等的配送，都属于专业配送。

五、电子商务下物流配送的作用

电子商务下物流配送是为电子商务的客户提供服务，并根据电子商务的特点，对整个物流和配送体系实行统一的信息管理和调度，按照用户订货要求，在物流基地进行理货工作，并将配好的货物送交收货人的一种物流方式。这一先进的、优化的流通方式对流通企业提高服务质量、降低物流成本、优化社会库存配置，以及提高企业的经济效益和社会效益具有重要意义，它作为现代物流的一种有效的组织方式，代表了现代市场营销的主方向，因而得以迅速发展。具体来说，电子商务下物流配送具有下述作用。

（一）配送可以降低整个社会物资的库存水平

对生产企业和流通企业而言，存储物资用以满足日常需要和以备不时之需，如果配送中心能够按质量来完成配送任务，那么企业的库存将没有任何意义。将企业从库存的包袱中彻底解脱，可以释放出大量的储备资金，从而改善企业的财务状况。在整个社会发展配送，实现集中库存，取代原有的分散于各企业的库存从而降低社会的总库存量，这对于节约资金、降低库存成本具有非常重要的意义。

（二）配送有利于降低物流费用，提高物流效率

配送是对社会资源的重新整合，发展配送、实行集中库存，可以发挥规模经济优势，降低物流费用；实行集中发货，可以节省运力，实现经济运输，提高物流经济效益。

（三）配送有利于流通社会化、物流产业化

实现社会集中库存、集中配送，可以从根本上打破条块分割的流通体系，实现流通社会化和产业化。

（四）配送有利于提高物流服务水平

配送有利于灵活调度，更好地适应消费多样化和个性化的需求，使物流向多品种、小批量的方向发展。

（五）配送能给用户提供便利

采用配送的方式能给用户带来很大的便利，用户只需要向配送中心订购就能实现向多处采购的目的，只需要向一个单位接货便可代替原有的高频率接货，从而大大减轻了用户的工作量和负担，也节省了订货、接货等一系列费用的开支。

六、电子商务下物流配送的方法

电子商务下物流配送的方法主要是指为完成配送任务所采用的具体工作方法，包括配货作业方法、车载货物的配装、配送路线的确定等。

（一）配货作业方法

配货作业是把存储的货物按发货要求分拣出来，放到发货场所指定位置的作业活动的总称。它是配送中心运作的核心内容，由一个完整的作业流程组成。配货作业可以采用机械化、半机械化或人工方式，常采取“摘果方式”或“播种方式”完成配货作业。

1. 摘果方式

摘果方式又称拣选方式，是在配送中心分别为每个用户拣选其所需货物。进行拣选式配货时，以出货单为准，每位拣货员按照品类顺序或储位顺序，到每种品类储位下层的拣货区拣取出货单内该品类的数量，并码放在托盘上，然后继续拣取下一个品类，一直到拣取完该出货单上的所有货物，将拣好的货品与出货单置放于待运区指定的位置，再由出货验收人员接手。这种方式的优点是：以出货单为单位，一人负责一单，出错的机会较少，而且易于追查。其缺点是：作业重复太多，几乎每张出货单都要走一遍库房；人力负荷重，出货单的种类多、每单项数量少的时候，人力作业的负担重。这种方式适宜于不易移动或每一用户需要货物品种多且数量少的情况。

2. 播种方式

播种方式又叫分货方式，是将配送数量较多的同种货物集中搬运到发货场所，然后将每一用户所需要的数量取出，分别放到每一货位，就像播种一样，直至配货完毕的过程。拣货员的工作，先是按照"拣货总表"的品类总量，到指定储位下层的拣货区一次取一类货物，取完一个品类后，拖至待验区，按照出货单的代码（位置编号）将该品类应出货的数量放下。这种方式的不足之处是需要相当的空间为待验区，而且出货时间必须有一定的间隔（要等到这一批的出货单全部拣完、验完）。这种方式适宜于货物集中移动且对同一种货物需求量较大的情况。

（二）车载货物的配装

为了避免运力浪费，推行轻重配装，实现满载满容，合理配装是充分利用运输车辆容积、载重量和降低物流成本的重要手段。如何实现配装达到满载满容呢？采用的基本方法是以车辆的最大容积和载重量为限制条件，并根据各种货物的容量、单件货物的体积建立相应的数学模型，通过计算得出最佳方案。这里要注意两个问题：一是在货物种类不多、车辆类型单一的情况下，可直接采用人工计算方式，达到货物与车辆的匹配，实现满载满容；二是在配装货物种类较多、车辆类型也较多的情况下，采用人工计算有困难时，可以采用计算机实现优化配装目的。如果不具备使用计算机的条件，则可以从多种配送货物中选出容量最大、最小的两种，利用人工计算配装。以此类推，其他货物再选容量最大及最小配装得出配装结果。

在具体车辆配装时，要根据配送货物的具体情况及车辆情况，进行计算，再依据经验确定装车方案。一般按下列要求进行：

（1）轻重不同的货物，重的在下轻的在上；体积大小不同的货物，大的在下小的在上；强度不同的货物，强度好不怕压的在下面，强度差怕压的在上面。

（2）外观相近、容易混淆的货物分开装载，从而减少差错。

（3）包装不同的货物应分开装载，如板条箱货物不要与纸箱、袋装货物堆放在一起。

（4）相互串味的货物不要混装。

（5）不要将散发粉尘的货物与清洁货物混装。

（6）切勿将渗水货物与易受潮货物一同存放。

（7）货与货之间、货与车厢之间应留有空隙并适当衬垫，防止货损。

（8）具有尖角或其他突出物的货物应与其他货物分开装载或用木板隔离，以免损伤其他货物。

（9）装载易滚动的卷状、桶状货物，要垂直摆放。

（10）按确定的送货线路，要先送后装。

（三）配送路线的确定

配送路线是否合理，直接影响配送效率和配送效益。合理确定配送路线所涉及的因素较多并且是一个较为复杂的问题，包括用户的要求、配送资源状况、道路拥挤情况等。在配送路线选择的各种方法中，都要考虑配送要达到的目标，以及为实现配送目标而存在的各种限制条件，即在一定约束条件下，选择最佳的方案。

1. 配送路线确定的原则

配送路线确定的原则主要包括成本最低、效益最高、路线最短、吨千米最小、准时性最高、劳动消耗最少、运力运用合理等。

2. 配送路线确定的限制条件

一般来讲，配送路线确定的限制和约束包括所有用户对货物品种、规格、数量的要求，满足用户对货物发送时间范围的要求，在允许通行的时间（城市交通拥挤时所做的时间划分）内进行配送，同时还包括对车辆载重量和容积的限制，以及配送能力的约束等。

3. 配送路线的确定方法

配送路线的确定方法有很多，如经验法、节约里程法、方案评价法、数学模型法等。

七、电子商务下物流配送的模式

电子商务下的物流配送有很多种模式，结合我国目前的实际情况可以概括为下述五种。

（一）自营型配送模式

自营型配送模式是指企业集团通过独立组建配送网络，实现内部各部门的物品供应（即配送）。这种配送模式虽然形成了新型的“大而全”和“小而全”，却造成新的资源浪费。但是，就目前来看，自营型配送在满足企业内部生产材料供应、产品外销、零售商店供货和区域外市场拓展等企业自身需求方面还发挥着重要作用。比较典型的企业（集团）自营型配送模式是连锁企业配送。大大小小的连锁企业或集团，基本上都是通过组建自己的配送网络来完成对各分店、场地的统一采购、进货、配送和结算，使各分销网点同时得到了满足，但从经济效益或利益角度上分析，它的最大潜能和效能远远没有发挥出来，始终充当“后勤兵”的角色。尽管如此，自营型配送模式仍是目前生产、流通或综合性企业（集团）所广泛采用的一种配送模式。

（二）单项服务外包型配送模式

单项服务外包型配送模式主要是指由具有一定规模的物流设备、专业经验和技能的批发、储运、物流等经营企业，利用自身业务优势，承担生产性企业在该区域内市场开拓、产品营销等单纯服务性的配送活动。在这种配送模式中，生产性企业租用批发、储运等企业的库房作为储存商品的场所，并将其中的一部分改造为办公场所，设置自己的业务代表机构，并配置内部的信息处理管理系统。通过现场办公的决策组织，生产企业在该区域的业务代表控制着信息处理和管理、市场营销及商品配送等业务活动。提供场所的物流企业，只是在生产企业的派驻机构指示下提供相应的加工、仓储、运输和配送服务，收取相对于全部物流成本极小比率的业务服务费，在这种状况下，物流企业委曲求全，租赁资源，依靠承揽单项服务外包配送业务实现经济利益。开展这种配送模式，经营主动权在别人手中，经营者对所承揽的配送业务缺乏全面的了解和掌握，因此无法组织合理、高效的配送，造成设备、人员方面的极大浪费。可见，它是一种高消耗、低收益的配送模式。

（三）社会化的中介型配送模式

社会化的中介型配送模式主要是指从事配送业务的企业通过与上家（生产、加工企业）建立广泛的代理或买断关系，与下家（零售商店）形成较为稳定的契约关系，利用内部的信息管理系统，将生产、加工的商品或信息进行统一组合处理后，按客户订单的要求配送到店铺。这种模式的配送可以起到调剂余缺、合理利用资源的作用。社会化的中介型配送模式是一种完整意义上的配送模式，目前，多数物流配送企业正在积极探索这种模式的进一步应用。

（四）共同配送模式

共同配送是由多个企业联合组织实施的配送活动，其目的是提高配送效率。共同配送的主体可以是作为物流需求方的制造商、批发商和零售商，也可以是作为物流服务供应方的运输企业和仓储企业。

共同配送运作的具体形式有以下三种：

（1）由一个配送企业对多个用户进行配送。即由一个配送企业综合某一地区内多个用户的要求，统筹安排配送时间、次数、路线和货物数量，全面进行配送。

（2）在送货环节上将多家用户待运送的货物混装于同一辆车上，然后按照用户的要求分别将货物运送到各个接货点，或者运送到多家用户联合设立的配送货物的接收点上。

（3）若干个配送企业开展协作，联合进行配送。其运作模式是：在核心企业（或调控中心）的统筹安排和统一调度下，各个配送企业分工协作，联合行动，共同对某个地区或某些用户进行配送，各个配送企业可建造共同的仓库，也可以共同利用已建成的配送中心及其他企业的配送设施和设备。

共同配送涉及面大，单位较多，组织工作难度较大。在选择实施这种配送模式时，必须建立完善的信息网络和层次性的管理系统。

（五）集团配送模式

集团配送模式是指以一定方式聚合的专业流通企业，组成相对独立的流通企业集团，集中对大中型生产企业实行定点、定时、定量供货的配送模式，包括那种以商贸集团及其所属物资加工中心为媒介，在生产企业集团之间相互供货、送货的配送模式。在集团配送模式下，有关企业或企业集团分别承担着供货、存储、加工和运送等任务。集团配送是一种典型的规模经营活动，服务对象是大中型生产企业。在集团配送模式下，通常都采用“定时、定量”方式和“即时配送”方式来满足用户的生产需要和市场需要。采用集团配送模式，不但要有良好的外部环境条件，还必须建立起高效率的指挥系统和信息系统。

以上五种配送模式各有优劣，物流配送企业在选用这些模式时应根据自身情况，灵活机动地做出最佳决策。

八、物流配送流程

（一）传统物流配送流程

简单而言，传统的物流配送流程包括如下作业内容：（1）订单处理作业；（2）采购作业；(3) 进货入库作业；(4) 库存管理作业；(5) 补货及拣货作业；(6) 流通加工作业；(7) 出货处理作业；(8) 配送作业；(9) 会计作业；(10) 营运管理及绩效管理作业。

传统的配送工作流程如图 3-1 所示。

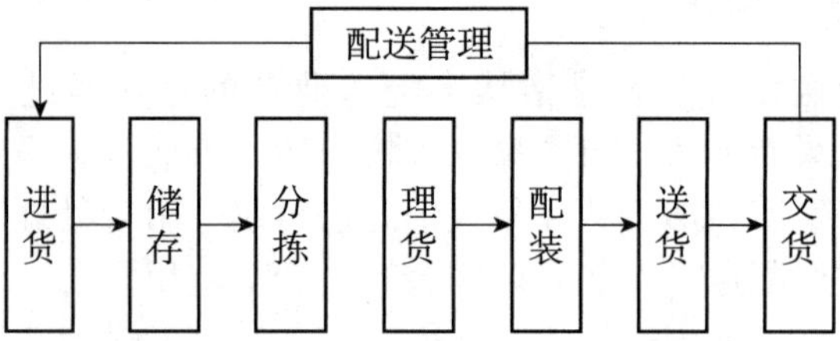

图 3-1 传统的配送工作流程

(二) 电子商务下的物流配送流程

电子商务下的物流配送流程包括如下步骤：(1) 制订配送计划；(2) 下达配送计划；(3) 按配送计划确定物资需要量；(4) 向配送点下达配送任务；(5) 配送发货；(6) 配送。

具体的工作流程如图 3-2 所示。

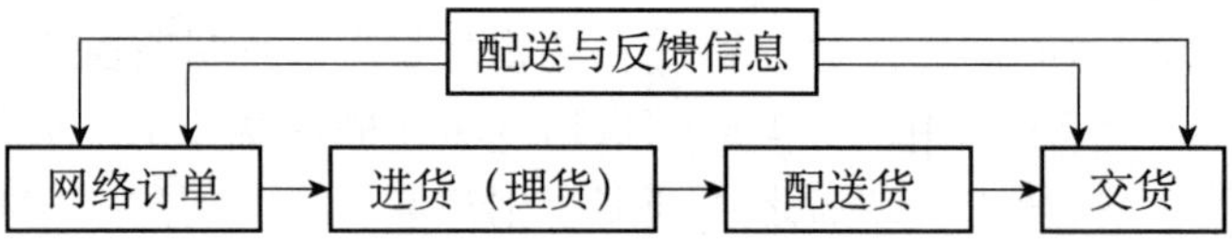

图 3-2 电子商务下物流配送的工作流程

九、电子商务下物流配送的合理化

电子商务下的物流配送是通过现代物流技术的应用来实现商品的集货、储存、分拣和输送的，建立现代化高效率的配送系统，必须以信息技术和自动化技术等先进技术为手段，以良好的交通设施为基础，不断优化配送方式，实现配送的合理化。实现配送合理化有下述途径。

(一) 实现共同配送

共同配送的实质是在同一个地区，许多企业在物流运作中相互配合，联合运作，共同进行理货、送货等活动的一种组织形式。共同配送有利于克服不同企业之间的重复配送或交错配送，提高车辆使用效益，减少城市交通拥挤和环境污染。通过共同配送，可以最近的路程、最低的配送成本完成配送业务，从而实现配送的合理化。可见，共同配送将带来良好的社会效益和经济效益。

(二) 推行加工配送

通过加工与配送相结合，充分利用加工这一本来应有的中转环节而不增加新的中转，以求得配送的合理化。同时，加工借助于配送，加工的目的更加明确，与用户联系更为紧密，从而避免了盲目性。加工与配送的有机结合是配送合理化的重要方式。

（三）推行准时配送

准时配送是配送合理化的重要内容。配送企业只有做到准时，用户才可以放心地实施低库存或零库存，才可以有效地安排接货的人力、物力，从而实现最高效率的生产作业。另外，保证供应能力也取决于准时供应。从国外的成熟经验看，以准时供应为内容的配送系统，是目前许多配送企业追求配送合理化的重要手段。

（四）推行即时配送

即时配送是最终解决用户企业所担心的断供之忧，大幅度提高供应保证能力的重要手段。即时配送是配送企业快速反应能力的具体化，是配送企业能力的具体体现。

（五）实行配送产地直送

配送产地直送将有效地缩短流通渠道，优化物流过程，大幅度降低物流成本。特别是对于批量大、需求量稳定的货物，产地直送的优势将更加明显。

（六）实现配送的信息化

配送信息化就是直接利用计算机网络技术重新构筑配送系统。例如，利用计算机技术，建立计算机辅助送货系统、辅助配货系统、辅助分拣系统、辅助调度系统和辅助选址系统等。信息化是其他先进物流技术在配送领域应用的基础。

（七）实现配送的自动化

配送的自动化突破了体力劳动和手工劳动的传统模式，出现了大量自动化程度高的无人立体仓库，采用了自动装卸机、自动分拣机、无人取货系统和搬运系统等自动化物流设施，提高了配送效率。

（八）实现配送的条码化、数字化、组合化

为适应配送信息化和自动化的要求，条形码技术在配送作业中得到了广泛应用，将所有的配送货物贴上标准条形码，同时尽可能归并为易于自动机械装卸的组合化货物单元，利用这些技术可以使分拣、配货的速度大幅度提高。

（九）实行送取结合

配送企业与用户建立稳定、密切的协作关系，不仅成为用户的供应代理人，而且承担用户的储存任务，甚至成为用户产品的代销人。在实施配送时，将用户企业所需的物资送到，再将该用户生产的产品运回，这些产品就成为配送中心的配送产品，或者为用户企业代为存储，免去了生产企业的库存包袱。这种送取结合方式，使配送企业的运力得以充分利用，拓展了配送企业的业务功能，从而实现配送的合理化。

（十）提倡多种配送方式最优组合

每一配送方式都有其优点，多种配送方式和手段的最优化组合，将有效地解决配送过程、配送对象、配送手段的复杂问题，求得配送效益的最大化。

案例

梅林正广和的配送

某日下午，上海新闸路1124弄的一户人家拨通“85818”电话，报出自己在正广和购

物网络的用户编号，要求订购两桶纯净水、一袋免淘米，并说明第二天上午家里留人，支付水票。几秒钟之内，这份订单被接线小姐输入正广和的计算机系统，系统根据用户编号从数据库中调出用户住址，再根据地址和送货时间自动把这份订单配置到第二配送站次日上午的送货单中。

当天晚上9时，在正广和销售网络第二配送站，经理准时打开电脑，接收从总部传过来的送货单。这份送货单的用户全部在第二配送站的辖区之内，送货时间是次日上午，用户地址、电话、编号、所需货物、数量、应收款等已经被清楚地列出来。几乎与此同时，一份相同的送货单也传到公司配送中心和运输中心。

第二天清早，运输中心派出车辆从配送中心仓库提出已配好的货物，发往第二配送站。第二配送站墙上贴着一张辖区详细到门牌号的地图，签收完货物后，经理根据这张地图和自己的经验安排好送货路线，把上午的送货单分派给7个送货工人。整个上午，这些揣着送货单的工人蹬着有“梅林正广和”和“85818”字样的三轮车，在辖区的弄堂里出出进进，完成送货到家的“最后一千米”。

中午12:30，所有送货和收款的情况被汇总成表，由第二配送站的电脑传送至总部。个别没有送到的，汇总表中的“原因”一栏会被注明“01”“02”，分别代表“地址错误”“家中无人”等。当天收回的水票和现金也交至总部结算。根据这些信息，总部再决定是否有必要给配送站及时补货。

有4名职能管理人员、7名送货工人、1辆小货车和7辆“黄鱼车”，房屋月租金7 000元的第二配送站，每天大概要送出大桶纯净水300多桶、袋装米30多包，还有饮料、鲜花、罐头等几十种物品。在正广和遍布上海的100多个配送站里，第二配送站的规模属于中等。据说，每个配送站的年利润都在15万～20万元。

3个配送中心、100个配送站、200辆小货车、1 000辆“黄鱼车”、1 000多名配送人员，构成了正广和在上海的整个配送网络，这个号称上海市“无盲点”的网络组织严密而有序。

课堂讨论：

1. 正广和的配送属于哪种配送类型？
2. 通过正广和的案例，你对物流配送有什么样的认识？

任务二 电子商务下的物流配送中心

引导案例

随着QM公司业务范围及业务量的不断扩大，高层领导决定设立专门的配送中心以满足公司发展需要。那么，设立怎样的配送中心？在哪儿设立？如何设立？配送中心内的具体流程如何布置？诸多问题需要解决。

思考：

1. 配送中心的类别有哪些？各自的特点和功能是怎样的？
2. 配送中心应具备哪些条件？
3. 电子商务下的物流配送中心应设置哪些主要岗位？
4. 电子商务下的物流配送中心的作业流程该如何设计？

相关知识

一、电子商务下物流配送中心的概念

电子商务下的物流配送中心是从事货物配备（集货、加工、分货、拣货、配货）和组织送货，以高水平实现销售或供应的现代流通设施。

理解电子商务下物流配送中心的概念应注意以下几点：

（1）概念中的"货物配备"，是指配送中心按照生产企业的要求，对货物的数量、品种、规格、质量等进行的配备。这是配送中心最主要、最独特的工作，全部由其自身完成，因此称为"从事"。

（2）概念中的"组织送货"，是指配送中心按照生产企业的要求，组织货物定时、定量地送抵用户。由于送货方式较多，有的由配送中心自行承担，有的利用社会运输力量完成，有的由用户自提，因此就送货而言，配送中心是组织者而不是承担者。

（3）概念强调了配送活动与销售或供应等经营活动的结合，配送成为经营的一种手段，以此排除它是单纯物流活动的看法。

（4）概念强调配送中心是"现代流通设施"，与以前的商场、贸易中心、仓库等流通设施不同。这个流通设施以现代装备和工艺为基础，不但处理商流，而且处理物流、信息流，是集商流、物流、信息流于一身的全功能流通设施。

（5）配送中心有别于物流中心、中心库房。配送中心以配送为主、储存为辅，可以看做流通仓库，但不能看作保管型仓库，因为保管型仓库主要是为了商品的储存和保管。物流中心具备各项物流功能，辐射范围大，处理的对象为大批量、小批次、少品种的商品，而配送中心则相反，它只具备各项配送功能，是物流中心的一种主要形式。物流中心的上游是工厂，下游是配送中心或批发商，而配送中心的上游是物流中心或工厂，下游是零售店或最终消费者。

二、电子商务下物流配送中心的类型

配送中心可以按不同的分类标准划分为不同的类型。

（一）配送中心按运营主体不同分类

1. 以制造商为主体的配送中心

以制造商为主体的配送中心的商品全都是由制造商自己生产的，用以降低流通费用、提高售后服务质量，并及时地将预先配齐的组成元器件运送到规定的加工和装配工位。因

为制造商对商品从制造到生产出来后的条形码和包装的配合等多方面都较容易控制，所以按照现代化、自动化的要求设计配送中心比较容易，但它不具备社会化的要求。例如，海尔集团的配送中心就是典型的以制造商为主体的配送中心。海尔整合全球配送网络，在全国建有 42 座大型区域配送中心，国内可调配车辆 16 000 辆，每天向 1 550 个专卖店和 9 000多个网点配送 50 000 多台产品。此外，海尔还具备投资过亿的世界最先进的 SAPR/3ERP 系统和 SAPLES 物流执行系统、600 亿海尔集团物料的管理运作经验和能力、与世界一流的第三方物流公司的策略联盟、满足客户需求的物流解决方案。这一切使得以客户为中心的全方位物流服务能力成为海尔物流公司的核心能力。

2. 以批发商为主体的配送中心

以批发商为主体的配送中心的商品来自各个制造商，其实质是对商品进行汇总和再销售，即按部门或商品类别的不同，把每个制造厂的商品集中起来，然后以单一品种或搭配向零售商进行配送。由于它的全部进货和出货都是社会配送的，故社会化程度高。例如，湖北省武汉市的皇经堂蔬菜批发市场是以批发商为主体的配送中心，这里每天汇集了省内和省外的蔬菜种植商，批发商每天定时来此，根据各自需要采购所需蔬菜，然后运往零售地销售。虽然此中心的硬件设施还没有达到现代化的程度，但从中可以看出以批发商为主体的配送中心的雏形。

3. 以零售商为主体的配送中心

零售商发展到一定规模后，就可以考虑建立自己的配送中心，并为专业商品零售店、超级市场、百货商店、建材商场、粮油食品商店、宾馆饭店等服务，其社会化程度介于前两者之间。

4. 以仓储运输业者为主体的配送中心

以仓储运输业者为主体的配送中心地理位置优越，运输配送能力最强，可迅速将到达的货物配送给用户。它提供仓储储位给制造商或供应商，而配送中心的货物仍属于制造商或供应商所有，配送中心只是提供仓储管理和运输配送服务。这种配送中心的现代化程度较高。例如，瑞士汽巴-嘉基公司（Giba-Geigy）的配送中心就是以仓储运输业者为主体的配送中心，它有很强的仓储和运输能力，具有 40 000m^2 的冷库和冷藏库、30 000m^2 的杂货库，所经营的商品品种达 89 000 个。

（二）配送中心按配送范围不同分类

1. 城市配送中心

城市配送中心是以城市为配送范围的配送中心。由于城市范围内货物的运输距离较短，一般处于汽车运输的经济里程，所以采用汽车为主要的运输工具，将货物直接送达最终用户。这种配送中心往往与零售经营相结合，由于运距短，反应能力强，因而多品种、少批量、多用户的配送较有优势，如日本的仙台批发商共同配送中心就属于这种类型，我国已建的北京食品配送中心也属于这种类型。

2. 区域配送中心

区域配送中心是以较强的辐射能力和库存准备，向省（州）际、全国乃至国际范围的用户配送的配送中心。例如，日本的阪神配送中心、美国马特公司的蒙克斯帕配送中心，配送规模较大，用户和配送批量也较大，既配送给下一级的城市配送中心，也配送给营业所、商店、批发商和企业用户。虽然区域配送中心也从事零星的配送，但不是主体形式。这种类型的配送中心在国外比较常见。

（三）配送中心按功能不同分类

1. 专业配送中心

专业配送中心大体上有两层含义：一是配送对象、配送技术属于某一个专业范畴，在该范畴内有一定的综合性，综合该专业的多种物资来进行配送，如多数制造业的销售配送中心；二是以配送为专业化职能，基本上不从事经营的服务型配送，如美国马特公司的蒙克斯帕配送中心。目前，我国在石家庄、上海等地建的配送中心大多是第一层含义的配送中心。

2. 柔性配送中心

柔性配送中心在某种程度上与第二种专业配送中心对立。这种配送中心不朝固定化、专业化方向发展，而是能随时变化，对用户要求有很强的适应性，不固定供需关系，并不断发展配送用户和改变配送用户。

3. 供应配送中心

供应配送中心是专门为某个或某些用户组织供应的配送中心。例如，为大型连锁超市组织供应的配送中心、代替零件加工厂送货的零件配送中心。

4. 销售配送中心

销售配送中心是一种以销售经营为目的、以配送为手段的配送中心。销售配送中心大体有三种类型：第一种是生产企业将本身产品直接销售给消费者的配送中心。在国外，这种类型的配送中心很多。例如，位于美国洛杉矶的铃木汽车配件中心，占地面积40 000 m^2，总建筑面积 8 200m^2，经营的汽车配件达 10 000 种。第二种是流通企业作为本身经营的一种方式，建立配送中心以扩大销售。我国目前拟建的配送中心大多属于这种类型，国外这种类型的配送中心也很多。第三种是流通企业和生产企业联合的协作性配送中心。

综合来看，当今的配送中心都在向以销售配送中心为主的方向发展。

5. 储存型配送中心

储存型配送中心是指具备很强储存功能的配送中心。一般来讲，在买方市场下，企业成品销售需要有较大的库存支持，其配送中心具有较强的储存功能；在卖方市场下，企业原材料、零部件供应需要有较大的库存支持，这种供应配送中心也具有较强的储存功能。大范围配送的配送中心需要有较大的库存，也可能是储存型配送中心。

美国福来明公司的食品配送中心是典型的仓储式配送中心。该配送中心建筑面积为 7 万 m^2（冷库、冷藏库 4 万 m^2，杂货库 3 万 m^2），经营 8.9 万个品种，其中有1 200个品种是美国独立杂货商联盟开发的，必须集中配送。在服务对象店经营的商品中，有 70%的商品由该中心集中配送，一般鲜活商品和易碎商品，如牛奶、面包、炸土豆片、瓶装饮料和啤酒等，从当地厂家直接进货到店；蔬菜等商品从当地的批发市场直接进货。

我国目前拟建的配送中心大都采用集中库存形式，库存量较大，多为储存型配送中心。

6. 流通型配送中心

流通型配送中心是一种基本上没有长期储存功能，仅以暂存或随进随出方式进行配货、送货的配送中心。这种配送中心的典型方式是，大量货物整进并按一定批量零出，采用大型分货机，进货时直接进入分货机传送带，分送到各用户货位或直接分送到配送汽车上，货物在配送中心里仅做短暂停留。例如，日本的阪神配送中心，中心内只有暂存仓库，大量储存则依靠一个大型补给仓库。

7. 加工型配送中心

加工型配送中心是指在配送点兼有加工功能的配送中心。加工型配送中心的实例目前并不多见，我国上海市和其他城市已开展的配煤配送，其配送点进行配煤加工；上海六家船厂联建的船板处理配送中心也属于这一类型的配送中心。

（四）配送中心按运作模式不同分类

1. 集货型配送模式

集货型配送模式主要针对上家的采购物流过程进行创新而形成。上家的生产具有相互关联性，下家又相互独立；上家对配送中心的储存度明显大于下家，上家相对集中，而下家相对分散并具有相当的需求。同时，这类配送中心也强调加工功能。此类配送模式适于成品或半成品物资的推销，如汽车配送中心。

2. 散货型配送模式

散货型配送模式主要是对下家的供货物流进行优化而形成。上家对配送中心的依存度小于下家，而且配送中心的下家相对集中或有利益共享，如连锁业。采用此类配送模式的流通企业，上家竞争激烈，下家需求以多品种、小批量为主要特征，适于原材料或半成品物资配送，如机电产品配送中心。

3. 混合型配送模式

混合型配送模式综合了上述两种配送模式的优点，并对商品的流通全过程进行了有效控制，克服了传统物流的弊端。采用这种配送模式的流通企业规模较大，具有相当的设备投资，如区域性物流配送中心。在实际流通中，采取多样化经营能够降低经营风险。这种运作模式比较适合新型物流配送的要求。

三、电子商务下物流配送中心的特点

根据国内外物流配送业的发展情况，在电子商务时代，信息化、现代化、社会化的新型物流配送中心具有下述特点。

（一）物流配送反应快速化

电子商务下，新型的物流配送服务提供者对上游、下游的物流配送需求的反应速度越来越快，配送时间越来越短，物流配送速度越来越快，商品周转次数越来越多。

（二）物流配送目标系统化

新型的物流配送从系统的角度统筹规划一个公司整体的各种物流配送活动，处理好物流配送活动与商流活动、公司目标之间的关系，不要求单个活动的最优化，只求整体活动

的最优化。

（三）物流配送经营市场化

新型的物流配送的具体经营采用市场机制，无论是企业自己组织的物流配送，还是委托社会化物流配送企业承担的物流配送任务，都以“服务-成本”的最佳配合为目标。

（四）物流配送管理法制化

宏观上，要有健全的法规、制度和规则；微观上，新型物流配送企业要依法办事，按章行事。

（五）物流配送组织网络化

为了保证对产品促销提供快速、全方位的物流支持，新型物流配送要有完善的、健全的物流配送网络体系，网络上点与点之间的物流配送活动应保持系统性、一致性，这样可以保证整个物流配送网络有最优的库存水平和库存分布，运输与配送快捷、机动。分散的物流配送单体只有形成网络才能满足现代生产和流通的需要。

（六）物流配送服务系列化

电子商务下新型的物流配送强调物流配送服务功能的恰当定位与完善化、系列化，除了传统的储存、运输、包装、流通加工等服务外，还在外延上扩展至市场调查与预测、采购及订单处理，向下延伸至物流配送咨询、物流配送方案的选择与规划、库存控制策略建议、货款回收与结算、教育培训等增值服务，在内涵上提高了服务对决策的支持作用。

（七）物流配送作业规范化

电子商务下新型物流配送强调功能作业流程、运作的标准化和程序化，使复杂的作业变成简单的、易于推广与考核的运作。

（八）物流配送流程自动化

物流配送流程自动化是指运送规格标准，仓储、货箱排列、装卸、搬运等按照自动化标准作业，商品按照最佳的路线配送等。

（九）物流配送手段现代化

电子商务下新型物流配送使用先进的技术、设备与管理为销售提供服务，生产、流通、销售规模越大，范围越广，则物流配送技术、设备和管理越现代化。

（十）物流配送功能集成化

新型的物流配送着重于将物流与供应链的其他环节进行集成，包括物流渠道与商流渠道的集成、物流渠道之间的集成、物流功能的集成、物流环节与制造环节的集成等。

四、电子商务下物流配送中心应具备的条件

（一）高水平的企业管理

电子商务下新型物流配送中心作为一种全新的流通模式和运作机构，其管理水平要求达到科学化和现代化。只有通过合理的科学管理制度、现代化的管理方法和手段，才能确保物流配送中心基本功能和作用的发挥，从而保障相关企业和用户整体效益的实现。因此，一切以市场为导向、管理为保障、服务为中心，加快科技进步是新型物流配送中心的

根本出路。

（二）高素质的人员配备

电子商务下新型物流配送中心能否充分发挥各项功能和作用，完成所承担的任务，人才配置是至关重要的。为此，新型物流配送中心的人才配置要求必须配备数量合理、具有一定专业知识和较强组织能力、结构合理的决策人员、管理人员、技术人员和操作人员，以确保新型物流配送中心的高效运转。

新型物流配送中心的发展需要大量的人才，从事经营、管理、科研、仓储、配送、流通加工、通信设备和计算机系统维护、贸易等业务。必须加大人才培养的资金投入，培养和引进大批掌握先进科技知识的人才，造就大批符合知识经济时代要求的物流配送人才，利用各种先进的科学技术和科学方法，促进物流配送产业向知识密集型的方向发展。

（三）现代化的装备配置

电子商务下新型物流配送中心应配备现代化硬件装备和应用管理等软件系统，并具备必要的物质条件，尤其要重视计算机网络的运用，同时采用现代化的配送设施和配送网络，为用户提供更完美的服务，发挥多用户、多品种、少批量、高频度、准确、迅速、灵活的独特优势。

五、电子商务下物流配送中心的功能

配送中心的功能全面完整，众多配送任务均通过功能完成。配送中心一般都具备下述功能，但侧重点各有不同，其中对某些功能重视程度的差异，决定了配送中心的性质和具体规划。

（一）集货功能

配送中心为了满足用户的订货需求，以及消费者在任何时间都能买到所需商品的要求，必须从众多的供应商那里取得种类、数量繁多的货物，以备齐所需商品，此为集货，也称采购。集货功能是配送中心的基础功能，是配送中心取得规模优势的基础所在。一般来说，集货批量应大于配送批量。

（二）储存功能

配送依靠集中库存来实现对多个用户的服务，储存功能可形成配送的资源保证，是配送中心必不可少的支撑。为保证正常配送特别是即时配送的需要，配送中心应保持一定量的储备；同时，为了对货物进行检验保管，配送中心还应具备一定的检验和储存设施。随着物流体系的现代化，商品储存的时间越来越短，甚至出现了把商品储存在“运动”之中而不带仓库的配送中心，不过目前我国的一些企业还没有达到这样的水平。

（三）分拣、理货功能

为了将多种货物向多个用户按不同要求、种类、规格、数量进行配送，配送中心必须有效地将储存货物按用户要求分拣出来，并能在分拣基础上，按配送计划进行理货。分拣、理货功能是配送中心的核心功能。为了提高分拣效率，应配备相应的分拣装置，如货物识别装置、传送装置等。

（四）配货、分放功能

配货、分放功能是将各用户所需的多种货物，在配送中心有效地组合起来，形成向用户方便发送的货载，这也是配送中心的核心功能。事实上，分拣功能和配货功能作为配送中心不同于其他物流组织的独特功能，作为整个配送系统水平的关键功能，已不单纯是完善送货、支持送货的准备，而是配送企业提高服务质量和自身效益的必然延伸，是送货向高级形式发展的必然要求。

（五）流通加工功能

流通加工功能是配送中心为了促进销售、维护产品质量和提高物流效率而对商品进行加工的一种功能。配送中心可根据用户的不同需求，按照销售批量大小直接进行分类、磅秤、大包装拆箱改小包装、产品组合包装、商标和标签的粘贴等工作。例如，以食品为主的连锁超市配送中心，就增加了食品加工功能，增设肉、鱼等生鲜食品的切分、洗净、分装等小包装生产流水线，建造冷藏和冷冻供货系统，并在流通过程的储存、运输等环节进行温度控制，提升了服务品质，从而直接产生经济效益。

（六）倒装、分装功能

倒装、分装功能是指不同规模的货载在配货中心能高效地分解组合，形成新的装运组合或装运形态，从而符合用户的特定要求，达到有效的载运负荷，提高运力，降低送货成本。这是配送中心的重要功能。

（七）装卸搬运功能

装卸搬运功能是指配送中心的集货、理货、装货、加工都需要辅以装卸搬运，有效的装卸能大大提高配送中心的效率。这是配送中心的基础性功能。

（八）送货功能

虽然送货过程已超出配送中心的范畴，但配送中心仍对送货工作的指挥管理起决定性作用。送货功能属于配送中心的末端功能。配送运输中的难点是如何形成最佳路线，如何使配装和路线有效搭配。

（九）信息处理功能

配送中心有相当完整的信息处理系统，能有效地为整个流通过程的控制、决策和运转提供依据。无论是集货、储存、分拣、配装、流通加工、送货等一系列物流环节的控制，还是物流管理及成本结算均可实现信息共享。配送中心与销售网点建立直接交流的信息沟通渠道，可及时得到销售网点的销售信息，有利于合理组织货源，控制最佳库存。同时，还可将销售和库存信息及时反馈给制造商，以指导商品生产计划的制订。从某种意义上说，配送中心已经成为整个流通过程的信息中枢，是全物流系统中重要的一环。

六、电子商务下物流配送中心的作业流程

配送中心的作业流程形式有许多种类，主要取决于配送中心本身规模、设施条件、经营服务等诸多因素。针对配送中心的一般功能而言，其作业流程有如下五点。

（一）集货

集货过程包括货物采购、接货、验货和收货等具体内容。配送中心的信息中心每天汇总各用户的销售和生产信息、库存信息，然后向总部采购部门发出以上信息，由采购部门与制造商联系，发出订单，组织货物采购。配送中心根据制造商送来的订购货物组织入库

作业，通过接货、验货和收货等不同程序，最终将合格货物存入库中。

（二）储存

配送中心为了保证货物生产和销售的需要，通常都会保持一定数量的商品储存，一部分是为了从事正常的配送活动而保有的存货，库存量比较少；另一部分是集中批量采购形成的库存，具有储存的性质；还有一部分是供应商存放在配送中心准备随时满足顾客订货需要的存货。在保持合理库存期间，配送中心还必须使货物储存不发生数量和质量变化。

（三）分拣、配货、分放

分拣和配货作业是在配送中心理货区内进行的。分拣是对确定需要配送的货物种类和数量进行挑选，可采用自动化分拣设备和手工方式。配货也有两种基本形式：摘果方式和播种方式。分放往往是对已经分拣并配备好的货物由于不能立即发送，而需要集中在配装区或发货区等待统一发货。

（四）配装

为了提高装货车厢容积和运输效率，配送中心把同一送货路线上不同客户的货物组合、配装在同一载货车上，这样不但可以降低送货成本，而且可以减少运输数量，避免交通拥挤状况。

（五）送货

送货是配送中心作业流程的最终环节。一般情况下，配送中心利用自备运输工具或借助社会专业运输力量来完成送货作业，有的按照固定时间和路线进行；有的不受时间和路线的限制，机动灵活地完成送货任务。

七、电子商务下物流配送中心的岗位设置

配送中心要实现其基本功能，就必须要进行岗位设置，由于配送中心的规模、设施设备、作业内容、服务对象不同，岗位设置也不尽相同。以下是一般配送中心设置的主要岗位。

（一）采购或进货管理部门

采购或进货管理部门负责订货、采购、进货等作业环节的安排及相应的事务处理，同时负责对货物的验收工作。

（二）储存管理部门

储存管理部门负责货物的保管、提取、养护等作业与管理。

（三）加工管理部门

加工管理部门负责按照要求对货物进行必要的生产性和流通性加工和包装。

（四）配货管理部门

配货管理部门负责对出库货物的分拣、拣选和组配作业等进行管理。

（五）运输部门

运输部门负责按客户要求制定合理的运输方案，将货物送交客户，同时对已完成的配送进行确认。

（六）营业管理部门或客户服务部门

营业管理部门或客户服务部门负责接收和传递客户的订货信息、送达货物的信息，处理客户投诉，受理客户退换货要求。

（七）退货与换货作业部门

当营业管理或客户服务部门接收到退货或换货信息后，退货与换货作业部门将安排车辆回收退换货商品，将其集中到仓库的退换货处理区，重新清点整理。

（八）财务管理部门

财务管理部门负责核对进货表单、库存管理表单、出货表单、配送完成表单，协调、控制和监督整个配送中心的货物流动，同时负责管理各种收费发票和配送收费统计、配送费用结算等工作。

案例

某连锁超市配送中心在研究物流配送作业流程时，根据不同性质的商品采取了不同的配送作业流程，如图3－3所示。

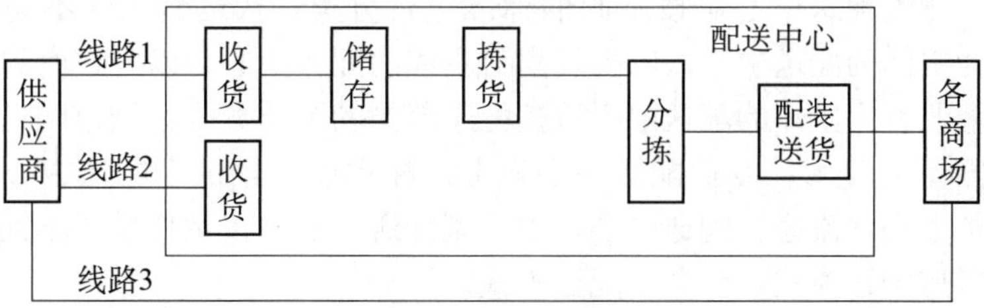

图3－3　物流与配送

课堂讨论：

1. 线路1～3的作业流程分别属于什么类型？
2. 各作业流程适用哪类商品？

项目小结

配送是在经济合理区域范围内，根据用户要求，对物品进行拣选、加工、包装、分割、组配等作业，并按时送达指定地点的物流活动。配送是物流中一种特殊的、综合的活动形式，包含商流活动和物流活动，也包含物流中若干功能要素，是物流的一个缩影或在某个小范围内物流全部活动的体现。

电子商务下物流配送是指物流配送企业采用网络化的计算机技术和现代化的硬件设备、软件系统及先进的管理手段，针对社会需求，严格地、守信用地按用户的订货要求，进行一系列分类、编配、整理、分工及配货等理货工作，定时、定点且定量地交给没有范围限制的各类用户，满足其对商品的需求。电子商务下物流配送是信息化、现代化、社会化的物流配送，是一种新型的物流配送。

电子商务下物流配送具有虚拟性、高效性、低成本、个性化的特点。

电子商务下物流配送可按不同的标准进行分类，按配送组织者和配送实施点的不同可分为：配送中心配送，仓库配送，商店配送，生产企业配送；按时间和数量的多少进行分类可分为：定时配送，定量配送，定时、定量配送，即时配送，定时、定路线配送；按配送商品种类及数量不同可分为：少品种、大批量配送，多品种、小批量配送，配套成套配送；按经营形式不同可分为：销售配送，供应配送，销售-供应一体化配送；按配送企业专业化程度可分为：综合配送，专业配送。

电子商务下物流配送的作用有：降低整个社会物资的库存水平；降低物流费用，提高物流效率；有利于流通社会化、物流产业化；有利于提高物流服务水平；能为用户提供便利等。

电子商务下物流配送的方法包括配货作业方法、车载货物的配装及配送路线的确定等。

目前我国电子商务下物流配送的模式有五种：自营型配送模式、单项服务外包型配送模式、社会化的中介型配送模式、共同配送模式和集团配送模式。

应采取多种有效的途径使电子商务下物流配送合理化。

配送中心是从事货物配备（集货、加工、分货、拣选、配货）和组织对用户的送货，以高水平实现销售或供应的现代流通设施。

电子商务下物流配送中心可按不同的标准进行分类，按运营主体不同大致可分为四类：以制造商为主体的配送中心，以批发商为主体的配送中心，以零售商为主体的配送中心，以仓储运输业者为主体的配送中心；按配送范围的不同分为：城市配送中心，区域配送中心；按功能不同分为：专业配送中心，柔性配送中心，供应配送中心，销售配送中心，储存型配送中心，流通型配送中心，加工型配送中心；按运作模式不同分为：集货型配送模式，散货型配送模式，混合型配送模式。

电子商务下物流配送中心的特点有：物流配送反应快速化、目标系统化、经营市场化、管理法制化、组织网络化、服务系列化、作业规范化、流程自动化、手段现代化、功能集成化。

电子商务下物流配送中心应具备的条件：高水平的企业管理、高素质的人员配备和现代化的装备配置。

电子商务下物流配送中心的功能有：集货功能；储存功能；分拣、理货功能；配货、分放功能；流通加工功能；倒装、分装功能；装卸搬运功能；送货功能；信息处理功能。

电子商务下物流配送中心的作业流程是：集货—储存—分拣、配货、分放—配装—送货。

电子商务下物流配送中心设置的岗位有：采购或进货管理部门、储存管理部门、加工管理部门、配货管理部门、运输部门、营业管理部门或客户服务部门、退货与换货作业部门、财务管理部门。

项目训练

1. 实践项目

商品的物流配送。

2. 实践目的

通过实践促进对物流配送基本知识的掌握。

3. 实践要求

参观一个物流配送企业，观察其物流配送的实际操作。

4. 实践环节

（1）实践场所选择。本市比较知名的物流配送企业。

（2）实践准备工作。复习本项目有关内容，设计好参观目标，提出自己的问题。

（3）实践步骤。

1）了解该物流配送企业的规模、类型、客户服务范围。

2）观看该物流配送企业主要的配送作业流程及配送设施。

3）指出该物流配送企业在物流配送中主要存在的问题。

4）给出该物流企业配送合理化的建议。

5. 实践结果

学生完成实践报告。

自测题

一、选择题

1. 下列有关配送的理解，（　　）是正确的。

A. 配送是物流中一种特殊的、综合的活动形式，与商流没有关系。

B. 配送的实质就是送货，与一般送货没有区别。

C. 配送是“配”和“送”的有机结合，为追求整个配送的优势，分拣、配货等项工作是必不可少的。

D. 配送要完全遵守“按用户要求”，只有这样才能做到配送的合理化。

2. 配送是（　　）的产物。

A. 商流与物流分离　　B. 商流与物流合一

C. 现代运输　　D. 现代物流

3. （　　）配送是配送的主要形式。

A. 生产企业　　B. 仓库　　C. 配送中心　　D. 商店

4. 商店配送的物流组织者是（　　）。

A. 仓库　　B. 商业门店　　C. 配送中心　　D. 生产企业

5. （　　），是一种灵活性很高的应急配送方式。

A. 定量配送　　B. 定时配送　　C. 即时配送　　D. 定时、定线路配送

6. 在各种配送形式中，（　　）配送是一种高水平的配送形式。

A. 定时定量　　B. 成套配套

C. 少品种、大批量　　D. 多品种、少批量

7. 随着配送系统的计算机系统的建立和电子商务的发展，物流信息的处理越来越体

现出（　　）的特点。

A. 集成化　　B. 自动化　　C. 网络化　　D. 智能化

8. 不属于电子商务下物流配送的特征的是（　　）。

A. 信息化　　B. 现代化　　C. 无纸化　　D. 社会化

9. 下列对摘果方式表述正确的是（　　）。

A. 摘果方式又叫播种方式　　B. 摘果方式又叫拣选方式

C. 摘果方式又叫分货方式　　D. 摘果方式的优点是工作重复程度小

10. 配送路线确定的原则不包括（　　）。

A. 成本最低　　B. 效益最高　　C. 路线最短　　D. 吨千米最大

11. 配送中心属于（　　）的一种。

A. 流通中心　　B. 物流中心　　C. 加工中心　　D. 集货中心

12. 以（　　）为主体的配送中心的商品全都是由自己生产制造的。

A. 批发商　　B. 零售商　　C. 制造商　　D. 仓储企业

13. 下列配送中心中，（　　）配送中心是从功能角度来划分的。

A. 零售商型　　B. 批发商型　　C. 加工型　　D. 城市

14. 实践证明，利用配送中心的（　　）功能，可以提高车辆的满载率，降低成本。

A. 集货　　B. 分装　　C. 储存　　D. 分拣

15. （　　）功能是配送中心的基础功能。

A. 储存　　B. 分拣　　C. 流通加工　　D. 集货

16. 配送中的送货是物流活动中的（　　）运输。

A. 前端　　B. 末端　　C. 联合　　D. 长途

二、判断题

1. 分布最广、数量最多的物流节点是配送中心。（　　）

2. 适用于重点企业和重点项目支持的配送方式是定时定量定点配送。（　　）

3. 中小企业间通过合理分工和协商，制订统一的计划，满足用户对货物需求的配送形式是集中配送。（　　）

4. 配送处于物流活动的末端。（　　）

5. 长途运输时，企业会比较多地利用吨千米最小原则。（　　）

6. 配送是以用户要求为出发点的。（　　）

7. 配送是物流活动和信息流活动的结合。（　　）

8. 定时定量配送不太适合计划性强、稳定性要求高的企业。（　　）

9. 成套配套配送适应于专业化生产和实现制造企业“零库存”的需要。（　　）

10. 配送中心是位于物流末端、专门从事货物配送活动的经营组织或经营实体。（　　）

三、简答题

1. 生活中，我们经常会看到标有如图 3－4 所示的货车在城市的大街小巷中穿梭。请问：同样是物流公司，为什么在名称上一个强调“物流”，另一个强调“配送”？这是否意味着两者的业务也存在着区别？物流和配送到底有什么联系和区别？

图 3-4　物流与配送

2. 电子商务下物流配送有哪些作用？

3. 什么是配送方法？电子商务下物流配送的方法有哪些？

4. 物流配送合理化可采取哪些措施？

5. 配送有哪些分类？各有什么优缺点？适用范围分别是什么？请归纳出来完成表 3-1。

表 3-1

配送的类型	优　点	缺　点	适用范围

6. 按不同的分类标准配送中心可分为哪些类型？

7. 配送中心有哪些特点？

8. 配送中心有哪些功能？

9. 描述配送中心的作业流程。

10. 配送中心的选址要考虑哪些因素？

四、综合案例分析题

7-11 的物流配送中心

1927 年创立于美国德州达拉斯的 7-11，初名为南方公司，主要业务是零售冰品、牛奶、鸡蛋等。到了 1964 年，推出了便利服务的创举，将营业时间延长为早上 7 点至晚上 11 点，自此，“7-11”传奇性的名字诞生。1972 年 5 月，日本 7-11 的第一家门店在东京开业。从 1975 年开始，7-11 变更为 24 小时全天候营业。1999 年 4 月 28 日美国南方公司正式改名为 7-11，在全球 20 多个国家拥有 2.1 万家左右的连锁店。如今，7-11 成为在全球开店数量最多的连锁企业，在 16 个国家和地区拥有连锁门店高达近 6 万家。

一间普通的 7-11 连锁店一般只有 100～200m²，却要提供 23 000 多种食品，不同的食品有可能来自不同的供应商，运送和保存的要求也各有不同，每一种食品又不能短缺或过剩，而且还要根据顾客的不同需要随时调整货物的品种，给连锁店的物流配送提出了很高的要求。一家便利店的成功，很大程度上取决于配送系统的成功。7-11 在经历了由特定的批发商配送后，建立了自己的物流配送中心。

7-11 建立了物流配送中心后，分别在不同的区域统一集货、统一配送。配送中心有一个计算机网络配送系统，分别与供应商和7－11店铺相联。

为了保证不断货，配送中心一般会根据以往的经验保留4天左右的库存，同时，中心的计算机系统每天都会定期收到各个店铺发来的库存报告和要货报告，配送中心把这些报告集中分析，最后形成向不同供应商发出的订单，由计算机网络传给供应商，而供应商则会在预定时间之内向中心派送货物。7－11配送中心在收到所有货物后，对各个店铺所需要的货物分别打包，等待发送。第二天清早，派送车就会从配送中心鱼贯而出，择路向自己区域内的店铺送货。整个配送过程就这样每天循环往复，为7－11连锁店的顺利运行服务。

通过与批发商配送比较，配送中心的优点在于7－11从批发商手上夺回了配送的主动权，7－11能随时掌握在途商品、库存货物等数据，对财务信息和供应商信息也能清楚掌握。对于一个零售企业来说，这些数据都是至关重要的。有了自己的配送中心，7－11就能与供应商讨价还价。7－11和供应商之间定期会有一次定价谈判，以确定未来一定时间内大部分商品的价格，其中包括供应商的运费及其他费用。价格一旦确定下来，7－11就省下了每次和供应商讨价还价这一环节，并能平稳运行一段时间，节省了费用。

思考题：

1. 结合案例谈谈物流配送中心的运作过程。
2. 配送中心给7－11带来了什么好处？

案例名称	7－11的物流配送中心
工作任务	案例分析
完成时间	
任务目标	理解配送中心的运作过程
任务要求	详读案例，根据思考题进行分析与总结
研讨内容	1. 结合案例谈谈物流配送中心的运作过程。 2. 配送中心给7－11带来了什么好处？
研讨成果	
讨论过程	
自我角色	
自我评价	
小组评价	
教师评价	

项目四

电子商务下的物流模式

问题引入

某家电公司是一家以生产冰箱、空调、洗衣机为主的大型企业（集团）。随着业务的发展，物流量迅速增加。该公司每月接到销售订单几千张，需要采购的物料品种达 20 多万种。该公司原来的物流职能分散在制造、采购、销售等多个部门，占用资金多、效率低。2017 年，该公司成立了物流部，把物流职能从原来的十几个产品事业部门和职能部门剥离出来，统一实施对公司内物流的运作管理，统一采购、统一物料配送、统一成品配送。建立了公司的物流中心，取代了原来分散的各个仓库。结果使库存平均周转时间从 30 天减少到 12 天，仓储占用土地从 20 余万平方米减少为 2.6 万平方米，订单的响应时间从原来的 36 天缩短到 10 天以下。

问题：

1. 该公司采用了什么模式的物流组织？
2. 这种物流组织模式有何优点？

学习目标

知识目标：

理解电子商务下各种物流模式，如第三方物流、第四方物流、电子物流、绿色物流、国际物流，以及它们在总体物流中所起的作用和相互之间的联系。

能力目标：

正确认识各种物流模式，掌握企业选择第三方物流的方法、第四方物流的运行模式、国际物流系统的构成以及各种基本模式在具体物流实践中的运用。

任务一 第三方物流

引导案例

ABC公司首次承揽到三个集装箱运输业务，时间较紧，从上海到大连铁路1 200千米，公路1 500千米，水路1 000千米。该公司自有10辆10吨普通卡车和一个自动化立体仓库，经联系附近一家联运公司虽无集装箱卡车，但却有专业人才和货代经验，只是要价比较高，至于零星集装箱安排落实车皮和船舱，实在心中无底。

思考：

1. 你认为采取什么措施比较妥当？

(1) 自己购买若干辆集装箱卡车，然后组织运输。

(2) 想办法请铁路部门安排运输，但心中无底。

(3) 水路路程最短，请航运公司来解决运输。

(4) 联运公司虽无集卡，但可使其租车完成此项运输。

(5) 没有合适运输工具，推掉该项业务。

2. 什么是第三方物流企业？有何特点？

3. 选择第三方物流企业有何作用？如何选择？

相关知识

一、第三方物流的概念

第三方物流（Third Party Logistics，3PL或TPL）是指生产经营者为集中精力做好主业，把原来属于自己处理的物流活动，以合同的方式委托给专业物流服务企业，同时通过信息系统与物流服务企业保持密切联系，以达到对物流全程的管理与控制的一种物流运作与管理方式。因此第三方物流又被称为合同物流。从事第三方物流的企业在委托方物流需求的推动下，从简单的存储、运输等单项活动转为提供全面的物流服务，其中包括物流活动的组织、协调和管理，最优物流方案的设计，物流全程的信息收集和管理等。目前第三方物流概念已广泛地被西方流通行业接受。

二、第三方物流的特征

（一）第三方物流建立在现代电子信息技术基础上

第三方物流要获得信息技术基础设施的支持。信息技术实现了数据的快速、准确的传递，提高了仓库管理、装卸运输、采购、订货、配货运、订单处理的自动化水平。第三方物流提供商投资建立的信息网络，其信息资源与客户企业共享，通过与客户的信息系统对接，形成以供应链为基础的高效、便捷的信息平台，提高整个供应链的竞争力。常用于支撑第三方物流的信息技术有 WMS（仓库管理）、EDI（电子交换系统）、EFT（电子支付）和条形码等技术。

（二）第三方物流提供个性化的物流服务

随着经济的发展，市场需求呈现个性化和多样化的发展趋势，导致物流外包者对服务需求的专业个性化趋势更加明显。第三方物流提供商为了提供满意的客户服务，根据客户的产品要求、运输要求、仓储要求和包装要求等进行一体化、专业化的设计，重新整合物流服务过程，帮助企业提高经营效率和客户满意度，同时降低运营成本。

（三）第三方物流要求与客户企业建立长期战略联盟合作伙伴关系

当今的市场经济复杂多变，竞争越来越激烈，许多企业通过建立联盟来获得竞争优势，使企业形成规模化经营，降低运作成本，还可以共享彼此的网络，提高客户服务能力，从而增强企业的竞争力。第三方物流企业为客户提供的不仅是一次性的运输或配送服务，而且是一种具有长期契约性质的综合物流服务，最终职能是保证客户物流体系的高效运作和不断优化的供应链管理。从本质上说，物流联盟就是通过“双赢”使整体的系统产生更高的效率。

（四）利益一体化是第三方物流企业的利润基础

第三方物流企业的利润来源与客户的利益是一致的，并不矛盾。第三方物流企业的利润来源不是运费、仓储费用等直接收入，而是与客户一起在物流领域创造的新价值。从本质上讲，第三方物流企业的利润来源于现代物流管理科学推广所产生的新价值，也就是我们经常提到的“第三利润源泉”。以美国为例，1980 年全美企业存货成本总和占 GNP 的 29%，随着物流管理中零库存控制的实施，到 1992 年这一比例下降到 19%。可以说这种库存成本的节约就是物流科学创造的新价值。这种新价值由第三方物流企业与客户共同分享，即利益一体化，也就是我们强调的“双赢”。第三方物流企业为客户节约的物流成本越多，其利润率就越高。虽然我国现有的物流企业还没有摆脱传统以运费、仓储费用为计量的结算方式，但是许多新型第三方物流企业已明确提出了“以降低客户经营成本为根本经营目标”，这代表了我国物流业的发展方向，也是物流企业实现与客户利益一体化战略合作的经济基础。

三、第三方物流的作用

（一）提高服务水平

第三方物流不只是单一地完成实际的物流业务，还包括设计客户所需的物流整体系统（即设计如何捆包，在哪个仓库保管，采用哪个运输部门，途经哪条运输线路，在哪个恰当时机发送货物等客户货物流动全过程的最佳方案，采用哪种人员体制等）。第三方物流系统还可以提供其他形式的物流服务功能，如顾客订单处理等。可见，第三方物流可以更好地满足消费者需求，减小缺货概率，与营销有效配合，提供更加专业化的物流服务。

（二）提高效率，降低成本

第三方物流系统提供一种集成运输模式，它使供应链的小批量库存补给变得更为经济。在某些情况下，小批量的货物运输（非满载运输）是不经济的，但是多品种、小批量生产的供应链环境必须小批量采购、小批量运输，这就提高了货物的供应频率，运输频率的增加就要增加运输费用，显然不经济。第三方物流系统是一种为大多数企业提高运输服务的实体，它为多条供应链提供运输服务。例如，当多家供应商彼此位置相邻时，就可以采用混装运输的办法，把各家供应商的货物依次装在同一辆货车上，实现小批量交货的经济性，这就是第三方物流系统提供联合运输（集成运输模式）的好处。实践表明，通过发展第三方物流降低物流成本的空间很大，经济效益明显。可见，第三方物流不仅可以提供更专业的服务，还可以实现规模经济所带来的低成本和高效率。

（三）集中精力，专注主业

由于任何企业的资源都是有限的，每个企业都很难成为业务上面面俱到的全能者。因此，企业应把自己的主要资源集中于自己精通的主要业务上，而把物流等辅助功能外包给专业的第三方物流供应商。引入第三方物流服务，有利于企业专心搞主业，将有限的资源集中投入到核心业务中，提高自身的核心竞争力。

（四）提高经济效益，促进社会经济可持续发展

通过第三方物流可以大大提高运输效率、减少车流量，从而减少运输能源消耗、减轻环境污染，促进社会经济可持续发展。例如，物流发达的德国通过第三方物流，运输效率提高 80%，车流量减少 60%，物流成本可以下降为商品总成本的 10%。由此可以看出，发展第三方物流，社会经济效益非常显著。

四、企业如何选择第三方物流服务商

我国每年物流费用支出约为当年 GDP 的 20%，约 2 000 亿美元。如果通过物流管理的科学化把物流费用降低到世界平均 12%的水平，则可以增加约 800 亿美元的社会财富。换句话说，通过物流服务供需双方的共同努力，将产生约 6 600 亿元人民币的物流运作效益，“第三方利润源泉”就身在其中。用第三方物流来提升企业的经营竞争力是一个不容忽视的话题。

（一）确定本企业物流目标并测定用户对物流服务的需求

确立物流服务目标并使大家有明确的认识，这是选择物流公司的前提条件，也是以后衡量物流绩效的一个标准。目标确定以后，就不难预计需要克服的困难和选择最合适的物流公司。

在确定本企业利用物流服务方面的目标以后，还要了解和测定用户（本企业产品的买主）在使用物流服务方面的要求，以保证选择的物流公司能够扬长避短，更好地提供物流服务。

（二）科学地进行物流成本审计

企业在外包物流业务之前，很重要的一点是要先明确本企业的物流总成本，只有进行了详细的物流总成本审计后，在外包物流业务时才能够知道物流业务外包是否能给自己带

来利益，是否能够在财务报表上体现收益。一般的企业对自己的物流成本都不是很清楚，通常认为仓储费用和运输费用就是物流的成本，而忽略计算人力资源成本、通信成本、库存风险成本、库存服务成本、库存跌价损失、库存的资金占用成本、缺货损失等，而以上这些费用支出，尤其是存货持有成本对于企业的财务绩效起着举足轻重的作用。企业的物流管理目标应是将物流总成本最小化，而绝不是只对部分物流成本进行优化。

（三）选择第三方物流提供商

1. 制定选择标准

根据本企业的目标和相关用户的要求，制定出选择物流公司的标准。这个标准，一方面可作为评选物流公司的依据，另一方面也是今后对选中的物流公司提出要求的依据，必须要认真对待。

2. 提出备选的物流公司名单

第三方物流提供商可分为资产型物流企业和非资产型物流企业两大类，两种类型的企业在整合资源和提供服务的方式上有所不同，因此根据选择标准，在物流界需慎重物色备选对象。这些备选对象要求既符合本企业的业务方向，又能适应本企业的地区范围。为了找到最佳合作伙伴，可以征求本企业供应商和客户的意见，也可以向专业机构咨询，甚至还可以在国际互联网上广为物色。

3. 征询备选对象意愿

向备选对象发函，询问是否愿意投标。函中既要介绍企业概况、招标项目的工作性质与地区范围，又要求对方提供自己的基本情况及业务范围。

4. 发出征询方案

向初审合格的备选物流公司发出征询方案，提出关于运输、仓储及增值服务方面的要求，请对方在征询报价单上填写机构名称、服务能力情况、原有的用户单位及其报价。

5. 进行实地考察

在仔细审阅回复的征询方案和报价单之后，组织力量有重点地考察四五家最有中标可能的物流公司，深入了解它们的物流设施、业务程序、公司领导层及一般人员情况。为了便于对照比较，应由同一批人员集体进行考察并填写标准化的调查表格。

6. 复审备选对象的资质

本企业跨部门的物流组织根据调查报告、征询报价单及其他的有关资料，逐个评审投标公司的财务状况、管理理念与战略合适度。

7. 通过比较分析选定合作伙伴

采用层次分析方法将投标竞争者的各项条件与本企业原定的选择标准进行比较，将各备选物流公司的各项目的权重得分输入计算机并进行对照以便于领导层做出最后抉择。

（四）加强管理保持竞争优势

在与所选的第三方物流服务提供者合作后，需加强与其合作关系的管理，使双方合作关系朝健康方向发展，使物流服务作为企业竞争优势得以保持。根据欧洲第三方物流合作的成功经验，双方责任分工明确。企业在程序和系统的设计方面发挥领导作用，而物流服务提供者则在执行这些活动时发挥领导作用。物流服务提供者提供客户定制服务，并在很大程度上致力于满足关键顾客的特别需求，双方在合作中要加强交流，共同促进合作关系的发展。

企业物流活动外包给第三方物流提供者后，并不意味着企业对外包的物流活动可以不闻不问，相反必须定期或不定期地对第三方物流提供者进行绩效评估，确保外包物流的质量。物流绩效指标主要有：及时运输、存货清单正确率、顾客满意度、运输差错等。可由外包决策团组成评估小组或聘请独立的外部人员对第三方物流提供者的绩效进行监控，发现问题及时进行改正，并可根据合同中的激励和惩罚条款进行适当的处理。

案例

第三方物流的赚钱之道

据调查，中国未来物流市场的产值将在 4 万亿元以上，增长率应该是 5%，第三方物流市场潜力十分巨大，潜藏着巨大的利润空间。从市场大背景来看，第三方物流公司一定是有钱可赚的。

那么，如何赚钱？正所谓“生财有道”，第三方物流公司的赚钱和发展之道可归纳为如下几点：

第一，诚信为本。

第三方物流公司的诚信问题是近几年才真正得到关注的。可以看到，发展迅速的第三方物流公司都是比较讲诚信的，都是口碑较好的物流企业。随着买方市场在物流行业中迅速形成，物流行业竞争日趋白热化，信誉度很差的第三方物流公司自然很难赚钱，而有诚信的物流公司赚钱机会将大增。

第二，服务至上。

在无数次栽跟头之后，第三方物流企业不得不在服务方面下工夫。说到底，物流企业的核心是服务，物流企业的产品也是服务，物流企业的竞争已集中在半透明状态的服务上，拼到底还是拼服务。服务做好了，钱自然就赚到了。

第三，遵守法规。

许多第三方物流公司打法规的“擦边球”，比如超载超限运输，这是一些第三方物流公司赚钱的一个很重要的方式。短期内能赚到一些钱，但长期看却是巨大的损失。如超载运输引发的业界恶性竞争，最后使大家谁也赚不到钱。遵守法规，不只对国家、社会有益，也对物流公司有着长远好处。“合法赚钱”才是长久之计。

第四，体制灵活。

迅速在国内发展壮大的第三方物流公司，大多是有灵活体制和科学管理方法的民营物流企业。它们大量引进高学历管理人才，大胆起用新人，如远成、宝供、华宇、大田等。

物流的发展可以说是日新月异，革新迅速，并已完全市场化。第三方物流公司要采用灵活的体制，随着市场和客户的变化而变化，把握瞬息万变的赚钱机会，随时做出正确的抉择。

第五，保证 15%的毛利润。

物流是一种服务，服务是有价的，为竞争而过于降低价格只会出现“豆腐渣工程”。

调查显示，第三方物流公司赢利较高的只有7%，微利的有60%，基本盈亏平衡的有15%，亏损的有18%。

第三方物流企业追求的毛利润不能低于15%，这是近两年来所有第三方物流公司的共识，否则就会亏损。6%的税率和6%的管理费率（管理规范的企业在5%左右），加上其他费用，第三方物流公司的成本在13%左右。因此，毛利润低于13%的第三方物流公司就无钱可赚了。

第六，应用信息系统。

有专家说，“物流的灵魂在于系统”。物流区别于传统的运输行业，其本质就在于物流有先进的信息系统，物流的快速发展也得益于电子商务的快速兴起、IT技术的高速发展、高科技的应用。

物流发展到今天，也许除车辆还需要人驾驶外，其他大部分都可以由系统来完成并进行机械化、全自动或半自动作业。第三方物流公司要想赚钱，就必须应用先进的信息系统武装自身，不使自己落后于时代。

第七，第三方物流公司要站在货主企业的同等高度，与企业建立供应链战略合作伙伴关系，共同发展，达到双赢，这是第三方物流企业的成长之本、赚钱和发展之道。

课堂讨论：

1. 结合本案例说明第三方物流对企业经营的重要意义。
2. 在本案例的基础上结合中国的实际，分析说明第三方物流的发展方向及前景。

任务二　第四方物流

引导案例

埃森哲咨询公司（原安达信公司）不仅提出了第四方物流的概念，而且成功进行了第四方物流的实践动作。埃森哲公司和欧洲的菲亚特公司的农机子公司纽荷兰（New Holland）成立了一家合资企业New Hollandlogistics S. P. A.，专门对包括采购、配送、运输及客户服务在内的物流业务进行综合规划管理。New Holland拥有该公司80%的股份，埃森哲占20%的股份。New Holland为合资企业投入了6个国家的仓库、775个雇员、资本投资和运作管理能力，埃森哲公司负责其中的物流管理、信息技术、流程再造与管理人才的输送和培训。在公司成立的前7年中，不但达到了90%甚至更高的合同完成率，而且7年累计节约总成本达6 700万美元。其中，60%左右的节约来自运作成本的降低，20%来自库存管理水平的提高，还有20%来自运输成本的降低。

思考：

1. 分析埃森哲咨询公司实践第四方物流的运作模式。

2. 什么是第四方物流企业？有何特征？
3. 第四方物流有哪些基本功能？比较第三方物流与第四方物流的异同点。
4. 第四方物流的运作模式有哪些？

相关知识

一、第四方物流的产生

在竞争越来越激烈的市场经济环境中，市场和行业的分工日趋细化，物流管理和服务的需求也在不断延伸，所有这一切都迫使企业在物流环节上做巨大的投入。然而，同样的投入，对于不少企业来说，放在其最擅长的核心业务上，如新产品开发、生产工艺改良等，获得的回报更大。正因为如此，企业开始将目光投向流通领域，积极寻求外部物流服务，从而产生了需求越来越强劲的第三方物流市场。然而，随着供应链管理这种全新的理念在企业界实践的不断深入，人们开始意识到，单纯把物流环节外包给第三方物流公司已经无法满足降低供应链整体运作成本的需求，毕竟现代的企业竞争是供应链的竞争，而成本历来就是竞争中最重要的因素。可见，一种能够调配和管理组织自身，并以具有互补性服务提供商的资源、能力与技术，提供全面供应链解决方案的物流企业——第四方物流供应商也就应运而生。

第四方物流是一个能调配和管理组织自身，并以具有互补性服务提供商的资源、能力与技术来提供全面的供应链解决方案的供应链集成商。第三方物流主要是侧重于企业内部的资源整合，不能把物流资源在一个宏观的范围内进行有效的利用和整合。第四方物流发展满足整个社会物流系统的要求，最大化地整合了社会资源，减少了商品流通时间，节约了资源，提高了物流效率，同时也减少了环境污染。第四方物流最大的优越性在于它能保证产品更快、更好地送到需求者手中。

二、第四方物流的定义

目前，国内外对第四方物流（Fourth Party Logistics，4PL）的表述方式多种多样，没有一个非常明确和统一的定义，有的定义是“集成商利用分包商来控制与管理客户公司的点到点供应链运用”；还有的把第四方物流定义成“一个集中管理自身资源、能力和技术并提供互补服务的供应链综合解决方法的供应者”；美国著名的互助基金公司——摩根斯坦利公司认为，第四方物流就是将“供应链中附加值较低的服务通过合同外包出去后，剩余的物流服务部分”，同时在第四方物流中引入“物流业务的管理咨询服务”。现在学术界比较认同的是埃森哲公司的约翰·加托纳（John Gattorna）所给的定义：“第四方物流提供商是一个供应链的集成商，它对公司内部和具有互补性的服务商所拥有的不同资源、能力和技术进行整合和管理，并提供一整套供应链解决方案。”

第四方物流的主要作用是对制造企业或分销企业的供应链进行监控，在客户、物流和信息供应商之间充当唯一的“联系人”。第四方物流的关键在于为顾客提供最佳的增值服务，即迅速、高效、低成本和个性化的服务。发展第四方物流需要平衡第三方物流的能力、技术和贸易流畅管理等，同时也要扩大本身营运的自主性。

三、第四方物流的特征

（一）提供了一整套完善的供应链解决方案

第四方物流集成了管理咨询和第三方物流的能力，提供了一个综合性供应链的解决方案，以有效地适应客户多样化和复杂的需求，集中所有的资源为客户解决问题。这样不仅能够降低实时操作的成本和改变传统外包中的资产转换，还通过优秀的第三方物流、技术专家和管理顾问之间的联盟，为客户提供最佳的供应链解决方案，而这种方案仅通过上述联盟中的其中一方是难以解决的。

（二）通过对整个供应链产生影响的能力来增加价值

第四方物流能够为整条供应链的客户带来利益。第四方物流充分利用了一批服务提供商的能力，使整个物流系统的流程更合理、效率更高，从而将产生的利益在供应链的各个环节之间进行平衡，使每个环节的企业客户都可以受益。第四方物流服务供应商不仅能够提供一个全方位的供应链解决方案并关注供应链管理的各个方面，而且能提供持续更新和优化的技术方案，同时又能满足客户的独特需求。

（三）拥有规模经济效益

由于拥有强大的购买力和货物配载能力，第四方物流企业可以从运输公司或者其他物流服务商那里得到比它的客户更为低廉的运输报价，可以从运输商那里大批量购买运输能力，然后集中配载众多客户的货物，大幅度地降低单位运输成本。

四、第四方物流的基本功能

（一）供应链管理

为了提高供应链整体绩效，第四方物流拟定一套供应链总体解决方案，开发先进的集成和同步化技术，优化网络结构和业务流程，并负责对解决方案的实施过程进行监控与评价。

（二）资源集成

第四方物流最大化集成一批服务提供商的资源、技术和能力，包括第三方物流、信息技术供应商、合同物流供应商、呼叫中心等。委托企业为客户提供全程的物流与其他供应链业务服务，从而实现社会资源的优化配置和利用。

（三）供应链再造

第四方物流可以帮助客户对供应链进行设计和重组，使客户具有超前的洞察能力。根据客户在供应链战略上的要求，对供应链结构和流程进行重组，及时改变或调整战略战术，使其持续高效地运作。

五、第四方物流的运作模式

（一）协同运作模式

协同运作模式是第四方物流和第三方物流共同开发市场的一种方式。如图 4－1 所示，第四方物流与第三方物流进行内部合作，它们之间的合作可以采用绑定的合同方式或形成战略联盟方式。由第四方物流向第三方物流提供其缺少的技术和战略技能，然后对物流系统的解决方案进行规划和整合，再由第三方去执行和完成操作。例如，我国第一家网络物流服务商亚洲物流（天津）公司，创造性地以网上信息联网和网下业务联网的结合为核心，通过遍布全国 87 个城市的分公司和加盟用户的联盟运作，提供客户所需的整套物流服务，成效显著，成为首家成功运用协同运作模式的第四方物流公司。

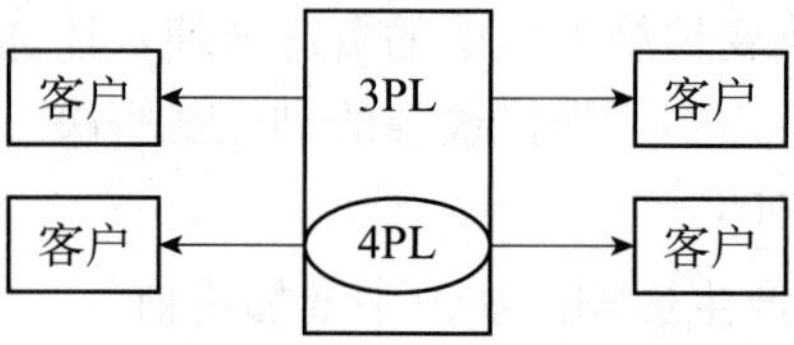

图 4-1 协同运作模式

（二）方案集成模式

在方案集成模式中，第四方物流企业为客户提供运作和管理整个供应链的解决方案。如图 4-2 所示，第四方物流企业对本身和第三方物流企业的资源、能力和技术进行综合管理，借助第三方物流企业为客户提供全面的、集成的供应链方案。第三方物流企业通过第四方物流企业的方案为客户提供服务，第四方物流企业作为一个枢纽，可以集成多个物流服务供应商的能力和客户的能力。

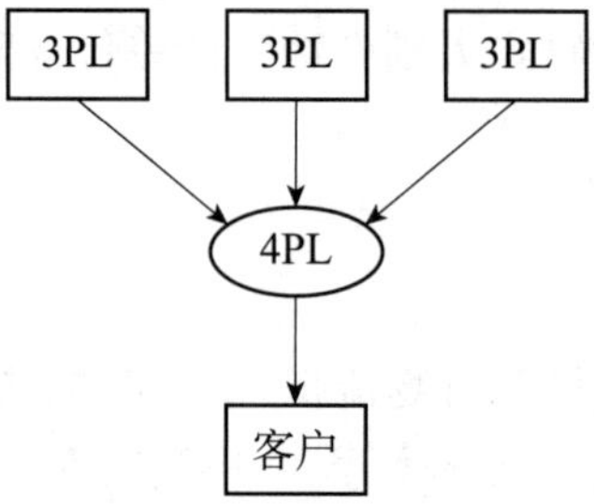

图 4-2 方案集成模式

（三）行业创新模式

在行业创新模式中，第四方物流企业为多个行业的客户开发并提供供应链的解决方案，以整合整个供应链的职能为重点，第四方物流企业将第三方物流企业加以集成，向下游的客户提供解决方案。如图 4-3 所示，第四方物流是上游第三方物流企业的集群和下游客户集群的纽带，通过优越的运作策略、技术和供应链运作实施提高了整个行业的效率。

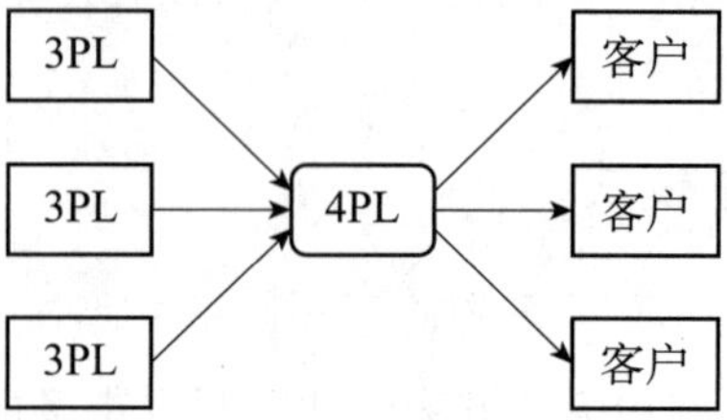

图 4-3 行业创新模式

六、第四方物流与第三方物流的比较

第四方物流是在第三方物流不能满足客户需求的情况下诞生的，它是物流运作管理模式的新发展，与第三方物流存在很大的不同。从表 4－1 中可以看出第三方物流由于受专业化的限制只能局限于某些物流功能的运作，不能满足现代供应链企业的多样化、个性化、全球化的高要求。而第四方物流由于集成了具有互补性的资源、技能与知识，能够从供应链的角度为企业做出战略诊断，可以不受约束地寻找每个领域的“行业最佳”提供商，把这些不同的物流服务整合，设计出综合化的物流方案，可见它的发展优势明显，发展前景远大。当然第四方物流只是在整体的规划方面具有优势，在具体的物流运作方面仍需要大量专业化的第三方物流企业。具体区别表现如下：

（1）第四方物流面向整个供应链物流过程提供解决方案和实施办法，而第三方物流面向物流过程中的某些具体操作环节。

（2）第四方物流可以视为企业自身物流部门的组成部分甚至于全部，而第三方物流则只是企业外部的物流平台资源。

（3）第四方物流看中企业整体物流的现在，但更注意企业物流的将来发展，而第三方物流只关注企业目前的操作。

（4）第四方物流属于“知识密集型”企业，而第三方物流属于“资金密集型”企业。

表 4－1　　第四方物流与第三方物流的比较

项　目	第四方物流	第三方物流
服务目的	降低整个供应链的物流运作成本，提高物流服务的能力	降低单个企业的外部物流运作成本
服务范围	提供基于供应链的物流规划方案，负责实施与监控	主要是单个企业的采购物流或者销售物流的全部或部分物流功能
服务内容	企业的战略分析、业务流程重组、物流战略规划、衔接上下游企业的综合化物流方案，包含物流信息系统模块的企业信息系统	单个企业的采购或销售物流系统的设计、运作，如物流信息系统、运输管理、仓储管理及增值服务
与客户的合作关系	长期的战略合作关系，一般有长期的合作协议，这也是第四方物流成功的关键之一	合同关系、契约关系，一般在一年以上，长的达 3～5 年
运作特点	多功能的集成化，物流单一功能运作专业化低	单一功能的专业化高，多功能集成化低
物流方案设计角度	企业供应链	单个企业
服务对象	大中型企业	大中小企业
服务支撑	涉及管理咨询技能、企业信息系统搭建技能、物流业务运作技能、企业变革管理能力	第三方物流运作技能，主要是运输、仓储、配送、加工、信息传递等增值服务功能

案例

第四方物流在国内的实践

第四方物流前景诱人，门槛非常高。要想进入第四方物流领域，企业必须在某一个或几个方面具备很强的核心能力，并且有能力通过战略合作伙伴关系很容易地进入其他领域。国内已经有这方面的实践案例。2005 年 11 月 1 日，威尚集团旗下的安得物流公司宣告其定位为物流高端的第四方物流公司——广州安得供应链技术有限公司正式成立，这是国内具有实际业务与运作实力的第三方物流公司孵化的第一家第四方物流公司。紧接着，2005 年 11 月 28 日，安得物流公司与广州著名家电销售商东泽电器签署战略合作协议，双方在第三方物流基础上共同打造“第四方物流”，为东泽电器提供从供应商到经销商、从经销商到单一客户的一整套涉及货物运输、仓储、货物跟踪等全流程的解决方案，从而开始了第四方物流公司正式的业务运作。在此之前，安得物流公司因为有美的集团在资金和货源方面给予保证，得以在我国众多第三方物流公司中脱颖而出。广州安得供应链技术公司背靠安得物流公司，这是它成为我国第一家第四方物流公司的有利条件。

安得物流现在的年营业额已经超过 3 亿元，超过一半的收入来源于美的集团以外的 30 多个客户。安得供应链技术公司前期可以利用安得物流现有的客户资源，尽管它是独立核算的，但它可以免费或以较低的价格为安得物流的客户提供第四方物流服务，积累经验，一旦有几个成功的案例，以相对于跨国咨询公司的价格优势和本土优势，很可能领先其他对手。安得物流也可以凭借安得供应链技术公司为客户提供的免费或低价的第四方物流服务吸引更多的客户，增强自己作为第三方物流供应商的竞争力。

另据《大众日报》2005 年 12 月 12 日报道，海尔集团物流有限公司与寰宇空港物流签订北京首都机场的物流合作项目协议，也标志着海尔物流已进入第四方物流领域。创造现代经营神话的海尔集团从 1984 年 12 月到现在，经历了三个发展战略阶段：第一阶段是品牌战略，第二阶段是多元化战略，第三阶段是国际化战略。在第三阶段，其战略创新的核心是从海尔的国际化到国际化的海尔，建立全球供应链网络由海尔的现代物流体系支撑。海尔集团认为，21 世纪的竞争将不再是单个企业之间的竞争，而是供应链与供应链之间的竞争。企业所在的供应链总成本低，对市场响应速度快，就能赢得市场。一只手抓住用户的需求，一只手抓住可以满足用户需求的全球供应链，这就是海尔物流创造的核心竞争力。正是基于这一经营理念，海尔才会顺理成章地走在了现代物流发展的最前沿——进入第四方物流领域。

课堂讨论：

1. 海尔是如何通过第四方物流在市场上取得竞争优势的？
2. 在本案例的基础上结合中国的实际，分析第四方物流的发展前景。
3. 结合本案例说明第四方物流对企业经营的重要意义。

任务三 电子物流

引导案例

随着互联网技术的不断进步，电子商务已经成为人们生活中必不可少的东西，也将成为未来商业的主导模式。众所周知，一个完整的电子商务活动必然涉及信息流、商流、资金流和物流。其中，物流是基础，信息流是桥梁，资金流是目的，商流是载体。长期以来，电子商务的最大障碍就是物流与信息流、商流、资金流严重脱节。电子商务靠网络订货，靠物流体系送货，而将商品及时地配送到用户手中，完成商品的空间转移（物流），才标志着电子商务过程的结束。因此，物流系统的效率高低、整合社会物流资源的能力是电子商务成功与否的关键。而把物流业务委托给电子物流企业来做，是电子商务企业的理想选择。

“双 11”电商大战的持续正是电子物流不断完善的体现。2017 年，电商大战又一次聚焦“双 11”。京东、易迅、天猫这些电商大佬，在“双 11”来临之际，争推免费配送业务，争夺市场份额。按照天猫的统计，2017 年“双 11”当日物流订单量达 8.12 亿。这些包裹连起来，能绕地球 1 200 圈，足以装满 80 000 多架波音 747 客机。网购大盘如此的红火，与电子物流的成功实施是相辅相成的。

思考：

1. 什么是电子物流？有何特征？
2. 电子物流服务的构成因素有哪些？

相关知识

一、电子物流的含义

所谓电子物流（E-Logistic），是指利用电子化的手段，尤其是利用互联网技术来完成物流全过程的协调、控制和管理，实现从网络前端到最终客户端的所有中间过程服务，其显著特点是各种软件技术与物流服务的融合应用。

电子物流是物流服务商务活动的电子化、网络化和自动化，是信息流、资金流和物流服务三者的统一，如图 4 - 4 所示。它包含了物流的运输、仓储、配送等各项业务流程中的组织方式、交易方式、服务方式的电子化。通过对物流业务实现电子化，可以改革现行物流体系的组织结构，通过规范、有序的电子化物流程序，使物流进入一个充分利用现有资源、降低物流成本、提高物流运行效率的良性轨道。

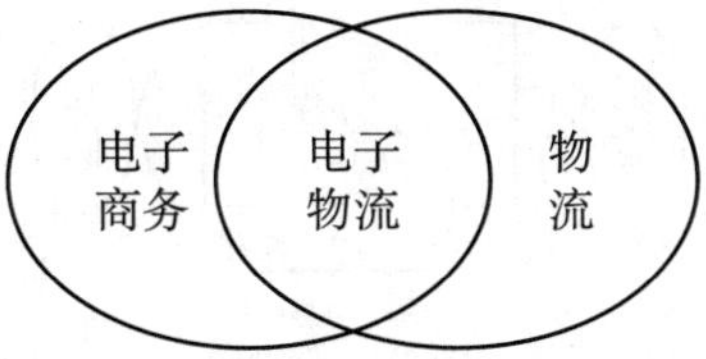

图 4 - 4 电子物流

二、电子物流的特征

电子物流的本质特征在于利用互联网技术来实现物流运营的信息化、自动化、网络化、柔性化和智能化，最终实现现代物流与电子商务的协同发展。主要特征表现在下述几个方面。

（一）电子物流信息系统是前端服务与后端服务的集成

电子物流前端服务包括：咨询服务（确认客户需求）、网站设计/管理、客户集成方案实施等。电子物流的后端服务包括六类主要业务：订单管理、仓储与分拨、运输与交付、退货管理、客户服务、数据管理与分析。例如，顾客通过互联网下订单后，需要物流系统能够迅速查询库存清单、查看货存状况，而这些信息又需要反馈给顾客。在整个过程中，订单管理系统需要与仓储系统、库存管理系统密切协同工作。可见，电子物流信息系统是前端服务与后端服务的集成。

（二）电子物流实现物流运营的信息化、自动化、网络化和智能化

物流信息化是一切的基础，没有物流的信息化，任何先进的技术设备都不可能应用于物流领域；物流自动化的基础是信息化，核心是机电一体化，外在表现是无人化，效果是省力化，另外还可以扩大物流作业能力，提高劳动生产率，减少物流作业的差错等；物流网络化是物流配送系统的计算机通信网络，包括物流配送中心与供应商或制造商的联系，以及与下游顾客之间的联系；物流智能化是物流自动化、信息化的一种高层次应用，物流作业过程大量的运筹和决策都需要借助于大量的知识才能解决。在物流自动化的进程中，物流智能化是不可回避的技术难题。

（三）电子物流创造了新的利润源泉

物流的运输和配送环节为企业的产品实现空间和时间价值，这部分价值是产品或物质资料为消费者创造实用功能的前提，表现为成本支出。在物流管理的作用下，物流成本的节约成为在竞争格局基本确定的前提下，企业从销售价值提高之外寻求利润的新源泉。物流在库存管理和产品周转方面，创造了新的利润。

三、电子物流服务的构成因素

电子物流服务可分为四大组成部分：订单管理、仓储、运输、客户服务。各个部分均以组织结构、运营方式和专业技术为依托。如图 4-5 所示为电子物流服务的构成因素。

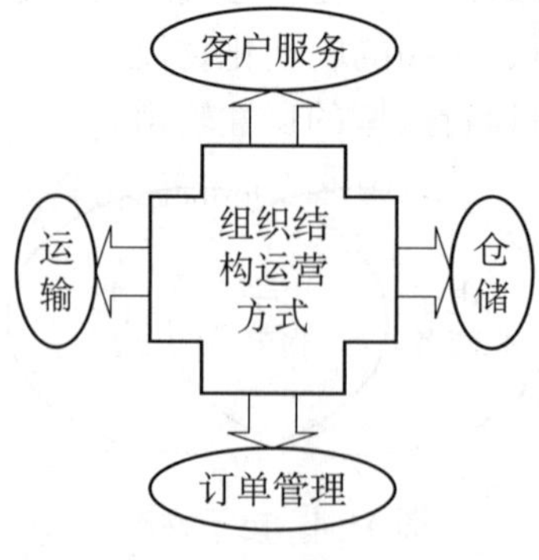

图 4-5 电子物流服务的构成因素

（一）订单管理

此项业务包括接收订单、整理数据、订单确认、交易处理等。在电子物流的订单管理业务活动中，需要通过复杂的软件应用来处理复杂的业务环节，为了获得较高的效率，订单管理业务需要做以下工作。

1. 确认订单来源

当电子物流服务提供商接收到一份订单时，电子物流系统会自动识别该订单的来源以及下订单的方式，统计顾客是通过何种方式（电话、传真、电子邮件等）完成的订单。当一切工作结束后，系统还会自动根据库存清单检索订单上的货物当前是否有存货。

2. 支付处理

在顾客提交订单后，还需要输入有关的支付信息，电子物流系统会自动处理信用卡业务及赊欠账务。如果客户填写的支付信息有误，系统将及时通知顾客进行更改，或者选择其他合适的支付方式。

3. 订单确认与处理

当顾客的支付信息被处理之后，电子物流系统会为顾客发送订单确认信息。在一切工作就绪之后，电子物流系统会对客户的订单进行格式化，并发送到离客户最近的仓储中心。

（二）仓储

虚拟存货管理系统的出现可以帮助客户通过网络资源有效地管理存货流量，使存货数量保持在理想水平。如果存货水平低于某一特定值，虚拟管理系统就会立即向客户发出存货不足的通知。此外，客户还可以利用这一系统对货物进行监控，及时、准确地获取仓库温度、湿度等信息。电子物流的其他功能，如电子施封、自动质量检测系统等，都有助于提高仓储管理的整体效率。

（三）运输

运输是物流体系的重要组成部分。电子物流系统需要通过网上数据录入系统（Online Documentation System）实现对运输的管理。通过将传统的海运提单、空运提单、运输发票、海关清单中的信息数字化，网上数据录入系统可以确保运输订单及时准确地从客户端传递到操作中心。在运输过程中，客户可以通过网络全程跟踪货物的运输情况，进而确保货物能够及时、准确地运送到指定地点。

（四）客户服务

客户关系管理服务包括售前和售后服务，同时还包括对顾客的电话、传真、电子邮件的回复等，处理的内容包括存货信息、货物到达时间、退货信息及顾客意见。客户关系管理不是一个孤立的业务步骤，这项工作与订单管理、仓储分拨、运输、退货管理等环节有密切联系，需要相互支持。目前许多电子物流服务提供商通过内部或者外部的呼叫中心向顾客提供客户关系管理服务。

对于顾客提交的订单，电子物流系统有能力对相关数据进行分析，产生一些深度分析报告。这些经过分析的信息可以帮助制造商和经销商及时了解市场信息，以便随时调整当前市场的推广策略。这项服务同时也是电子物流服务提供商向客户提供的一项增值服务。

案例

美国联邦快递

美国联邦快递通过物流信息技术，获得竞争优势。它建立网站，用户不用离开站点就可以下单订购、发现最近的购买地点、打印包裹单、调整发票并了解供货情况；货物寄出时，订购人还可以要求联邦快递公司向他们发出电子函件加以确认。在公司内部建有专用网络联邦快递 COSMOS，每天可以处理 5 400 万宗交易；通过网上提供的信息，COSMOS 可以自动进行数据分析并安排调度，自动安排货物的分拣、配装以及运输机械的选择和线路安排，而工作人员可以以系统记录为依据追踪货品装运，直到运抵用户的全过程。由它首创的无线监控网络，使运送途中的文件和包裹纳入了全球监控范围，大大提高了货物的安全性、准确性和灵活性。它还对无线通信网络进行了更新，实现信息共享，为合作伙伴提供的系统环境和服务器可让每一个合作伙伴享受到随时跟踪货物的运行状态、地点等情况，实现异地数据采集、经营报表的打印。美国联邦快递使用了速递资料收集器(DIAD)，这是目前较先进的高科技速递工具，送货司机只要用它扫描包裹上的条形码，便完成递送记录，从而取代了传统的纸上递送记录，让收货人的签名数字化，可同时收集和传输实时包裹传递信息，也可让用户及时了解包裹的传送现状。这对用户来说，不仅意味着所寄送的物品能很快发送，还可随时跟踪到包裹的行踪。通过信息技术，美国联邦快递公司真正实现了点到点、户对户的物流服务模式，为用户提供全方位、一体化的物流服务。

课堂讨论：

美国联邦快递电子物流的发展对我国物流发展的启示是什么？

任务四 绿色物流

引导案例

在 2013（第五届）中国勒芒轻卡耐力赛启动仪式上，举行了中国绿色物流战略发展联盟签约仪式，福田奥铃携手中铁快运、中物华商国际物流、北京首发物流和今麦郎共同加入了该联盟。福田奥铃的这次跨界“联手”，将中国绿色物流战略发展联盟推入了全新的发展阶段。出席签约仪式的中国物流学会常务副会长戴定一特别指出，福田奥铃以技术创新推动绿色物流的发展必然得到业界肯定。随着国家在交通运输行业推进绿色低碳交通运输体系建设力度的加大，国Ⅳ标准必是物流运输工具的基本要求。奥铃品牌率先达到国Ⅳ标准，开行业之先，对推动绿色物流的发展起到了良好的表率作用。中国绿色物流战略发展联盟签约活动，在物流领域也很具示范价值。行业人士也表示绿色物流将代表和引领整个物流产业的发展潮流和最终方向，要在物流过程中尽可能减少对环境的危害，就要实现物流资源的最充分利用。

思考：

1. 什么是绿色物流？
2. 企业如何实施绿色物流？

相关知识

一、绿色物流的概念及内涵

（一）绿色物流的概念

绿色物流（Environmental Logistics）是指在物流过程中抑制物流对环境造成危害的同时，实现对物流环境的净化，使物流资源得到最充分的利用。它包括物流作业环节和物流管理全过程的绿色化。从物流作业环节来看，包括绿色运输、绿色包装、绿色流通加工等。从物流管理过程来看，主要是从环境保护和节约资源的目标出发，改进物流体系，既要考虑正向物流环节的绿色化，又要考虑供应链上的逆向物流体系的绿色化。绿色物流的最终目标是可持续发展，实现该目标的准则是经济利益、社会利益和环境利益的统一。

（二）绿色物流的内涵

1. 绿色物流的最终目标是可持续发展

绿色物流是对生态环境友好的物流，也可称为生态型的物流，其根本目的是减少资源消耗、降低废物排放，这一目的的实质就是经济利益、社会利益和环境利益的统一，这也正是可持续发展的目标。

2. 绿色物流是循环型物流

绿色物流既重视正向物流，又重视逆向物流。正向物流指从资源开采到消费需求；逆向物流则是一种包含产品退回、物料替代、产品再利用、废弃处理、再处理、维修与再制造等流程的物流活动，能够低成本、经济高效地实现回收和适当处理，通过资源循环利用、能源转化，来提高供应链整体绩效。

3. 绿色物流是共生型物流

绿色物流注重从环境保护与可持续发展的角度出发，求得环境与经济发展共存。绿色物流改变原来经济发展与物流之间的单向作用关系，抑制物流对环境造成的危害，形成促进经济和消费生活健康发展的现代物流系统。

4. 绿色物流是资源节约型物流

绿色物流不仅注重物流过程对环境的影响，而且强调对资源的节约。企业在经营过程中应关注物流环节产生的成本，利用市场信息，最大限度地减少资源浪费。

二、绿色物流的意义

（一）绿色物流有利于社会经济可持续发展

绿色物流建立在维护地球环境和可持续发展的基础之上，强调在物流活动的全过程采取与环境和谐相处的理念和措施，减少物流活动对环境的危害，避免资源浪费，有利于社会经济的可持续发展。环境污染问题非常严重并已引起政府和全社会的关注和重视，企业作为环境污染的主要制造者，必须在环保方面承担起社会责任。可持续发展战略的实施要求企业在生产经营活动中承担社会责任，将物流活动与自然环境、社会环境的发展协调起来，使物流活动有利于环境的良性循环。

（二）绿色物流是最大限度降低经营成本的必经之路

绿色物流企业通过对资源的集约利用，对运输仓储的科学规划、合理布局，可以大大压缩物流成本、降低物流的环境风险成本，拓展有限的“第三利润”空间。专家分析认为，产品从投产到售出，制造加工时间仅占 10%，几乎 90%的时间为储运、装卸、分装、二次加工、信息处理等物流过程。因此，物流专业化无疑为降低成本奠定了基础。但当前物流基本还是高投入大物流、低投入小物流的运作模式，而绿色物流强调的是低投入大物流的方式。显而易见，绿色物流不仅是一般物流的节约和成本降低，更重要的是绿色化和由此带来的节能、高效、少污染，它对生产经营成本的节省是无法估量的。

（三）绿色物流有利于企业获得新的竞争优势

日益严峻的环境问题和日趋严格的环保法规，使企业为了持续发展，必须积极解决经济活动中的环境问题，改变危及企业生存和发展的生产方式，建立并完善绿色物流体系，通过绿色物流来追求高于竞争对手的竞争优势。

（四）绿色物流有利于全面满足人们不断提高的物质文化需求

作为生产和消费的中介，物流是满足人们物质文化需求的基本环节。而绿色物流则是伴随着人们生活需求的进一步提高，尤其是绿色消费的提出应运而生的。即使拥有“绿色”的生产过程和优质的绿色产品，如果没有绿色物流的支撑，绿色的消费也难以进行。同时，不断提高的物质文化生活，意味着生活的电子化、网络化和连锁化，电子商务、网上购物、连锁经营无不依赖于绿色物流的发展。可以说，没有绿色物流，就没有人类安全和环保的生活空间。

三、企业绿色物流的管理措施

物流绿色化的实施归根到底要靠物流企业营运的绿色化实现，应从以下几个方面着手。

（一）采用绿色包装

1. 选用绿色包装材料

绿色包装要求在选用包装材料时必须将环保性能作为一个重要方面来研究。纸是目前应用最广泛的绿色包装材料。生物降解塑料被认为是最具有发展前景的绿色包装材料。

2. 选用易回收再生的材料

如果包装废弃物能够易于回收、再生，不仅可以减轻对环境的污染，而且还有利于材料的循环再使用，减少废弃垃圾的处理费用，具有明显的社会效益和经济效益。

3. 简化并适度包装

过度的包装形成了一种浪费，也造成不必要的污染。简化包装的新潮流，可大大减少包装废弃物，符合循环经济的减量化原则，我们应予以大力提倡。

（二）选择绿色运输

1. 开展共同配送

从货主的角度来说，通过共同配送可以提高物流效率。共同配送可以最大限度地提高人员、物资、资金、时间等资源的利用效率，取得最大化的经济效益。同时，可以去除多余的交错运输，并取得缓解交通、保护环境等社会效益。

2. 采取复合一贯制的运输方式

复合一贯制的运输方式以集装箱作为连接工具的通用媒介，起到促进复合直达运输的作用。为此，要求装载工具及包装尺寸都要做到标准化。由于全程采用集装箱等包装形式，可以减少包装支出，降低运输过程中的货损、货差。

3. 大力发展第三方物流

发展第三方物流，由专门从事物流业务的企业为供方或需方提供物流服务，可以从更高的角度广泛地考虑物流合理化问题，简化配送环节，进行合理运输，有利于在更广的范围内对物流资源进行合理利用和配置，可以避免自有物流带来的资金占用、运输效率低、配送环节烦琐、企业负担加重、城市污染加剧等问题。

（三）开展绿色流通加工

1. 专业集中加工

专业集中加工，以规模作业方式提高资源利用率。例如，“集中煅烧熟料，分散磨制水泥”可有效防止水泥的运输损失，减少包装费用，提高运输效率。

2. 集中处理消费品加工中产生的边角废料

集中处理消费品加工中产生的边角废料，以减少消费者分散加工所造成的废弃物污染。例如，流通部门对蔬菜集中加工，可减少居民分散丢放垃圾及相应的环境治理问题。

（四）实现绿色仓储

所谓绿色仓储，就是要求仓库布局合理，以减少运输里程、节约运输成本。如果仓库布局过于密集，会增加运输的次数，从而增加能源消耗，增加污染物排放；如果仓库布局过于松散，则会降低运输的效率，增加空载率。此外，还要根据物资的性能、特点，分门别类地采取不同的方法储存保管。各类储存设施的设计和建造必须达到无污染的要求，同时加强维护和保养，做好防潮、防腐、防水、防变、防漏、防尘等工作。

（五）降低废弃物物流

废弃物物流（Waste Material Logistics）指将经济活动中失去原有使用价值的物品，根据实际需要进行收集、分类、加工、包装、搬运、储存，并分送到专门处理场所而形成的物品实体流动。废弃物物流的作用是，无视对象物的价值或对象物没有再利用价值，仅从环境保护出发，将废弃物焚化或运到特定地点堆放、掩埋。为了降低废弃物物流，需要实现资源的再使用（回收处理后再使用）、再利用（处理后转化为新的原材料使用），建立一个包括生产、流通、消费的废弃物回收利用系统。

要达到上述目标，企业不能只考虑自身的物流效率化，而是需要从整个产—供—销供应链来组织物流，并且随着这种供应链管理的进一步发展还必须考虑废弃物的循环物流。

也就是说，管理型物流追求与交易对手共同实现效益化，供应链型物流追求从生产到消费流通全体的效益化。

案例

日本的绿色物流发展

日本自 1956 年从美国全面引进现代物流管理理念后，大力进行本国物流现代化建设，将物流运输业改革作为国民经济中最为重要的核心课题予以研究和发展。把物流行业作为本国经济发展生命线的日本，从一开始就重视物流绿色化。除了在传统的防止交通事故、抑制道路沿线噪声和振动等方面加大政府部门的监管和控制作用外，还特别出台了一些实施绿色物流的具体目标值，如货物的托盘使用率、货物在停留场所的滞留时间等，从而降低物流对环境造成的负荷。1989 年日本提出了 10 年内三项绿色物流推进目标，即含氮化合物排出标准降低 3～6 成，颗粒物排出降低 6 成以上，汽油中的硫成分降低 1/10。1992 年日本政府公布了《汽车二氧化氮限制法》，规定企业允许使用 5 种货车车型，同时在大都市特定区域内强制推行排污标准较低的货车允许行使的规章制度。1993 年除了部分货车外，要求企业必须承担更新旧车辆、使用新式符合环境标准的货车的义务。另外，为解决地球的温室效应、大气污染等各种社会问题，日本政府与物流业界在控制污染排放方面，积极实施在干线运输上推动模式转换（由汽运转向对环境负荷较小的铁路和海上运输）和干线共同运行系统的建构，在都市内的运送方面推动共同配送系统的建构以及节省能源行驶等。在 2001 年出台的《新综合物流实施大纲》中，其重点之一就是要减少大气污染排放，加强地球环境保护，对可利用的资源进行再生利用，实现资源、生态和社会经济良性循环，建立适应环保要求的新型物流体系。

课堂讨论：

日本绿色物流的发展对我国物流发展的启示是什么？

任务五 国际物流

引导案例

这两天，小王心情不错。离毕业还有半年时间，小王就与上海一家国际货运公司签约，毕业后到该公司从事国际货运工作。可小王心里也很不踏实，对于国际物流，自己接触的较少，需要尽快熟知国际物流方面的知识。

思考：

1. 什么是国际物流？

2. 国际物流系统的组成有哪些?

相关知识

一、国际物流的概念

国际物流（International Logistics，IL）指组织原材料，使在制品、半成品和制成品在国与国之间流动和转移，也就是发生在不同国家间的物流。它是相对于国内物流而言的。国际物流是国内物流的延伸和进一步扩展，是跨国界的、流通范围扩大的物的流通，有时也称其为国际大流通或大物流。

对国际物流的理解分为广义和狭义两个方面。广义的国际物流是指各种形式的物资在国与国之间的流入和流出，包括进出口商品、暂时进出口商品、转运物资、过境物资、捐赠物资、援助物资、加工装配所需物料部件以及退货等在国与国之间的流动。狭义的国际物流是指与另一国进出口贸易相关的物流活动，包括货物集运、分拨配送、货物包装、货物运输、申领许可文件、仓储、装卸、流通加工、报关、保险、单据等。

国际物流的总目标是为国际贸易和跨国经营服务，即选择最佳的方式与路径，以最低的费用和最小的风险，保质、保量、适时地将货物从某国的供方运到另一国的需方。作为国际货物价值链的基本环节，国际物流不仅是国际商务活动得以实现的保证，而且为国际贸易带来新的价值增值，成为全球化背景下的“第三利润源泉”。

二、国际物流的特点

与国内物流相比，国际物流具有下述四个特征。

（一）国际物流环境存在差异

不同国家物流适用不同的法律，使国际物流的复杂性远高于国内物流，不同国家经济和科技发展水平的差异会造成国际物流处于不同科技条件下，从而迫使国际物流整体系统水平的下降，不同国家的不同标准也造成国际接轨的困难，因而使国际物流系统难以建立。

（二）国际物流系统的范围广

物流本身的功能要素、系统与外界的沟通已经很复杂，国际物流在这复杂系统上又增加了不同国家的要素，不仅是地域和空间的扩展，而且所涉及的内外因素更多，所需的时间更长，带来的直接后果是难度和复杂性增加，风险增大。

（三）国际物流必须有国际化信息系统的支持

国际化信息系统是国际物流非常重要的支持手段。国际信息系统建立的难度是管理困难，投资巨大；而且，由于世界上某些地区物流信息水平差距较大，信息水平不均衡将使信息系统的建立更为困难。

（四）国际物流的标准化程度高

要使国际物流畅通起来，统一标准至关重要。目前，美国、欧洲基本实现了物流工具、设施标准的统一，既降低了物流费用，又降低了转运难度。

三、国际物流的发展

伴随着国际贸易和跨国经营的发展，国际物流的发展经历了以下三个阶段：

第一阶段：20 世纪 50 年代至 80 年代初。这一阶段物流设施和技术得到了极大的发展，建立了配送中心，广泛运用计算机进行管理，出现了立体无人仓库，一些国家建立了本国的物流标准化体系。物流系统的改善促进了国际贸易的发展，国际物流初露头角，但国际化趋势还没有得到人们的重视。

第二阶段：20 世纪 80 年代初至 90 年代初。这一阶段国际物流的突出特点是在物流量不断扩大的情况下出现了“精细物流”，物流的机械化、自动化水平有所提高。随着经济与技术的发展、国际经济往来的扩大，物流国际化趋势开始成为世界性的共同问题，同时伴随着新时代人们需求观念的变化，国际物流着力于解决“小批量、高频度、多品种”的物流，基本覆盖了大量货物、集装箱货物等所有物流对象。

第三阶段：20 世纪 90 年代初至今。这一阶段国际物流得到各国政府和外贸部门的普遍接受。一国的贸易伙伴遍布全球，必然要求物流国际化，即物流设施、物流技术、物流服务、货物运输、包装和流通加工的国际化。世界各国广泛开展国际物流方面理论和实践的研究探索，已经形成共识：只有广泛开展国际物流合作，才能促进世界经济繁荣，物流无国界。

四、国际物流系统

国际物流系统由商品的包装、储存、运输、检验、流通加工及其前后的整理、再包装和国际配送等子系统组成。运输和储存子系统是物流系统的主要组成部分。国际物流通过商品的储存和运输，实现了自身的时间和空间效益，满足了国际贸易活动和跨国公司经营的要求。

（一）运输子系统

国际货物运输是国际物流系统的核心，具有路线长、环节多、涉及面广、手续繁杂、风险性大、时间性强等特点。在电子商务时代，要提供最佳的服务，运输子系统必须要有良好的信息处理系统，使商品在几乎不停留的情况下快速流动、直达目的地。

（二）仓储子系统

商品储存、保管使商品在流通过程中处于一种或长或短的相对停滞状态，这种停滞是完全必要的，因为商品流通是由分散到集中，再由集中到分散的源源不断的流通过程。国际贸易和跨国经营中的商品从生产厂或供应部门被集中运送到装运港口，有时必须临时存放一段时间，再装运出口，是一个集中和分散的过程。它主要是在各国的保税区和保税仓库进行的，在国际物流仓储子系统中主要涉及各国保税制度和保税仓库建设等方面的问题。

从现货物流理念的角度看，应尽量减少储存时间、储存数量，加速货物和资金周转，实现国际物流的高效率运转。

（三）商品检验子系统

由于国际贸易和跨国经营具有投资大、风险高、周期长等特点，使得商品检验成为国际物流系统中重要的子系统。通过商品检验，确定交货品质、数量和包装条件是否符合合同规定。如发现问题，可分清责任，向有关方面索赔。在买卖合同中，一般都定有商品检验条款，主要内容有检验时间与地点、检验机构与检验证明、检验标准与检验方法等。如今，无纸化贸易已经在海关贸易许可管理、通关、商品检验等领域广泛运用，大大降低了成本，提高了效率。

（四）商品包装子系统

杜邦定律（美国杜邦化学公司提出）认为：63%的消费者根据商品的包装进行购买，国际市场和消费者通过商品来认识企业，而商品的商标和包装就是企业的面孔，它反映了一个国家的综合科技文化水平。为提高商品包装系统的功能和效率，包装物料、容器应具有品种多、规格齐全、批量小、变化快、交货时间短、质量要求高等特点，以便扩大外贸出口和创汇能力。

（五）装卸搬运子系统

国际物流运输和储存子系统离不开装卸搬运，装卸搬运子系统是国际物流系统的又一重要的子系统。装卸搬运是短距离的物品移动，是储存和运输子系统的桥梁和纽带。能否高效率地完成物品的装卸搬运作业是决定国际物流节点能否有效促进国际物流发展的关键因素。

（六）信息子系统

国际物流信息子系统的主要功能是采集、处理和传递国际物流和商流的信息情报。没有功能完善的信息系统，国际贸易和跨国经营将寸步难行。国际物流信息的主要内容包括进出口单证的作业过程、支付方式信息、客户资料信息、市场行情信息和供求信息等。

五、国际物流的发展方向

随着经济全球化和信息化进程的不断加快，跨国公司所导致的本土化生产、全球采购、消费趋势的加强，使得国际物流产业有了新的趋势，呈现出新的发展特点。

（一）物流运作全球化

21世纪是一个物流全球化的时代，物流规模和物流活动的范围将进一步扩大。要满足全球化的物流服务，物流企业必须向集约化、协同化方向发展，形成规模效益。

一是积极展开并购，争取更大的市场份额。美国和欧洲一些大型物流企业跨越国境，展开连横合纵式的并购，大力拓展国际物流市场。

二是整合物流能力，创造新的物流价值。跨国物流公司通过建立战略联盟，强化物流市场的增长因素，开展全球物流业务的优质服务。

三是建立物流园区，实现企业物流协同化发展。大型物流园区可发挥整体优势和规模优势，实现企业物流的专业化和互补化。日本、德国、荷兰等国都相继建设了大规模的物流园区。

（二）物流技术电子化

电子商务的迅速发展促使了电子物流的兴起。国外物流企业已经形成了以系统技术为核心，以信息技术、运输技术、配送技术、装卸搬运技术、自动化仓储技术、库存控制技术、包装技术等为支撑的现代化物流装备技术格局。

电子物流进一步发展的方向是：信息化——采用无线互联网技术、全球卫星定位系统（GPS)、地理信息系统（GIS)、射频标识技术（RF)、快速反应系统（QR）等；自动化——自动导引小车技术（AGV)、搬运机器人技术、自动分拣系统（ASS）等；智能化——电子数据交换（EDI)、电子识别和电子跟踪技术、智能运输系统（ITS)；集成化——集信息化、机械化、自动化、智能化于一体。

（三）物流服务社会化

跨国企业越来越重视通过外包物流环节来整合全球物流资源，降低供应链成本，增强企业核心竞争力。随着供需鸿沟的扩大，第三方物流向第四方物流转变也成为未来的趋势，第四方物流将进一步促进物流服务的外包。由于全球工业巨头们倾向于选择能同时提供第三方物流和第四方物流服务的独家物流商，这一趋势将导致第三方物流和第四方物流在业务范围上的整合。

（四）物流管理现代化

经济全球化浪潮推动跨国公司结构调整和价值链重新排列，同时对物流管理带来新的需求。从 2003 年开始，物流管理向高端发展，呈现了供应链整合管理的趋势，主要表现在精细物流、6 西格玛物流、闭环物流等概念的发展。

精细物流强调同步操作环境、循环时间压缩、全过程的可视性、精确时点绩效、过程的一致性和无缺陷；6 西格玛物流注重应用、结果和成功实施等要素，要求在满足客户主要的质量方面达到近乎完美的服务；闭环物流主要应用在售后服务，包括零部件更换（高科技产业)、废弃物的回收、召回有缺陷的产品、绿色产品的“保鲜”等。精细供应链是对精细物流的进一步发展，基本计划方法是设定企业目标、部门目标和操作目标，明确现有绩效与目标值的差别，制定达到预期目标的时间框架和要求。精细供应链与 6 西格玛结合又会创造新的概念。

2005 年初拥有 40 多年历史的美国物流管理协会正式更名为美国供应链管理专业协会，这标志着全球物流开始进入供应链时代。

（五）物流系统绿色化

物流虽然促进了经济的发展，但是物流的发展同时也会给城市环境带来不利的影响。例如，运输工具的噪声、污染排放、对交通的阻塞，生产和生活中废弃物的不当处理对环境所造成的影响。为此，21 世纪对物流提出了新的要求，产生了绿色物流的概念。

目前，绿色物流的发展包括两方面：一方面是对物流系统污染进行控制，即在物流系统和物流活动的规划与决策中尽量采用对环境污染小的方案；另一方面是建立工业和生活废料处理的物流系统。发达国家政府纷纷在污染发生源、交通量、交通流等三个方面拟定相关政策，形成倡导绿色物流的对策系统。

（六）物流人员专业化

物流企业的竞争将是人才的竞争，物流从业人员只有掌握现代物流服务理念和供应链管理知识，才能适应物流运作全球化、社会化的需要。发达国家的物流从业人员只有接受职业教育，通过考试获得职业资格后，才能从事有关的物流工作。这些发达国家已经形成或正在建立较为合理的物流人才教育培训体系，包括建立多层次的物流专业教育、全面开展物流在职教育、建立物流业的职业资格认证制度等，为社会培养物流专业人士和高级物流管理人才。

案例

发达国家的物流

美国、日本、德国是国际物流业最为发达的国家，这三个国家的国际物流业发展各具千秋。

美国是世界上最早发展物流业的国家之一，物流企业在世界10强中有4家，占据主导地位，包括两家最大的跨国公司UPS和FedEx。美国重视物流理论，侧重于消费者，具有超前性和创新性。物流发展的特点是企业物流信息化，物流运作全球化，第三方物流发展良好，第四方物流服务已进入市场，并拥有大量物流人才，具有完善的人才教育培训体系。

近年来，日本政府为了大力扶持物流产业的发展所采取的一些宏观政策导向，促进了日本物流业的快速增长。据统计，目前日本的物流产值是42万亿日元，其中企业自营物流21万亿日元，第三方物流21万亿日元，各占50%。日本比较注重实际，物流发展重点放在物流成本控制和企业物流管理上。日本物流发展的特点表现为确立海运立国战略、全面完善物流基础设施、提高生产物流管理水平和自动化水平、加强物流服务专业化及构筑绿色物流体系。

德国是欧洲物流业发展最好的国家，德国邮政集团已攀升到欧洲最大的物流服务供应商的宝座。2004年，物流产业规模达1 500亿欧元，相当于德国GDP的7.2%，并占据欧洲物流市场25%的份额，物流从业人员2 600万人，预计未来5～10年，物流从业人员还将有20%的增长。德国大多数物流企业重视第三方物流业务，预计该业务年增长率为15%。与美国、日本相比，德国更重视物流的综合性、系统性，强调整体优化和企业物流整合，物流发展特点表现为在高度的规范化、有序化前提下的社会化、网络化、标准化、多功能化与绿色化。

课堂讨论：

借鉴发达国家国际物流的发展，如何发展我国国际物流业？

案例

2013年8月，国务院正式批准设立中国（上海）自由贸易试验区。该试验区成立时，以上海外高桥保税区为核心，辅之以机场保税区和洋山港临港新城，成为中国经济新的试验田。9月27日，国务院印发《中国（上海）自由贸易试验区总体方案》。根据方案，上海自贸区将扩大服务业开放。选择金融服务、航运服务、商贸服务、专业服务、文化服务以及社会服务领域扩大开放，暂停或取消投资者资质要求、股比限制、经营范围限制等准入限制措施（银行业机构、信息通信服务除外），营造有利于各类投资者平等准入的市场环境。

课堂讨论：

查阅资料后，试分析上海自由贸易区对我国国际物流的影响。

项目小结

电子商务环境下物流模式主要有第三方物流、第四方物流、电子物流、绿色物流和国际物流。

第三方物流是指生产经营者为集中精力做好主业，把原来属于自己处理的物流活动，以合同的方式委托给专业物流服务企业，同时通过信息系统与物流服务企业保持密切联系，以达到对物流全程的管理和控制的一种物流运作与管理方式。

企业选择第三方物流服务商首先确定本企业物流目标并测定用户对物流服务的需求；其次科学地进行物流成本审计；再次选择第三方物流提供商；最后加强管理保持竞争优势。

第四方物流提供商是一个供应链的集成商，它对公司内部和具有互补性的服务商所拥有的不同资源、能力和技术能力进行整合和管理，并提供一整套供应链解决方案。它具有供应链管理、资源集成和供应链再造等功能。

第四方物流的运作模式有三种：一是协同运作模式，它是第四方物流向第三方物流提供其缺少的技术和战略技能，然后对物流系统的解决方案进行规划和整合，再由第三方物流执行和完成操作；二是方案集成模式，它由第四方物流企业为客户提供运作和管理整个供应链的解决方案，然后利用第三方物流的资源为客户提供服务；三是行业创新模式，它由第四方物流企业整合供应链，第三方物流企业加以集成，向下游的客户提供解决方案。

电子物流利用电子化手段完成物流全过程的协调、控制和管理，实现从网络前端到最终客户端的所有中间过程服务，它的显著特点是各种软件技术和物流服务的融合应用。电子物流服务可分为四大组成部分：订单管理、仓储、运输、客户服务。各个部分均以组织结构、运营方式和专业技术为依托。

绿色物流就是指在物流过程中抑制物流对环境造成危害的同时，实现对物流环境的净化，使物流资源得到最充分的利用。它包括物流作业环节和物流管理全过程的绿色化，最终目标是可持续发展。绿色物流具有循环型物流、共生型物流和资源节约型物流的内涵。

绿色物流不仅注重物流过程对环境的影响，而且强调对资源的节约。企业在经营过程中应关注物流环节产生的成本，利用市场信息，最大限度地减少资源浪费，物流绿色化的实施归根到底要靠物流企业营运的绿色化实现——采用绿色包装、选择绿色运输、开展绿色流通加工、实现绿色仓储、降低废弃物物流等。

国际物流是发生在不同国家之间商品的流动，与国内物流相比具有环境复杂、系统范围广、信息化标准高以及需要国际信息系统支持的特点。国际物流系统由商品的包装、存储、运输、检验、流通加工及其前后的整理、再包装和国际配送等子系统组成。运输和存储子系统是物流系统的主要组成部分。

国际物流的发展具有物流运作全球化、物流技术电子化、物流服务社会化、物流管理现代化、物流系统绿色化及物流人员专业化的趋势。

项目训练

1. 实践项目

第三方物流企业的选择。

2. 实践目的

通过实践促进对第三方物流选择方法的掌握。

3. 实践要求

了解一个物流业务外包的企业，分析选择第三方物流的实际操作方法。

4. 实践环节

（1）实践场所选择。本市著名的物流业务外包的企业。

（2）实践准备工作。复习本项目有关内容，提出自己的问题，设计好分析目标。

（3）实践步骤。

1）该企业的规模、客户服务范围。

2）该企业选择第三方物流的标准。

3）该企业选择第三方物流服务商的方法、合作效果分析。

5. 实践结果

学生完成实践报告。

自测题

一、选择题

1. 第三方物流的英语术语是（　　）。

A. SCM　　B. VMI　　C. TPL　　D. TEU

2. 第三方物流是根据（　　），而不是客户的临时要求，提供现实的物流服务。

A. 合同条款　　B. 口头承诺　　C. 固定安排　　D. 物流方的要求

3.（　　）的发展是第三方物流出现和发展的必要条件。

A. 信息技术　　B. 流通加工技术　　C. 非生产服务技术　　D. 社会分工

4. 第三方物流企业是客户的（　　）。

A. 物流承包商　　B. 战略合作伙伴　　C. 物流运营商　　D. 货代公司

5. 第三方物流企业为客户提供（　　）的服务。

A. 多样化目的　　B. 固定式　　C. 个性化　　D. 标准化

6. 第四方物流的主要作用是对（　　）进行控制。

A. 供应商　　B. 分销商　　C. 供应链　　D. 成本

7.（　　）是指第四方物流与第三方物流进行内部合作，它们之间的合作可以采用绑定的合同方式或形成战略联盟方式。

A. 方案集成模式　　B. 协同运作模式　　C. 行业创新模式　　D. 协作集成模式

8. 复合一贯制的运输方式以（　　）作为连接工具的通用媒介，起到促进复合直达运输的作用。

A. 托盘　　B. 集装箱　　C. 集装袋　　D. 集装笼

二、判断题

1. 第三方物流的含义与合同物流、全方位物流、综合物流、物流联盟等基本一致。（　　）

2. 最典型意义的第三方物流企业是顾客化的物流企业。（　　）

3. 第三方物流企业实质上是取代传统的运输、仓储等企业。（　　）

4. 第三方物流企业与客户（货主）的关系是纵向一体化。（　　）

5. 国际物流与国际贸易并没有本质的区别。（　　）

6. 国际物流环境差异导致了国际物流系统难以建立。（　　）

7. 全球物流具有克服时间和空间的阻隔以及克服国界阻隔的功能。（　　）

8. 在国际物流中，国际海上运输由于运输周期长，很容易出现“货到地头死”的现象。（　　）

9. 绿色物流具有循环型物流、共生型物流和资源节约型物流的内涵。（　　）

10. 电子物流的显著特点是各种软件技术和物流服务的融合应用。（　　）

三、简答题

1. 什么是第三方物流？它有哪些特征？

2. 企业应该如何选择第三方物流服务商？

3. 什么是第四方物流？它有哪些特点？

4. 第四方物流具有哪些基本的功能？

5. 第四方物流有哪些运行模式？

6. 什么是电子物流？它有哪些特征？

7. 电子物流服务包括哪些内容？

8. 什么是绿色物流？它的内涵是什么？

9. 发展绿色物流有哪些积极的意义？

10. 联系实际企业发展，分析绿色物流应该采取哪些措施。

11. 什么是国际物流？它有什么特点？

12. 国际物流系统由哪几部分构成？

13. 未来国际物流有哪些发展趋势？

四、综合案例分析题

宝供的企业物流发展观念

宝供物流企业集团（以下简称“宝供”）创立于1994年，总部设立于广州。目前在全国40多个城市建立了6个分公司、48个办事机构，形成了一个覆盖全国并向美国、澳大利亚等地延伸的物流运作网络，拥有先进的物流信息平台，为世界500强中的近50家大型跨国集团和国内一些大型企业提供物流一体化服务。

1. 观念领先战略

首先，大力推行“量身定做、一体化运作、个性化服务”模式，宝供打破传统业务分块经营模式，在各大中心城市设立分公司或办事处，建立遍布全国的物流运作网络，将仓储、运输、包装、配送等物流服务广泛集成，为客户“量身定做”，提供“门到门”的一体化综合服务以及其他增值型服务。

其次，广泛采用具有国际水准的SOP运作管理系统和质量保证GMP体系，确保为客户提供优质高效的专业化物流服务，即：SOP标准操作程序及GMP标准质量保证体系。为了规划业务部门的运作标准，宝供还建立了系统化、规范化、标准化的各类标准操作程序，即SOP。任何岗位上的任何事，SOP都有详细的规定。通过SOP的正确执行，确保业务运作不会因个人的因素造成服务品质的不同，确保GMP质量体系的实施和实现。

此外，重点提供国内领先的基于VPN系统的物流信息服务。

早在1997年，宝供就在国内率先提出并建成基于Internet/Intranet的全国联网的物流网络信息系统；1999年，建立业务成本核算系统和基于VPN的电子数据交换平台；2000年，宝供在现有系统的基础上，构筑了基于联盟化、集成化、网络化的物流综合服务信息平台，大力开发整合客户供应链和支持电子商务的新系统，并通过XML技术，在与客户进行数据交换方面取得重大突破，使宝供的信息服务和业务运作向自动化、智能化方向迈出重要一步。

2. 科技支持战略

“21世纪是知识和科技的时代”，专业化、细致化、科学化的物流知识将成为客户物流体系改革、整合、规划和设计的重要依据，现代科学技术如各种条码技术、自动识别技术、自动分拣技术、卫星定位技术、自动化技术、物流仿真技术、辅助决策技术等将成为物流运作的重要工具，“知识化和科技化物流”将成为宝供服务的主要特征。

3. 服务创新战略

一方面，引导物流服务朝综合化、一体化方向发展，把物流诸多环节、服务类型进行系统整合，将不同货运公司、仓储公司以及社会资源进行物流资源整合，为客户提供一种具有长期的、专业的、综合的高效物流服务。另一方面，适应21世纪个性化消费和个性化服务的需要，将传统企业的单一成本竞争策略转变为差异性、个性化的物流特色服务竞争战略。

4. 人才效益战略

公司将遵循“以人为本”的经营理念，充分发挥“人才效益”优势，广泛汇集和吸引一批包括教授、博士、硕士在内的高层次专业人才，提供科技化、现代化的优质高效的物流服务。未来公司的管理人员，要求百分之百具有本科或硕士以上学历。公司内部严格贯彻执行完善的培训和激励制度，不断增强企业的凝聚力，吸引和留住优秀人才。选拔、晋升和奖励工作成绩显著的员工，将公司利益与个人发展紧密结合，建设一支灵活精干、协作高效的学习型人才队伍。

5. 联盟发展战略

宝供与不同行业的客户建立了稳定的合作伙伴关系，这些客户在它所处的行业的地位非常令人敬仰，比如飞利浦、联想、雀巢、沃尔玛等。在这里，可以发现宝供获得竞争的优势和秘诀：以成功客户为核心。在这些年，宝供能够快于整个行业的发展速度来扩大其市场份额，就在于它吸引和拥有了不同行业中“最成功的顾客”。宝供把有限的资源集中在关键的客户身上时，只要客户的生意取得了成功，宝供的生意也会随之成功。这就是宝供的“供部客户联盟策略”。强调在“供应链”的诸节点之间植入“优势互补、利益共享”的共生关系，实施企业联盟化战略。

思考题：

1. “量身定做、一体化运作、个性化服务”的宝供物流模式有何积极意义？

2. 宝供实现了“客户电子订单、一体化动作”的电子商务初步目标，极大地简化了商务流程，提高了业务运作效率。宝供主要采取了哪些措施？

3. “知识化和科技化物流”将成为宝供服务的主要特征，为什么？

案例名称	宝供的企业物流发展观念
工作任务	案例分析
完成时间	
任务目标	理解企业物流模式
任务要求	详读案例，根据思考题进行分析与总结
研讨内容	1. “量身定做、一体化运作、个性化服务”的宝供物流模式有何积极意义？ 2. 宝供实现了“客户电子订单、一体化动作”的电子商务初步目标，极大地简化了商务流程，提高了业务运作效率。宝供主要采取了哪些措施？ 3. “知识化和科技化物流”将成为宝供服务的主要特征，为什么？
研讨成果	
讨论过程	
自我角色	
自我评价	
小组评价	
教师评价	

项目五

电子商务下的物流信息管理

问题引入

条形码技术在仓库管理中的应用

以美国最大的连锁商业企业沃尔玛为例，该公司在全美有 25 个规模很大的配送中心，一个配送中心要为 100 多家零售店服务，日处理量约为 20 万个纸箱。每个配送中心分三个区域：收货区、拣货区和发货区。在收货区，一般用叉车卸货。先把货堆放到暂存区，工人用手持式扫描器分别识别运单上和货物上的条形码，确认匹配无误才能进一步处理，有的要入库，有的则要直接送到发货区（称作直通作业）以节省时间和空间。在拣货区，计算机在夜班打印出隔天需要向零售店发运的纸箱的条形码标签。白天，拣货员拿一叠标签打开一只只空箱，在空箱上贴上条形码标签，然后用手持式扫描器识读。根据标签上的信息，计算机随即发出拣货指令。在货架的每个货位上都有指示灯，表示那里需要拣货以及拣货的数量。当拣货员完成该货位的拣货作业后，按一下“完成”按钮，计算机就可以更新其数据库。装满货品的纸箱经封箱后运到自动分拣机，在全方位扫描器识别纸箱上的条形码后，计算机指令拨叉机构把纸箱拨入相应的装车线，以便集中装车运往指定的零售店。

在国内，条形码在加工制造和仓储配送业中的应用也已经有了良好的开端。红河烟厂就是一例。成箱的纸烟从生产线下来，汇总到一条运输线。在送往仓库之前，先要用扫描器识别其条形码，登记完成生产的情况，纸箱随即进入仓库，运到自动分拣机。另一台扫描器识读纸箱上的条形码。如果这种品牌的烟正要发运，则该纸箱被拨入相应的装车线。如果需要入库，则由第三台扫描器识别其品牌，然后拨入相应的自动码托盘机，码成整托盘后通过运输机系统入库储存。条形码的功能在于极大地提高了成品流通的效率，而且提高了库存管理的及时性和准确性。

问题：

1. 条形码技术给沃尔玛的仓库管理带来哪些便利？
2. 除条形码技术外，现代物流管理还可以应用哪些信息化的技术？

学习目标

知识目标：

理解电子商务下物流信息技术如条形码技术、RFID技术、电子数据交换技术、物流动态跟踪技术等基本理论，掌握这些技术在物流活动中的应用。了解物流信息的基本概念、物流信息系统的基本原理。

能力目标：

会制作物流条形码，能通过电子数据交换系统进行各种单证的传递，能识别不同物流信息系统。具有利用物流信息系统分析和解决物流中存在问题的能力，激发学习兴趣和挖掘个人潜力，培养独立作业与团队协作的能力，培养创新与负责人的意识，培养与时俱进的思想意识、谦虚好学和勤于思考的能力。

任务一　条形码技术

引导案例

美国某著名汽车公司为了在激烈的市场竞争中进一步以质量取胜，将条形码应用于生产质量管理跟踪系统。通过这一技术的应用，企业可以实时动态跟踪生产状况，随时从计算机中得知实际生产的情况及生产的质量情况，如跟踪整机、部件的型号、生产场地、生产日期、班组生产线、版本号、工程变更革、批量和序号等信息。

工厂还把条形码刻在车体底部的金属件上，通过装配线上的扫描装置可以对车辆自总装开始到发货出厂的全过程进行跟踪。通过用条形码来区分动力机各主要部件，如阀门、汽化器等。这些部件可组成1 550万种不同型号的动力机，但该公司只需要其中的438种，通过向计算机输入条形码，则可避免出现那些无用的机型结构。

综上所述，在一个完整的物流过程中，条形码可以在各个关键环节采集相应的物品信息，以实现实时监控和跟踪的目的。

思考：

1. 什么是条形码?
2. 条形码的特点是什么?
3. 为什么要使用条形码?
4. 条形码在物流中有哪些应用?

相关知识

一、条形码及条形码技术认知

条形码是由一组按特定规则排列的条、空及对应字符组成的表示一定信息的符号。条形码隐含着数字、字母、标志、符号等信息，主要用于表示物品的名称、产地、价格、种类等。不同的码制，条形码符号的组成规则不同。目前使用频率最高的几种码制是 EAN、UPC、39 码。

条形码技术是在计算机技术与信息技术基础上发展起来的一门集编码、印刷、识别、数据采集和处理于一身的新兴技术。条形码技术的核心内容是利用光电扫描设备识读条形码符号，从而实现机器的自动识别，并快速、准确地将信息录入到计算机进行数据处理，以达到自动化管理的目的。

（一）条形码技术的特点

条形码技术的特点主要有以下五个：

（1）简单。条形码符号制作容易，扫描操作简单易行。

（2）信息采集速度快。普通计算机的键盘录入速度是 200 字符/分钟，而利用条形码扫描录入信息的速度是键盘录入的 20 倍。

（3）采集信息量大。利用条形码扫描，一次可以采集几十位字符信息，而且可以通过选择不同码制的条形码增加字符密度，使录入的信息量成倍增加。

（4）可靠性高。键盘录入数据，出错率约为 1/3 000，利用光学字符识别技术，出错率约为万分之一，而采用条形码扫描录入方式，误码率仅有 $1/10^6$，首读率可达 98%。

（5）设备结构简单，成本低。

（二）条形码的结构

一个完整的条形码符号是由两侧静区、起始字符、数据字符、分隔字符、终止字符和校验字符（可选）组成的。

表示 13 位数字的 EAN 条形码（EAN-13）称为标准版的 EAN 条形码，其结构如图 5－1所示。

图 5－1　EAN-13 结构图

1. 静区（空白区）

没有任何印刷符或条形码信息，即图 5－1 两侧空白区。它通常是白的，位于条形码符号两侧。静区的作用是提示扫描器准备扫描条形码符号。

2. 起始字符

条形码符号的第一位字符是起始字符，其特殊的条、空结构用于识别一个条形码符号的开始。扫描器首先确认此字符的存在，然后处理由扫描器获得的一系列脉冲。

3. 数据字符

数据字符由条形码字符组成，用于代表一定的原始数据信息。

4. 分隔字符

分隔字符用于分隔左右两侧的数据字符。

5. 终止字符

终止字符是条形码符号的最后一个字符，其特殊条、空结构用于识别一个条形码符号的结束。通过识别终止符，便可知道条形码符号已扫描完毕。若条形码符号有效，阅读器就向计算机传送数据并向操作者提供“有效读入”的反馈。当采用校验字符时，终止字符还指示阅读器对数据字符实施校验计算。

6. 校验字符

校验字符通过对数据字符进行一种算术运算而确定。有些码制的校验字符是必需的，有些则是可选的。当符号中的各字符被解码时，译码器将对其进行同一种运算，并将结果与校验字符比较，若两者一致，则说明读入的信息有效。

（三）条形码的分类

条形码一般有两种分类方法：按码制分类与按维数分类。

1. 按码制分类

条形码按码制分类一般分为九类。

（1）UPC 码。UPC（Universal Product Code）码即通用商品代码，于 1973 年率先在美国的商业系统中得到应用，随后加拿大也在商业系统中采用了 UPC 码。UPC 码是一种长度固定的连续型数字式码制，其字符集为数字 0～9。它采用 4 种元素宽度，每个条或空是 1、2、3 或 4 倍单位元素宽度。UPC 码有两种类型，即 UPC-A 码和 UPC-E 码。

（2）EAN 码。EAN（European Article Number）码是 1977 年欧共体各国按照 UPC 码的标准制定的欧洲物品编码。它与 UPC 码兼容，而且两者具有相同的符号体系。EAN 码的字符编号结构与 UPC 码相同，也是长度固定的、连续型的数字式码制，其字符集是数字 0～9。它采用四种元素宽度，每个条或空是 1、2、3 或 4 倍单位元素宽度。EAN 码有两种类型，即 EAN-13 码和 EAN-8 码。

（3）交叉 25 码。交叉 25 码是一种长度可变的连续型自校验数字式码制，其字符集为数字 0～9。它采用两种元素宽度，每个条和空是宽或窄元素。编码字符个数为偶数，所有奇数位置上的数据以条编码，偶数位置上的数据以空编码。如果为奇数编码，则在数据前补一位 0，以使数据为偶数。

（4）39码。39码是1974年由Intermec公司推出的第一个字母数字式码制。它是长度可变的离散型自校验字母数字式码制。其字符集为数字0～9、26个大写字母和7个特殊字符（—、.、空格、/、+、%、$），共43个字符。每个字符由9个元素组成，其中有5个条（2个宽条，3个窄条）和4个空（1个宽空，3个窄空），是一种离散码。

（5）库德巴码。库德巴码（Code Bar）是一种长度可变的连续型自校验式码制。其字符集为数字0～9和6个特殊字符（—、:、/、.、+、$）共16个字符。常用于血库、仓库和航空快递包裹。

（6）128码。128码是一种长度可变的连续型自校验式码制。它采用四种元素宽度，每个字符有3个条和3个空，共11个单元元素宽度。它有106个不同条形码字符，每个条形码字符有三种含义不同的字符集，分别为A、B、C。它使用这三个交替的字符集可对128个ASCII码编码。

（7）93码。93码是一种长度可变的连续型字母数字式码制。其字符集为数字0～9，26个大写字母，7个特殊字符（—、.、空格、/、+、%、$）及4个控制字符。每个字符有3个条和3个空，共9个元素宽度。

（8）49码。49码是1987年出现的多行连续型、长度可变的字母数字式码制，主要用于小物品标签上的符号。其采用多种元素宽度，字符集为数字0～9、26个大写字母、7个特殊字符（—、.、空格、/、+、%、$）、3个功能键（F1、F2、F3）和3个变换字符，共49个字符。

（9）其他码制。除上述码制外，还有其他码制。例如，用于航空系统机票顺序编号的25码，用于电子元件标签的11码，矩阵25码等。

2. 按维数分类

（1）一维条码。人们日常见到的印刷在商品包装上的条形码是普通条形码，这种普通的一维条码自20世纪70年代初期问世以来，很快得到了普及并广泛应用到工业、商业、国防、交通运输、金融、医疗卫生、邮电及办公室自动化等领域。但是由于一维条形码的信息容量很小，如商品上的条形码仅能容纳13位的阿拉伯数字，更多的描述商品的信息只能依赖数据库的支持，离开了预先建立的数据库，这种条形码就变成了无源之水、无本之木，因而条形码的应用范围受到了一定的限制。

（2）二维条码。二维条码除具有普通条形码的优点外，同时具有信息容量大、可靠性高、保密防伪性强、易于制作、成本低等优点。美国Symbol公司经过几年的努力，于1991年正式推出名为PDF417的二维条码，简称为PDF417条码，即“便携式数据文件”。PDF417条码技术的特点如下：

1）信息容量大。PDF417条码是一种高密度、高信息容量的便携式数据文件，是实现证件及卡片等大容量、高可靠性信息自动存储、携带并可用机器自动识读的理想手段。根据不同的条空比例，每平方英寸可以容纳250～1 100个字符。在国际标准的证卡有效面积上（相当于信用卡面积的2/3，约为76mm×25mm），PDF417条码可以容纳1 848个字母字符或2 729个数字字符，约500个汉字信息。这种二维条码比普通条形码信息容量高几十倍。

2）编码范围广。PDF417条码可以将照片、指纹、掌纹、签字、声音、文字等凡可数字化的信息进行编码。

3）保密、防伪性能好。PDF417条码具有多重防伪特性，它可以采用密码防伪、软件加密及利用所包含的信息（如指纹、照片等）进行防伪，因此具有极强的保密防伪性能。

4）译码可靠性高。普通条码的译码错误率约为百万分之二，而PDF417条码的误码率不超过千万分之一，译码可靠性极高，修正错误能力强。

5）制作容易，成本低。利用现有的点阵、激光、喷墨、热敏等打印技术，即可在纸张、卡片、PVC、金属表面上等打印出PDF417二维条码，所增加的仅为油墨的费用，成本极其低廉。

6）条码符号的形状可变。同样的信息量，PDF417条码的形状可以根据载体面积和美工设计等进行自我调整。

3. 常用的物流条形码

物流条形码是供应链中用以标识物流领域中具体实物的一种特殊代码，是整个供应链过程中，包括生产厂家、配销业、运输业、消费者等环节的共享数据。它贯穿整个贸易过程，并通过物流条形码数据的采集、反馈，提高整个物流系统的经济效益。

物流条形码有如下特点：

(1) 储运单元的唯一标识。商品条形码通常是单个商品的唯一标识，用于零售业现代化管理；物流条形码是储运单元的唯一标识，通常标识多个或多种类商品的集合，用于物流的现代化管理。

(2) 服务于供应链全过程。商品条形码服务于消费环节；物流条形码服务于供应链全过程：生产厂家生产出产品，经过包装、运输、仓储、分拣、配送，直到零售商店，中间经过若干环节，物流条形码是这些环节中的唯一标识。它涉及面广，是多种行业共享的通用数据。

(3) 信息多。通常商品条形码是一个无含义的13位数字条形码；物流条形码则是一个可变的，可表示多种含义、多种信息的条形码，是无含义的货运包装的唯一标识。它可表示货物的体积、重量、生产日期、批号等信息，是贸易伙伴根据在贸易过程中共同的需求，经过协商统一制定的。

(4) 可变性。商品条形码是一个国际化、通用化、标准化商品的唯一标识，是零售业的国际化语言；物流条形码是随着国际贸易的不断发展，贸易伙伴对各种信息需求的不断增加而产生的，其应用在不断扩大，内容也在不断丰富。

(5) 维护性。物流条形码的相关标准是一个需要经常维护的标准。及时沟通用户需求，传达标准化机构有关条形码应用的变更内容，是确保国际贸易中物流现代化、信息化管理的重要保障之一。

物流标识的编码通常是用条形码符号表示的，以条形码符号的形式表示编码，可使编码快速、准确地被自动识别。条形码的码制是条形码符号的类型，是由某特定组织所制定的符合编码规则的条与空的组合。现存的条形码码制多种多样，但国际上通用和公认的物流编码的条形码码制主要有通用商品条形码、储运单元条形码和贸易单元128码等。

二、商品条形码

通用商品条形码是一种用于标识国际通用商品代码的模块组合型条形码，分为标准版商品条形码和缩短版商品条形码。标准版商品条形码是用于标识 13 位数字代码的商品条形码。缩短版商品条形码是用于标识 8 位数字代码的商品条形码。商品条形码的代码结构与 EAN 码结构相同。

（一）标准版商品条形码的条码结构和符号结构

标准版商品条形码所表示的代码由 13 位数字组成，其结构见表 5-1。

表 5-1　标准版商品条形码的结构

结构种类	厂商识别代码	商品项目代码	校验码
结构一	$X_{13}X_{12}X_{11}X_{10}X_9X_8X_7$	$X_6X_5X_4X_3X_2$	X_1
结构二	$X_{13}X_{12}X_{11}X_{10}X_9X_8X_7\ X_6$	$X_5X_4X_3X_2$	X_1
结构三	$X_{13}X_{12}X_{11}X_{10}X_9X_8X_7\ X_6\ X_5$	$X_4X_3X_2$	X_1

注：X_i（i=1～13）表示从右至左的第 i 位数字代码。

厂商识别代码：由 7～9 位数字组成，是用于对厂商的唯一标识。厂商识别代码是 EAN 编码组织在前缀码（$X_{13}X_{12}X_{11}$）的基础上分配给厂商的代码。前缀码是标识 EAN 编码组织的代码，由 EAN 统一管理和分配。GSI 已发布的全球条码前缀码中国为 690～695，我国台湾、香港和澳门地区分别是 471、489 和 958。

商品项目代码：由 3～5 位数字组成，商品项目代码由厂商自行编码。在编制商品项目代码时，厂商必须遵守商品编码的基本原则即唯一性和无含义性。

校验码：1 位数据，用于校验厂商识别代码和商品项目代码的正确性。

标准版商品条形码符号由左侧空白区、起始字符、左侧数据字符、中间分隔字符、右侧数据字符、校验字符、终止字符和右侧空白区组成。其符号结构见图 5-2。

6 901234 567892

图 5-2　标准版商品条形码的符号结构

（二）缩短版商品条形码的代码结构和符号结构

缩短版商品条形码所表示的代码由 8 位数字（$X_8X_7X_6X_5X_4X_3X_2X_1$）组成。其中，$X_8X_7X_6X_5X_4X_3X_2$ 为商品项目代码，EAN 编码组织在前缀码（$X_8X_7X_6$）的基础上分配给厂商特定商品项目的代码，用于对厂商特定商品项目的唯一标识。X_1 是校验码，其计算方法参见商品通用条形码标准 GB 12904-2008。

缩短版商品条形码符号由左侧空白区、起始字符、中间分隔字符、左侧数据字符、中间分隔字符、右侧数据字符、校验字符、终止字符和右侧空白区组成。

三、物流条形码

储运单元条形码是专门表示储运单元编码的，储运单元是为便于搬运、仓储、订货、运输等由消费单元组成的商品包装单元，它分为定量储运单元和变量储运单元。定量储运单元是由按商品件数计价销售的定量储运单元组成的储运单元，如成箱的啤酒、药品、服装、烟等。变量储运单元按基本计量单位计价，以随机数量销售的变量储运单元组成，如布匹、农产品等。在储运单元条形码中，有以下基本术语：

消费单元（Consumer Unit）：通过零售渠道直接销售给最终用户的商品包装单元。

定量消费单元（Fixed Quantity Consumer Unit）：按商品件数计价销售的消费单元。

变量消费单元（Variable Quantity Consumer Unit）：按基本计量单位计价，以随机数量销售的消费单元。

储运单元（Dispatch Unit）：为便于搬运、仓储、订货、运输等，由消费单元组成的商品包装单元。

定量储运单元（Fixed Quantity Dispatch Unit）：由定量消费单元组成的储运单元。

变量储运单元（Variable Quantity Dispatch Unit）：由变量消费单元组成的储运单元。

（一）定量储运单元编码及条形码标识

定量储运单元采用 13 位或 14 位数字编码，是与定量消费单元同为一体的定量储运单元的编码。当定量储运单元同时又是定量消费单元时，应按定量消费单元进行编码。

含不同种类定量消费单元的定量储运单元的编码：当定量储运单元内含不同种类定量消费单元时，该定量储运单元应采用 13 位数字编码，给每一定量储运单元分配一个区别于它所包含的消费单元代码的 13 位数字代码。

含相同种类定量消费单元的定量储运单元的编码，定量储运单元可用 14 位数字编码，代码结构如表 5－2 所示。

表 5－2　　定量储运单元代码结构

定量储运单元包装指示符	定量消费单元代码（不含校验字符）	校验字符
V	$X_1 X_2 X_3 X_4 X_5 X_6 X_7 X_8 X_9 X_{10} X_{11} X_{12}$	C

定量储运单元包装指示符（V）用于指示定量储运单元的不同包装，取值范围为 V＝1，2，…，8。

定量消费单元代码是指包含在定量储运单元内的定量消费单元的代码去掉校验字符后的 12 位数字代码。

校验字符（C）的计算方法见 GB/T 16830－1997。

用通用商品条形码（EAN-13）或 14 位交叉 25 条形码（ITF-14）标识定量储运单元的 13 位数字代码。当定量储运单元同时又是定量消费单元时，应使用 EAN-13 条形码表示。EAN-13 条形码标识规则见 GB 12904－2008。当用 ITF-14 条形码标识定量储运单元的 13 位数字代码时，需要在 13 位数字代码前加 1 位“0”变成 14 位数字代码。

（二）变量储运单元编码及条码标识

变量储运单元编码由 14 位数字的主代码和 6 位数字的附加代码组成，代码结构如表 5－3 所示。变量储运单元的主代码用 ITF-14 条码标识，附加代码用 ITF-6（6

位交叉 25 条码）标识。变量储运单元的主代码和附加代码也可以用 EAN-128 条形码标识。

表 5－3　变量储运单元代码结构

主代码			附加代码	
变量储运单元包装指示字符	厂商识别代码与商品项目代码	校验字符	商品数量	校验字符
LI	$X_1X_2X_3X_4X_5X_6X_7X_8X_9X_{10}X_{11}X_{12}$	C1	$Q_1Q_2Q_3Q_4Q_5$	C2

1. 主代码

变量储运单元包装指示字符（LI）指示在主代码后面有附加代码，取值为 LI＝9；厂商识别代码是标识厂商的代码，取 X_1～X_8位，当 $X_1X_2X_3$为 690 或 691 时，厂商识别代码取 X_1～X_7位。变量储运单元中的商品项目代码用于标识组成储运单元的产品种类，取 X_9～X_{12}位，当 $X_1X_2X_3$为 690 或 691 时，商品项目代码取第 X_8～X_{12}位；主代码的校验字符（C1）的计算方法见国家标准。

2. 附加代码

附加代码（Q_1～Q_5）是指包含在变量储运单元内，按确定的基本计量单位（如 kg，m 等）计量取得的商品数量。附加代码的校验字符（C2）的计算方法见国家标准。

3. ITF-14 条形码

ITF-14 条形码是连续型、定长，具有自校验功能、条空标识信息的双向条形码。它的条形码字符集、条形码字符的组成与交叉 25 码相同。

ITF-4 条形码由矩形保护框、左侧空白区、条码字符、右侧空白区组成，见图 5－3。

149 01234 56789 1

图 5－3　ITF-14 条形码符号（放大系数为 1）

（三）贸易单元 128 条形码

贸易单元 128 条形码（EAN-128 条形码）是一种可变长度的连续型条形码。它用一组平行的条、空及相应的字符表示，由起始字符、数据字符、校验字符、终止字符及左右侧空白区组成，见图 5－4。

商品条形码和储运条形码都属于不携带信息的标识码，在物流配送过程中，如果需要将生产日期、有效日期、运输包装序号、重量、体积、尺寸、送出地址、送达地址等重要信息条码化，以便扫描输入，可以采用贸易单元 128 条形码。UCC/EAN-128 码制是目前可用的、完整的、高密度的、可靠的、应用灵活的字母数字型一维码制之一。它允许表示可变长度的数据，并且能将若干信息编码在一个条形码符号中。EAN-128 条形码的应用领域非常广泛，包括制造业的生产流程控制、仓储管理、车辆调配、货物追踪、医院血液样本管理、政府对管制药品的控制追踪等。

UCC/EAN-128 应用标识条形码由应用标识符和数据两部分组成，每个应用标识符由

图 5-4 EAN-128 条形码（应用标识符）

2～4 位数字组成。条形码应用标识的数据长度取决于应用标识符。UCC/EAN-128 条形码由双字符起始符号、数据字符、校验字符、终止字符及左右侧空白区组成。每个条形码字符由 3 个条、3 个空共 11 个模块组成。每个条、空由 1～4 个模块构成。起始字符标识 128 条形码符号的开始，由两个条形码字符组成；校验字符用以校验 128 条形码的正误；校验字符的值是根据起始符号及数据字符的值，取模数 103 并按一定的计算方法而得的；终止字符标识 128 条形码的结束，由 13 个模块组成，左右侧空白区则分别由 10 个模块组成。

拓展训练

在超市管理中，条码的使用方式主要体现在商品流通的管理、客户的管理、供应商的管理和员工的管理四个方面，请以某个超市为例，分别介绍其具体使用的步骤，画出流程图。

任务二 射频识别技术

引导案例

射频识别技术在沃尔玛的应用

沃尔玛的 104 家超市、36 家山姆会员店和 3 个分销中心都已经使用了 RFID 技术，沃尔玛首席信息官 Linda Dillman 说，沃尔玛已经安装了 14 000 多个硬件和 230 多米电缆，100 家中的 57 家供应商已经完成了货物安装 RFID 标签的要求。到目前为止，沃尔玛已经读取了 7 161 个带有标签的货盘和 210 390 个货箱，已经记录了 150 万个电子产品代码信息。RFID 的应用使脱销率降低了 16%，同时人工订货也减少了，从而降低了库存量。

RFID 技术和条形码技术都属于自动识别技术的一种。相比于条形码技术，RFID 技术在商品流通中并没有得到广泛应用，最重要的原因在于 RFID 技术应用成本远高于条形码技术。RFID 技术在读取速度、一次读取数量、可重复使用等方面的优势是条形码无法比肩的。随着技术的进步，RFID 技术的应用成本会逐渐降低，RFID 技术在商品流通中的应用将会越来越广泛。

思考：

1. 什么是 RFID?

2. RFID 和条形码相比有哪些优势?

相关知识

一、射频识别技术的概念

RFID 是 Radio Frequency Identification 的英文缩写，即无线射频识别技术，俗称电子标签。它是 20 世纪 90 年代兴起的一种自动识别技术，是一项利用射频信号通过空间耦合（交变磁场或电磁场）实现无接触信息传递并通过所传递的信息达到识别目的的技术。

无线射频识别技术是一种非接触式的自动识别技术。它通过射频信号自动识别目标对象并获取相关数据，识别工作无须人工干预，可工作于各种恶劣环境。许多高科技公司正在加紧开发 RFID 专用的软件和硬件，这些公司包括英特尔、微软、甲骨文、SUN 等。

二、射频识别技术的发展历史

1948 年哈里·斯托克曼发表的《利用反射功率的通信》奠定了射频识别技术的理论基础。射频识别技术的发展可按十年期划分如下：

1940—1950 年：雷达的改进和应用催生了射频识别技术，1948 年奠定了射频识别技术的理论基础。

1950—1960 年：早期射频识别技术的探索阶段，主要处于实验室研究。

1960—1970 年：射频识别技术的理论得到了发展，开始了一些应用尝试。

1970—1980 年：射频识别技术与产品研发处于一个大发展时期，各种射频识别技术测试得到加速，出现了一些最早的射频识别应用。

1980—1990 年：射频识别技术及产品进入商业应用阶段，各种规模应用开始出现。

1990—2000 年：射频识别技术标准化问题日趋得到重视，射频识别产品得到广泛采用，射频识别产品逐渐成为人们生活中的一部分。

2001 年至今：标准化问题日趋为人们所重视，射频识别产品种类更加丰富，有源电子标签、无源电子标签及半无源电子标签均得到发展，电子标签成本不断降低，规模应用行业扩大。随着射频识别技术的理论得到丰富和完善，单芯片电子标签、多电子标签识读、无线可读可写、无源电子标签的远距离识别、适应高速移动物体的射频识别技术与产品正在成为现实并逐渐得到应用。

三、RFID 系统的组成

RFID 系统至少应包括两个部分，一是读/写器，二是电子标签（或称射频卡、应答器等，本书统称为电子标签）。另外还应包括天线、编程器等。RFID 系统在具体的应用过程中，根据不同的应用目的和应用环境，系统的组成会有所不同，但从RFID系统的工作原理来看，系统一般都由信号发射机、信号接收机、编程器、天线四部分组成。

1. 信号发射机

在RFID系统中，信号发射机为了不同的应用目的，会以不同的形式存在，典型的形式是标签（TAG）。标签相当于条形码技术中的条形码符号，用来存储需要识别传输的信息，另外，与条形码不同的是，标签必须能够自动或在外力的作用下，把存储的信息主动发射出去。

2. 信号接收机

在RFID系统中，信号接收机一般叫做阅读器。根据支持的标签类型不同与完成的功能不同，阅读器的复杂程度是显著不同的。阅读器基本的功能就是提供与标签进行数据传输的途径。另外，阅读器还提供相当复杂的信号状态控制、奇偶错误校验与更正功能等。标签中除了存储需要传输的信息外，还必须含有一定的附加信息，如错误校验信息等。识别数据信息和附加信息按照一定的结构编制在一起，并按照特定的顺序向外发送。阅读器通过接收到的附加信息来控制数据流的发送。到达阅读器的信息被正确接收和译解后，阅读器通过特定的算法决定是否需要发射机对发送的信号重发一次，或者指导发射器停止发信号，这就是“命令响应协议”。使用这种协议，即便在很短的时间、很小的空间阅读多个标签，也可以有效地防止“欺骗问题”的产生。

3. 编程器

编程器是向标签写入数据的装置，只有可读可写标签系统才需要编程器。编程器写入数据通常是离线（Off-Line）完成的，也就是预先在标签中写入数据，等到开始应用时直接把标签黏附在被标识项目上。也有一些RFID应用系统，写数据是在线（On-Line）完成的，尤其是在生产环境中作为交互式便携数据文件来处理时。

4. 天线

天线是标签与阅读器之间传输数据的发射、接收装置。在实际应用中，除了系统功率，天线的形状和相对位置也会影响数据的发射和接收，需要专业人员对系统的天线进行设计、安装。

四、RFID技术的特点

与传统条形码识别技术相比，RFID技术有下述特点。

1. 快速扫描

条形码一次只能有一个条形码受到扫描，RFID阅读器可同时辨识读取数个RFID标签。

2. 体积小型化、形状多样化

RFID在读取上并不受尺寸大小与形状限制，无须为了读取精确度而配合纸张的固定尺寸和印刷品质。此外，RFID标签更可往小型化与多样形态发展，以应用于不同产品。

3. 抗污染能力和耐久性

传统条形码的载体是纸张，容易受到污染，但RFID对水、油和化学药品等物质具有很强的抵抗性。此外，由于条形码是附于塑料袋或外包装纸箱上，所以特别容易受到折损；RFID卷标是将数据存在芯片中，因此可以免受污损。

4. 可重复使用

现今的条形码印刷上去之后就无法更改，RFID标签则可以重复地新增、修改、删除RFID卷标内储存的数据，方便信息的更新。

5. 穿透性和无屏障阅读

在被覆盖的情况下，RFID能够穿透纸张、木材和塑料等非金属或非透明的材质，并能够进行穿透性通信。而条形码扫描机必须在近距离而且没有物体阻挡的情况下，才可以识读条形码。

6. 数据的记忆容量大

一维条形码的容量是50字节，二维条形码的最大容量为3 000字节，RFID最大的容量为数兆字节。

7. 安全性高

由于RFID承载的是电子式信息，其数据内容由密码保护，故内容不易被伪造及变更。

8. 加密性能好

射频卡的序号是唯一的，制造厂家在产品出厂前已将此序列号固化，不可再更改。读/写器验证射频卡的合法性，同时射频卡也验证读/写器的合法性；处理前，卡要与读/写器进行3次相互认证，而在通信过程中所有数据都加密。此外，卡中各个扇区都有自己的操作密码和访问条件。

案例

澳大利亚使用RFID技术追踪西红柿

澳大利亚新鲜食品生产公司Moraitis公司的目标是为顾客提供最好的产品和服务。公司目前使用计算机网络控制新鲜食品的生产、处理、包装和零售过程，这套网络已经延伸到澳大利亚所有的主要生产地和零售市场。Moraitis公司一直在行业中率先采用新技术作为推动力来提高产品质量、增加货品种类和提升产品实用性。

为了保证食品的安全，Moraitis公司现正在和IBM公司进行合作使用创新的RFID技术追踪系统。这套系统可以提高整个Moraitis供应链的操作效率，提高产品质量，是澳大利亚新鲜食品行业的第一例应用。这项计划的第一步是在西红柿托盘上安装RFID标签，在Moraitis位于Homebush Bay的西红柿分类和包装操作的传送带上安装Magellan公司生产的通道读取器。每天RFID系统将提供从Moraitis运出的关于西红柿产地、包装日期、种类、质量和大小的详细信息。Moraitis则可以了解每一批货物的损失率和从不同厂商获得的确切货盘数量。Moraitis采用的标签频率是15.56MHz，因为这种频率比超高频900MHz更适合潮湿的环境。

当西红柿到达Moraitis悉尼配送中心时，员工将使用手持RFID读取器辨识货盘，并给它们编制不同的代码用于零售。RFID 系统已经被完全用于 Moraitis 的商务操作中，批发商可以通过它提高分销系统的效率，加强供应链合作伙伴的信息共享，包括种植商和超市零售商。Moraitis 公司首席信息官 Con Colovos 说："使用 RFID 系统的基础一定要可靠，如果公司的 ERP 系统不够灵活，不能适应将来的升级，那就会有很多麻烦。" IBM 咨询服务亚太区供应链合作伙伴 John LaVacca 认为世界大型零售商设置的要求显示了 RFID 能够带来的利益，正在降低芯片和读取器的成本。

为 Moraitis 公司提供读取器的 Magellan 技术公司在开发 RFID 技术方面具有领先地位，生产的标签和读取器都符合 ISO18000 Part 3 Mode 2 标准。公司提供手持、控制板读取器、台式和通道读取器。Moraitis 使用的通道读取器可以同时读取大量物品，公司可以通过这些设备提高内部的效率，同时可以满足分销商和零售商日益增长的要求。Colovos 说："不管我们是否喜欢，食品追踪都会成为事实，因此此次投资是为将来发展的慎重决定。"

课堂讨论：

1. 与条形码识别技术相比，RFID 技术有什么优势和劣势？
2. 为什么在对生鲜食品的跟踪中采用 RFID 技术？

任务三 电子数据交换技术

引导案例

EDI 技术在上海联华超市集团的应用

上海联华超市集团成立于 1992 年，目前已发展到门店 230 多家。集团采用三种经营方式，其中直营店有 82 家，加盟店分布在外省市如浙江、江苏等，合营店主要以控股方式经营，主要分布在远郊区、县。直营、加盟、合营三种方式的门店都由总部统一进货。

上海联华超市集团从 1998 年 3 月开始，与北京商学院、杭州商学院、上海商业高新技术开发公司合作开发自己的 EDI 应用系统。这个 EDI 应用系统包括配送中心和供货厂家之间、总部与配送中心之间、配送中心与门店之间的标准格式的信息传递，信息通过上海商业增值网 EDI 服务中心完成。

采用 EDI 之后，配送中心直接根据各门店的销售情况和要货情况产生订货信息发送给供货厂家。供货厂家供货后，配送中心根据供货厂家的发货通知单直接去维护库存，向门店发布存货信息，这样做的结果使得信息流在供应商、配送中心、门店之间流动，所有数据只有一个入口，保证了数据传递的及时、准确，降低了订货成本和库存费用。

在上海联华的经营过程中，每天都要与供应商、配送中心产生大量的纸张文件，包括订购单、发票、产品目录及销售报告等。纸张文件承载着重要的信息流，它在企业的管理中起到了非常重要的作用。但随着超市的进一步发展，企业规模的扩大，供应商、配送中心对信息传递的流畅性、速度和准确性的要求进一步提高，新的信息传递方式 EDI 应运而生。它保证了数据传递的及时、准确，降低了订货成本和库存费用。

思考：

1. 什么是 EDI？
2. EDI 有什么特点？
3. EDI 在物流中的应用如何？

相关知识

一、EDI 技术认知

电子数据交换（EDI）是指贸易双方按照协议，通过数据通信网络，在参与贸易的各方计算机间传输格式化商业文件或数据。美国早在 20 世纪 60 年代，就在铁路、公路、海运和空运中应用了 EDI，以后每年以 100%速度递增。企业应用 EDI 可以取得巨大的经济效益。据专家测算，应用 EDI 后，商业文件传递速度提高 81%，文件成本降低 44%，因错漏率造成的商业损失减少 40%，从而使整个竞争力提高了 40%。美国道路运输企业采用 EDI 技术已有几十年的历史，近年来，随着现代信息技术的飞速发展，美国道路货运公司大量采用以互联网为基础的 EDI 技术。据北美综合运输协会对其 125 家会员运输企业（包括大、中、小运输企业）调查结果表明，该协会所属的 125 家运输企业均采用 EDI 这一先进的电子贸易方式。由此可见，EDI 技术已广泛应用于美国各种类型的道路货运企业。

（一）EDI 的起源与含义

1. EDI 的起源

EDI 技术萌芽于 20 世纪 60 年代末，是随着国际贸易和国际集装箱的发展而产生的。1968 年，美国运输数据协调委员会（Transportation Data Coordinating Committee，TDCC）开发出电子通信标准方案，这是 EDI 的基础。1975 年，TDCC 发表了第一个 EDI 标准，同年，世界第一个 EDI 交易系统投入运行；1976 年末，EDI 的网络研发开始。20 世纪 80 年代早期，EDI 标准的研发以及 EDI 系统的应用继续增长。20 世纪 80 年代中期，EDI 的应用飞速发展，许多大型组织，特别是汽车行业中的大公司开始宣告期望它们的供应商使用电子数据交换，并着手开发国际 EDI 标准的工作，EDI 技术取得了日新月异的发展。进入 20 世纪 90 年代，基于互联网的 EDI 出现并迅速发展，EDI 作为企业之间商业单证信息交换标准格式仍继续存在，特别是为中小企业的应用创造了更好的条件。EDI 与发展中的电子商务是电子信息技术的重要组成部分，它的广泛应用是现代信息社会的重要标志。显然，基于互联网的 EDI 将极大地促进基于 EDI 的电子商务的发展。

2. EDI 的含义

EDI 是指按照统一规定的一套通用标准格式，将标准的经济信息通过网络传输，在贸易伙伴的计算机系统之间进行数据交换和自动处理。它是实现信息交换的有效手段，其目的在于利用现有的计算机和网络资源，提高贸易伙伴之间的通信效率，降低成本。

国际标准化组织（International Standards Organization，ISO）于1994年确认EDI的技术定义：根据商定的交易或电文数据的结构标准实施商业（或行政）交易从计算机到计算机的电子传输。这表明EDI应用有它特定的含义和条件：

（1）使用EDI的是交易双方，是企业之间的文件传递，而非同一组织内的不同部门。

（2）交易双方传递的文件是特定的格式，采用的报文标准是联合国的UN/EDIFACT。

（3）双方各有自己的计算机系统，且双方的计算机系统能发送、接收并处理符合约定标准交易电文的数据信息。

（4）双方计算机之间有网络通信系统，信息传输是通过该网络通信系统自动实现的。信息处理由计算机自动进行，无须人工干预。

传输的数据是指交易双方相互传递的具备法律效力的文件资料，可以是各种商业单证，如订单、回执、发货通知、运单、装箱单、收据发票、保险单、进出口申报单、缴款单等，也可以是各种凭证，如进出口许可证、信用证、配额证、检疫证、商检证等。

3. EDI的特点

由上述定义可知，EDI包括了三方面的内容：格式化的数据与报文标准、通信网络和计算机应用。这三方面内容相互依存构成了EDI的基本框架。经过二十多年的发展与完善，EDI作为一种全球性的具有巨大商业价值的电子化贸易手段和工具，具有以下五个显著的特点：

（1）单证格式化。EDI传输的是企业间格式化的数据，如订购单、报价单、发票、货运单、装箱单，报关单等，这些信息都具有固定的格式与行业通用性。但信件、公函等非格式化的文件不属于EDI处理的范畴。

（2）报文标准化。EDI传输的报文符合国际标准或行业标准，这是计算机能自动处理的前提条件。目前最为广泛使用的EDI标准是：UN/EDI FACT（United Nations/Electronic Data Interchange For Administration，Commerce and Transport，联合国标准EDI规则适用于行政管理、商贸、交通运输）和ANSIX.12（由美国国家标准局特命标准化委员会第12工作组制定）。

（3）处理自动化。EDI信息传递的路径是计算机到数据通信网络，再到商业伙伴的计算机，信息的最终用户是计算机应用系统，它自动处理传递来的信息。因此这种数据交换是机—机，应用—应用，不需要人工干预。

（4）软件结构化。EDI功能软件由五个模块组成：用户界面模块、内部EDP（Electronic Data Processing）接口模块、报文生成与处理模块、标准报文格式转换模块、通信模块。这五个模块功能分明、结构清晰，形成了EDI较为成熟的商业化软件。

（5）运作规范化。EDI以报文的方式交换信息有其深刻的商贸背景，EDI报文是目前商业化应用中最成熟、最有效、最规范的电子凭证之一，EDI单证报文具有法律效力已被普遍接受。任何一个成熟、成功的EDI系统，均有相应的规范化环境作基础，如EDI存证系统、商贸伙伴（Partner）协议、管理法规与相应的配套措施。例如，联合国贸法会制定的《电子贸易示范法草案》、国际海事委员会制定的《电子提单规则》、上海市制定的《上海市国际经贸电子数据交换管理规定》等。

二、EDI 在物流中的应用

在 EDI 的应用中，获益最大的是运输业、制造业和零售业。EDI 在运输业、制造业和零售业中主要应用于传输发票、订单处理等，这些业务代表了包括采购和销售在内的企业的核心活动。

（一）EDI 在运输中的应用

运输企业采用 EDI 既可以提高数据传输的效率，减小错误率，降低成本，又可以改善作业流程，提高企业运作效率。通过与企业内部管理信息系统的集成，逐步改善托运、收货、送货、回报、对账、收款等作业流程。

（二）EDI 在物流企业的应用

物流企业是供应商与客户之间的桥梁，它对调节产品供需、缩短流通渠道、解决不经济的流通规模和降低流通成本有极大的作用。EDI 的引入既可以提高传输效率，降低成本，又可以与物流企业内部信息系统集成，逐步改善接单、配送、催款的作业流程。具体而言，物流企业引入 EDI 出货单后，可与拣货系统集成，生成拣货单，从而加快内部作业速度，缩短配货时间，在出货后，将出货结果用 EDI 通知客户，使客户及时知道出货，并可尽快处理缺货；也可引入 EDI 催款对账单，开发对账系统，并与出货配送系统集成来生成对账单，从而减轻财务部门的负担，减小对账的出错率。

（三）EDI 在批发业中的应用

批发商主要从事向客户提供产品以及向厂商采购产品。若采购产品，可引入 EDI 采购进货单的传送，将采购进货单转换成 EDI 报文传给供应商；若接收客户订货，可引入 EDI 采购进货单的接收，接收客户的 EDI 采购进货单报文，将其转换成企业内部的订单。

引入 EDI 可改善企业作业流程，通过与企业内部信息系统的集成，逐步改善接单、出货、催款的作业流程，或订购、验收、对账的作业流程。

（四）EDI 在零售业中的应用

零售商主要向批发商或供应商采购产品和进行销售。零售商引入 EDI 既可以提高传输效率和传输信息的准确度，又可以改善采购产品的作业流程。通过与 POS 系统、电子订货系统（Electronic Ordering System，EOS）的集成，结合条形码技术，不但可以增加销售量，而且可以提高补货的准确性。20 世纪 70 年代后期，沃尔玛采用了 EDI 技术，对所有产品制定统一的代码（即 UPC 代码），商品的运送与销售都要扫描该代码，可以清楚地了解商品的供应和销售情况，合理地预测未来的行情。EDI 技术使得订单处理实现了无纸化，提高了自动补货系统的准确度。商品的信息直接传送到总部，减少了信息扭曲，有助于上层领导做出正确的决策。

拓展练习

请罗列出几个 EDI 应用比较好的企业，并简述其技术的使用。

任务四 物流动态跟踪技术

引导案例

物流监控系统在海尔的应用

海尔物流监控调度系统采用全球卫星定位系统（GPS）、移动通信技术（GSM）、地理信息系统（GIS）等高新技术，它是基于互联网、针对物流车辆监控调度的系统。使用该系统，物流调度人员在监控调度中心，能够监控全国范围内所有海尔物流车辆，实现车辆实时定位、运单动态跟踪、远程调度等。该系统的应用，能够增加货运车辆的安全，提高物流的管理水平和效益，为物流的全面信息化和社会化提供技术保障。

海尔物流监控调度系统是一套综合GPS、GIS、GSM等技术，基于互联网，为用户提供移动目标定位、监控、调度、报警、信息沟通等服务的系统。通过该系统，监控中心可以查看车辆运行情况和轨迹，接受报警信号，并对车辆进行监控调度和管理。车载GPS系统的推广极大地提高了企业的科技管理水平和用户满意度。

思考：

1. 什么是GPS、GIS？
2. GPS、GIS在物流中有哪些应用？

相关知识

一、GPS技术及其应用

全球定位系统（Global Positioning System，GPS）是美国从20世纪70年代开始研制，历时20年，耗资近200亿美元，于1994年全面建成的利用导航卫星进行测时和测距，具有在海、陆、空进行全方位实时三维导航与定位能力的新一代卫星导航与定位系统。它是继阿波罗登月计划、航天飞机后的美国第三大航天工程。如今，GPS已经成为当今世界上最实用、应用最广泛的全球精密导航、指挥和调度系统，广泛应用于大地测量、工程测量、航空摄影测量、运载工具导航和管制、地壳运动监测、工程变形监测、资源勘察、地球动力学等多个领域。GPS导航是GPS应用的最基本项目，其中以车辆定位导航发展最快。在中国，GPS主要应用于车辆的调度管理，这已形成了一种具有中国特色的GPS应用方式。现在GPS应用系统已经广泛应用于公安、交警、银行、保险公司、国际汽车拉力赛等众多领域。

(一) GPS 在物流中的应用

随着我国物流业的发展，物流在现代经济发展中发挥着越来越大的作用。在物品从供应地向接受地的流动过程中，经常要涉及物品的仓储、运输、配送等环节，传统的货物运输过程是一个黑箱，调度中心无法获得运输车辆的准确位置。GPS 技术在物流中的应用使暗箱现象消失，整个运输过程透明化。

1. GPS 在货物运输系统中的应用

车辆 GPS 定位管理系统有车载 GPS 自主定位，结合无线通信系统，对车辆进行定位和调度管理。具体构造和原理如下：在运输车辆上装有卫星通信天线、GPS 接收器和车载信息终端。GPS 接收机实时定位并将实时位置信息在车载信息终端上显示出来，同时，通过无线通信系统把车辆实时位置信息和运输状况发送至监控中心。监控中心通过对各种信息进行综合分析后，发送调度指挥命令，在车载信息终端上显示或发出语音。

据统计，在第三方物流所提供的服务中，有 2/3 是基本运输服务。GPS 车辆监控系统采用 GPS 全球定位技术和无线通信技术对移动中的车辆进行实时监控和调度，可以根据路况来指挥车辆的行驶，提高车辆的运行效率。另外，通过将车辆载货情况及到达目的地的时间预先通知下游单位的配送中心，有利于下游单位合理配置资源、安排作业，从而提高运营效率，节约物流成本。

2. 网络 GPS 在物流业中的应用

(1) 网络 GPS 的概念与特点。网络 GPS 是指融合了 Internet 技术、GPS 技术及 GSM 数字移动通信技术，在互联网上建立起来的一个公共 GPS 监控平台。它可在互联网界面上显示 GPS 动态跟踪信息，以实现实时监控动态调度的功能。

网络 GPS 综合了 Internet 和 GPS 的优势与特色，解决了单独使用 GPS 所无法克服的困难。首先，可降低投资费用。网络 GPS 免除了物流运输公司自建监控中心的大量费用，包括各种硬件配置和管理软件。其次，网络 GPS 一方面利用互联网实现地域限制的跟踪信息显示，另一方面，又可通过设置不同权限达到信息保密。网络 GPS 的特点如下：

1) 功能多、精度高、覆盖面广，可在全球范围内实现对车辆的监控工作，满足所有网络 GPS 用户的要求。

2) 定位速度快，对提高物流运输企业的反应速度、降低车辆空驶率、降低运作成本、满足客户需要起到有力的保障作用。

3) 信息传输采用 GSM 公用数字移动通信网，具有保密性高、系统容量大、抗干扰能力强、漫游性能好、移动业务数据可靠等优点。

4) 构筑在国际互联网这一最大的网上公共平台上，具有开放度高、资源共享程度高等优点。

(2) 网络 GPS 工作流程。车载单元（即 GPS 接收机）在接到 GPS 定位数据后，自动计算出自身所处的地理位置坐标，经 GSM 通信机发送到 GSM 公用数字移动通信网，并通过与物流信息系统连接的 DDN 专线将数据传送到物流信息系统监控平台上。中心处理器将收到的坐标及数据还原后，与 GIS 系统的电子地图相匹配，并在电子地图上实时直观地显示车辆坐标准确位置。各网络 GPS 用户可用自己的权限上网进行自有车辆信息的收发、查询等工作，并在电子地图上清楚而直观地掌握车辆的动态信息（位置、状态、行驶速度等），同时还可以在车辆遇险或出现意外事故时进行各种必要的遥控操作，其工作原理如图 5－5 所示。

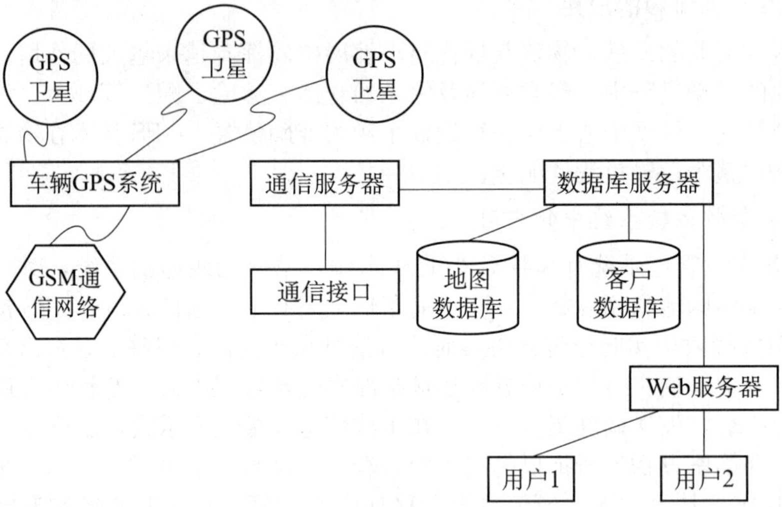

图 5-5 车载 GPS 工作原理

（3）网络 GPS 在物流中的应用。

1）实时监控。在任意时刻通过发出指令查询运输工具所在的地理位置，并在电子地图上显示出来。

2）车辆导航。通过通信或图示为装有 GPS 接收终端的车辆进行导航服务，车载导航器可以接收到堵车信息、道路向导及停车场信息等，驾驶员可以回避堵车，选择最佳路线，以便准时送货。

3）动态调度。调度人员能在任意时刻通过调度中心发出文字调度指令，并得到确认信息，同时还可进行运输工具待命计划管理和运输管理。运输工具待命计划管理是指操作人员通过在途信息的反馈，在运输工具未返回车队前做好待命计划，可提前下达运输任务，减少等待时间，加快运输工具的周转速度。

运输管理是将运输工具的运能信息、维修记录信息、运行状况登记、司机人员信息、运输工具的在途信息等多种信息提供到调度部门以便决策，以提高重车率，尽量减少空车时间和空车距离，充分利用运输工具。

4）双向通信。网络 GPS 用户可使用 GSM 的语音功能与司机进行通话或使用本系统安装在运输工具上的移动设备的汉字液晶显示器进行汉字消息收发对话。

驾驶员通过按下相应的服务、动作键，将该信息反馈到网络 GPS，质量监督员可在网络 GPS 工作站的显示屏上确认工作的正确性，了解并控制整个运输作业的准确性。

5）进行数据存储、分析。实现路线规划和路线优化，事先规划车辆的运行路线、运行区域，并将该信息记录在数据库中，以备查询、分析使用。

二、GIS 技术及其应用

（一）GIS 概述

1. 地理信息系统的产生与发展

GIS 最早起源于 20 世纪 60 年代提出的“要把地图变成数字形式的地图，便于计算机处理分析”。1962年，加拿大测量学家Roger Tomlinson首先提出了GIS这一术语，并建成世界上第一个GIS—CGIS（加拿大地理信息系统），用于自然资源的管理和规划，侧重于空间数据的地学处理。从此，GIS技术取得了巨大发展。

20世纪70年代以后，随着计算机软、硬件水平的提高，以及政府部门在自然资源管理、规划和环境保护等方面对空间信息进行分析、处理的需求，GIS得到了巩固和发展。这一时期的GIS技术注重于空间地理信息的管理，但系统数据的分析能力比较弱。

20世纪80年代，GIS技术进入大发展时期，GIS的应用领域迅速扩大，商业化的软件开始进入市场，其应用从基础信息管理与规划转向空间决策支持分析，地理信息产业的雏形开始形成。

20世纪90年代以后，伴随着计算机技术和网络技术的迅猛发展，GIS的应用也日趋深化和广泛，在国土资源、农业、气象、环境、城市规划等领域成为常备的工作系统。尤其是在1998年美国前副总统戈尔提出“数字地球”的概念以来，GIS在全球得到了空前迅速的发展，广泛应用于各个领域，产生了巨大的经济和社会效益。

我国GIS的发展自20世纪80年代初开始，以1980年中国科学院遥感应用研究所成立全国第一个GIS研究室为标志，经历了准备（1980—1985年）、发展（1985—1995年）、产业化（1996年以后）三个阶段。尤其是近年来，国内出现了不少优秀的国产GIS软件。

2. 地理信息系统的定义

地理信息系统（Geographical Information System，GIS）是从20世纪60年代开始迅速发展起来的地理学研究新成果，是多种学科交叉的产物。它是以地理空间数据库为基础，采用地理模型分析方法，适时提供多种空间的和动态的地理信息，为地理研究和地理决策服务的计算机技术系统。

从表现形式来看，GIS表现为计算机软、硬件系统，其核心是管理、计算、分析地理坐标位置信息及相关位置上属性信息的数据库系统。它表达的是空间位置及所有与位置相关的信息，可见，GIS又是地球空间实体的再现和综合，其信息的基本表达形式是各种二维或三维电子地图。GIS也可简单定义为“用于采集、模拟、处理、检索、分析和表达地理空间数据的计算机信息系统”。

GIS的基本功能是将表格型数据（无论它来自数据库、电子表格或直接在程序中输入）转换为地理图形并显示出来，然后对显示的结果进行浏览、操纵和分析。其显示范围可以从洲际地图到非常详细的街区地图，显示的对象包括人口、销售情况、运输路线以及其他内容。

（二）GIS在物流中的应用

在全球化协作的商业时代，85%以上的企业决策数据与空间位置相关，如客户的分布、市场的地域分布、原料运输、跨国生产、跨国销售等。传统的方法缺乏直观性和决策的可视化，而GIS能够帮助人们进行空间可视化分析，实现数据可视化、地理分析与主流商业应用的有机集成，从而满足企业决策多维性的要求。GIS可以将抽象的数据表格变为清晰简明的彩色地图，帮助企业进行商业选址，确定潜在市场的分布、销售和服务范围，寻找商业地域分布规律、时空变化的趋势。此外，GIS还可以优化运输路线，进行资源调度和资产管理。

物流主要是指物体在空间和时间上的活动，对空间数据有很大的依赖性。传统的物流管理信息系统的数据是非空间数据，无法对空间数据进行管理，更谈不上分析。将 GIS 应用于物流管理中，可以实现车辆定位、路线分析、最短路线设计等功能。GIS 在物流中主要用于货物的跟踪和车辆的运输管理。GIS 技术、GPS 技术和无线通信技术等相结合，可实现汽车和自动搬运车的无人驾驶。具体而言，GIS 在物流方面的应用主要表现在以下几个方面：

（1）线路规划与分析。

（2）车辆的调度和紧急事故处理。

（3）车辆的自动定位和跟踪显示。

（4）运货计划和路线规划。

（5）路线和通信信号的维护管理。

（6）突发事件的迅速定位和事故分析。

（7）统计分析及根据统计结果制定新的路径。

（8）物流基地规划及建模分析。

完整的 GIS 物流分析软件集成了车辆路线模型、最短路径模型、网络物流模型、分配集合物流模型和设施定位模型。

拓展练习

结合本地实际情况，调查 GPS 在物流领域的应用案例，并撰写调查报告。

任务五 电子商务下的物流信息系统

引导案例

物流信息系统在沃尔玛的应用

美国人山姆·沃尔顿于 1962 年创立沃尔玛百货有限公司。在短短几十年间，它由一家小型折扣商店发展成为世界上最大的零售企业。在沃尔玛实现短时间发展壮大、超越对手，坐上世界零售企业的头把交椅的各种因素中，强大的物流信息系统起着至关重要的作用。依靠自身的信息系统，沃尔玛每年要满足全球 4 000 多家连锁店对 8 万多种商品的配送需要，每年的运输总量超过 78 亿箱，总行程达 6.5 亿千米。所有这一切，如果没有完善的物流信息系统是根本不可能实现的。强大的物流信息系统一方面建立在强大的技术支持上，另一方面依靠有效的内部控制模式。

沃尔玛能后来居上，快速发展为世界最大的零售企业，与其适时采用信息技术，建立物流信息系统密不可分。在强调又好又快的新世纪，任何大的商业企业没有物流信息系统的支持都是不可想象的。

思考：

1. 什么是物流信息系统？
2. 物流信息系统有哪些功能？

相关知识

一、物流信息的概念

物流的信息化管理随着物流行业的发展壮大日益为从业者和管理信息系统提供商所重视。在欧美等发达国家，物流的产值已经占到国民生产总值相当大的部分。其中物流信息管理系统对此行业的贡献不容忽视，构建现代物流信息管理系统成为重中之重。

信息是反映事物内在本质的外在表现，如图像、声音、文件、语言等，信息是事物内容、形式和发展变化的反映。物流信息就是物流活动的内容、形式、过程及发展变化的反映。

二、信息系统的概念

所谓信息系统，是一个对信息进行采集、处理、存储、管理、检索，并在必要时能向有关人员提供有用信息的系统。它是由人、硬件、软件和数据资源组成的人机系统，其目的是及时、正确地收集、加工、存储、传递和提供信息，实现组织中各项活动的管理、调节和控制。

信息系统由许多部分所组成，这些部分相互作用以达到提供信息的目的，其构成如图5-6所示。

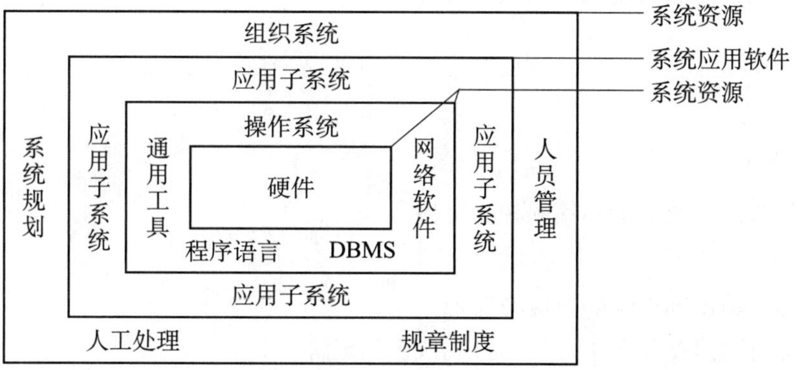

图5-6　信息系统的构成

三、物流信息系统的功能

（一）收集功能

市场活动不断地更新物流的内容，同时物流环境也随时变化，环境信息的变化对物流将会产生新的影响。物流信息系统首先要做的是记录与物流有关的数据，并转化为物流信息系统能够接收的形式。收集功能在物流信息系统中发挥重要作用。

（二）存储功能

数据进入物流系统后，成为支持物流系统运行的重要信息。这些信息可能暂时或永久保存。物流信息的存储，有利于将有关信息进行进一步处理，形成加工数据库、大容量光盘等，成为信息资源。

（三）加工功能

加工功能是信息系统最基本的功能。对原始信息进行分类整理，变成二次信息，再进行分析、整理，形成更具有价值的信息，真正反映物流和市场活动的全过程，满足多元化的信息需求。

（四）传输功能

物流信息系统的不同层次是通过信息流紧密结合起来的，运输途中的票据、凭证、通知书、报表、文件的传递和交换以及不同地区物流企业的信息共享，这些都需要物流信息系统具有快速的传输功能。

（五）检索和查询功能

为解决因信息数量的迅速增大而给信息查询带来的困难，物流信息系统应具有较强的信息检索和查询功能，将检索结果以报表、文字、图形等多种形式提供给决策者或管理者。

项目小结

电子商务下物流信息技术得到广泛应用，如条形码技术、RFID 技术、EDI 数据、GPS 技术和 GIS 技术的应用极大地提高了企业的科技管理水平和用户满意度。物流信息系统为企业决策者拓展企业规模提供了有力支持。

项目训练

1. 实践项目

上网查找阅读器及电子标签的相关资料。

2. 实践目的

（1）掌握射频识别系统的组成及原理。

（2）加深对阅读器及电子标签的直观认识和理解。

3. 实践内容与要求

（1）查找电子标签，了解各种形状的电子标签。

（2）查找相关资料，了解电子标签制作上存在的问题及发展方向。

（3）查找阅读器，了解阅读器的种类及各种形式。

（4）查找相关资料，了解阅读器的发展方向。

（5）EDI 系统所存在的安全隐患和相关对策。

4. 实践结果

根据以上所查找的资料进行总结，写出书面报告。

自测题

一、选择题

1. 以下具有自校检功能的条形码是（　　）。

A. EAN 条形码　B. 交叉 25 条形码　C. UPC 条形码　D. 39 条形码

2. （　　）是商品条形码。

A. 39 码　B. 库德巴码　C. ITF 码　D. EAN 码

3. 厂商应选择适宜的代码结构，遵循三项基本的编码原则，以下（　　）项不是。

A. 唯一性原则　B 可替代原则　C. 无含义性原则　D. 稳定性原则

4. EAN/UCC-13 厂商识别代码由（　　）位数字组成，由中国物品编码中心负责分配和管理。

A. 4～6　B. 7～9

C. 8～10（EAN/UCC-8）　D. 9～11

5. 条、空的（　　）颜色搭配可获得最大对比度，可见是最安全的条形码符号颜色设计。

A. 红白　B. 黑白　C. 蓝黑　D. 蓝白

6. 图书按 ISBN 进行编码，中国图书代码由（　　）位数字构成。

A. 13　B. 9　C. 7　D. 12

7. 关于条形码识读技术和射频识读技术（RFID），下列说法正确的是（　　）。

A. 它们一次都只能识读一个标签

B. 它们一次都能同时识读数个标签

C. 条形码阅读器一次只能识读一个条形码标签，RFID 辨识器可同时识读数个 RFID 标签

D. 条形码阅读器可同时识读数个条形码标签，RFID 辨识器一次只能识读一个 RFID 标签

8. 根据射频标签的读/写方式来分，射频标签可分为（　　）。

A. 无源标签、有源标签　B. 远程标签、近程标签、超近程标签

C. 只读型标签、读/写型标签　D. 主动式、被动式、半被动式

9. 根据射频标签有无电源来分，射频标签可分为（　　）。

A. 无源标签、有源标签　B. 远程标签、近程标签、超近程标签

C. 只读型标签、读/写型标签　D. 主动式、被动式、半被动式

10. 根据射频标签的工作频率来分，射频标签可分为（　　）。

A. 无源标签、有源标签　B. 远程标签、近程标签、超近程标签

C. 只读型标签、读/写型标签　D. 低频标签、高频标签、微波标签

11. EDI 是标准格式和结构化（　　）的交换。

A. 物流数据　B. 文本数据　C. 军事数据　D. 电子数据

12. EDI 具有一系列（　　）功能如文件跟踪、确认、防篡改、防冒领、电子签名

等，而传真、用户电报没有这些功能。

A. 跟踪确认　　B. 安全保密　　C. 防篡改、防冒领　D. 电子签名

13. GIS 数据库中不仅包含丰富的（　　），还包含与此有关的其他信息，如人口分布、环境污染、区域经济情况、交通情况等。

A. 时间信息　　B. 物流信息　　C. 地理信息　　D. 经济信息

14. GIS 是一门综合性的技术，也是一种对（　　）进行采集、存储、更新、分析、输出等处理的工具。

A. 时间数据　　B. 物流数据　　C. 图像数据　　D. 空间数据

15. 由于 GPS 卫星数目较多且分布合理，所以在地球上任何地点均可连续同步地观测到至少（　　）颗卫星，从而保障了全球、全天候连续实时导航与定位的需要。

A. 1　　B. 2　　C. 4　　D. 8

16. GPS 用户并不需要给卫星发射任何信号，卫星也不必理会 GPS 用户的存在，故系统中用户数量（　　）。

A. 受到限制　　B. 没有限制

C. 在某些领域受到限制　　D. 仅在物流领域不受限制

17. 电子商务时代，现代物流业的必由之路是（　　）。

A. 多功能化　　B. 柔性化　　C. 信息化　　D. 全球化

18. 相对于传统书店，网上书店容易做到（　　）。

A. 存书量小，成本最高　　B. 存书量最大，成本最小

C. 存书量最大，成本最高　　D. 存书量最小，成本最小

19. 物流信息系统属于（　　）类型的系统。

A. 物流领域的管理信息系统　　B. 办公自动化系统

C. MRP 系统　　D. CIMS

20. 下列（　　）是属于物流信息系统的典型内容。

A. 运输信息系统　　B. 客户关系管理系统

C. 公文管理系统　　D. 财务管理系统

21. 建立物流信息系统的组织基础是指组织内部所需的（　　）。

A. 技术性条件　　B. 非技术性条件

C. 管理基础条件　　D. 人才基础条件

22. 物流信息系统的功能不包含（　　）。

A. 仓库管理系统　　B. 运输管理系统

C. 生产计划系统　　D. 采购管理系统

二、判断题

1. 目前，EDI 采用的通信方式主要是增值网 VAN 方式。（　　）

2. GPS 是指地理信息系统。（　　）

3. EAN 码是 1977 年欧共体各国按照 UPC 码的标准制定的欧洲物品编码。（　　）

4. 设备结构简单，成本低，也是条形码技术的特点。（　　）

5. 射频识别技术的英文是 RFID。（　　）

6. 物流量大是物流信息的特征。(　　)

7. 物流信息在物流管理过程中不可以被扩充和再生产。(　　)

8. 物流信息系统能够缩短从接受订单到发货的时间。(　　)

9. 由条形码与扫描设备所构成的自动识别技术在物流领域被广泛应用，是因为它能提高生产率，减少差错。(　　)

10. 标准物流条形码由 14 位数字组成。(　　)

三、简答题

1. 条形码作为一种图形识别技术与其他识别技术相比有什么特点？
2. 简述二维条形码技术应用。
3. 简述 EAN/UCC 条形码标识系统及其应用领域。
4. 简述射频识别系统的工作流程。
5. 在建立射频识别系统时，要注意解决哪些问题？
6. 简述 EDI 的特点。
7. 简述 EDI 的工作方式。
8. 简述网络 GPS 系统的功能。
9. 简述 GIS 在物流中的应用。

四、综合案例分析题

百联的信息系统

信息系统是零售企业的血脉和神经，百联股份公司推进集约管控模式以来，努力推进信息系统的建设，积极为连锁经营提供新动力，推进“强店战略”的实施。

1. 强化环节促统一

百联股份公司推进“进销分离，一级核算”的经营模式后，信息系统囊括了“进、销、结、存”各个环节，编织了一张看不见的信息管理网，企业内部用户可以通过个人计算机终端，在授权的范围内查询相关信息，为经营管理提供最准确、最迅速的数据。以统一的程序编码，在系统内形成“八个统一”，即信息管理系统、采购大类编码、供应商编码、品牌编码、商品类别编码、商品编码、合同管理和商品管理的统一，可以有效地处理门店的各类数据。公司的供应链管理，可以通过合并信息类别，有效地整合供应商的促销资源、商品资源和品牌资源，这样，与供应商的战略联盟就更加紧密。供应商可以通过网络共享信息资源，及时掌握销售的环比数据和同比数据，以及其他品牌的销售数据，在分析中调整销售策略。同时，供应商还可以通过统一的电子表格，直接向门店或招采总部传递商品信息。

2. 强化通信降成本

在连锁门店银行卡与商场 POS 机一体化的通信系统建设过程中，百联股份公司整合了与银行的通信网络，保持了畅通的信息传送渠道。过去，各门店分别与银行连接银行卡的通信线路，由于设备和条件的不同，有的用 DDN 走线，有的用电话线，通信的质量也参差不齐，而且要各自付费，叠加在一起的成本相对较高。现在，通过公司的中心转换网络，统一与银联建立通信线路，既提高了银行卡的交易质量，又免除了各门店的通信费用，降低了企业的运营总成本，提高了支付的速度和准确性，为顾客带来了便捷。另一个好处是大大降低了硬件采购的绝对成本，现在每开一家门店，在信息系统的投入上都较以往有较大幅度减少，维护和维修的费用也同步下降。

3. 强化服务创价值

随着企业的高速发展，百联股份公司充分利用计算机通信设备和现存网络，建立了视频会议系统和OA系统。现在，视频会议系统已经覆盖了郊区和外地的15家企业，可以通过网络举行各类视频会议，工作效率提高，商务成本降低。作为企业内部信息系统的OA网络，目前已覆盖了公司总部的管理人员，以及门店的高级管理人员、重要部室负责人，用户总数超过了500个，网上流转公文和流转审批业务合同超过上万份，缩短了文件流转的时间，使企业的反应更为迅捷；同时，还方便了会员顾客，他们可以在所有门店的信息系统上享受优惠折扣、消费积分，从而扩大了销售额和销售量，也为客户关系管理系统提供了可以锁定的信息，有利于对商品的调整，对营销进行升级。

百联股份公司下一步要强化数据的挖掘工程，以及供应商网上结算的电子化体系，通过树立“科技强企”的观念，进一步促进百联股份公司的集约化、标准化、专业化发展战略。

思考题：

1. 物流信息系统在哪些方面促进了百联股份公司的发展？
2. 你认为百联股份公司在信息系统的应用方面还存在哪些不足？

案例名称	百联的信息系统
工作任务	案例分析
完成时间	
任务目标	理解物流信息系统
任务要求	详读案例，根据思考题进行分析与总结
研讨内容	1. 物流信息系统在哪些方面促进了百联股份公司的发展？ 2. 你认为百联股份公司在信息系统的应用方面还存在哪些不足？
研讨成果	
讨论过程	
自我角色	
自我评价	
小组评价	
教师评价	

项目六

电子商务下的供应链管理

问题引入

中型电子企业供应链管理优化案例分析

雅马哈之日式供应链管理法

雅马哈苏州工厂是日本雅马哈集团在中国的5家工厂之一，主要进行家庭影院和AV等产品的生产，出口比例约为70%。在物料采购方面，雅马哈苏州工厂所负责采购的物料包括电子料和结构料，主要通过分销商的渠道购买，供应商的分布以苏州和上海为主。

由于是雅马哈旗下一家工厂，雅马哈苏州工厂在供应链流程中基本上不涉及市场和客户端的管理，由日本雅马哈总部和雅马哈上海销售公司分别提供海外市场和国内市场的订单需求。工厂主要采用按预测生产的方式，上海公司和日本总部每半年会给出一个滚动的预测数据，其中前3个月为固定计划，后3个月为可调整的计划。

由于后端面对自己的两个母公司而非客户，雅马哈苏州工厂的供应链管理集中在内部生产管理和供应商管理两个方面，内部管理的重点在品质管理和对现场在制品的控制，供应商管理的重点在于保证准时交货。由于日资企业的投资通常比较保守，厂房空间非常拮据，因此其供应链管理的目标是实现最快的输出。

围绕这一目标，雅马哈苏州工厂引入了日本总部的单元化生产、拉动式管理、JIT采购和原材料牛奶取货（MilkRun）等多种供应链管理策略。单元化生产也称最小订单生产，主导思想是对产品的生产工序做最大程度的整合，由单个人来负责多工序的生产，终极目标是由一个人来负责完成产品所有工序的加工。

采用拉动式管理，即在所有的四个生产车间里，通常由排在最后的包装和装配车间先进行生产排程，然后再由这一计划拉动其他车间的生产排程，前一个车间的前置期通常为1天。包装和装配车间的计划也用来驱动物料采购计划和订单的下达，以利于精确地传递订单需求，降低库存风险。

在物料采购方面，雅马哈苏州工厂一般提供给供应商滚动的3个月预测计划。系统每周四运行一次，计算出未来两周的采购订单计划，发给供应商。第一周的数据为采购订单，供应商根据具体的交货排程进行送货；第二周的数据为预测数据，供应商参考进行生产准备。对于JIT采购的物料，则要求供应商一天送一次。

为了加快JIT采购的速度，雅马哈苏州工厂正在尝试牛奶取货（Milk-Run）的方式，委托一家第三方物流服务提供商将工厂周边供应商的物料集中在一起，进行路线优化，实现最有效的运输方式。通过这种方式，物料可以实现一天送两次货。

在信息系统的应用方面，雅马哈苏州工厂已经导入了ERP、SRM和MES系统。ERP用于内部资源的管理，SRM用于加快采购订单的传递、与供应商的信息交货和增加预警等，MES则主要应用于产品生产过程和原材料的追溯以及品质的控制。

雅马哈苏州工厂下一步供应链改善的重点在于将JIT做得更好，进一步评估VMI和牛奶取货的方式，寻找提高库存周转效率的空间。

沪士电子之备份生产法

沪士电子是一家PCB制造商，生产的PCB应用于折叠式移动电话、通讯用背板、电脑主机板、电脑周边及汽车等产品中。成立十几年，营业规模扩大到20亿元，从一家中等规模的企业成长为大型企业，所面向的市场是国内销售和出口各占一半。

沪士电子采用按客户订单生产的方式。合作紧密的大客户一般提前给沪士电子半年或三个月的采购预测，沪士电子根据这个数据安排生产，并协助客户开展VMI或寄售管理，再根据客户的交货计划安排交货，交到第三方物流公司或客户的仓库。

在这种模式下，客户一般不会有采购订单，而是根据实际使用量进行每月结算。对于配合做VMI的客户，沪士电子会每个月与他们进行订单和预测回顾，客户则控制沪士电子的库存量上下值；在责任分担上，一个月内预测的生产量完全由客户承担。

配合做VMI的客户在沪士电子的客户总数中占三到四成，其余的客户则严格按照订单安排物料采购、生产与交货。配合自身生产方式的特点，沪士电子在供应商管理中也分成VMI采购和按订单采购两部分，对于合作时间较长且比较固定的供应商，采用VMI方式，提供预测数据给供应商，供应商根据沪士电子每周的交货计划送货到沪士仓库，每月进行结算；一般供应商则采用传统下采购订单的方式进行管理。

整体来看，沪士电子的采购供应链并不复杂，采购的物料只有树脂、原板和玻璃纤维三大类，供应商有20～30家，基本上都在国内采购，国际采购非常少。同一种规格的产品，它采用的是3家供应商同时供应的策略。

对于沪士电子来说，供应链管理的难点既不在订单管理，也不在供应商管理，而是生产流程环节的控制。因为PCB的生产周期比较长，一般需要4～5周的时间，有的甚至超过6周，而且PCB的良品率经常出现波动，在生产制造过程中的损耗很大。因此，对于沪士电子来说，保证生产的持续性非常重要。应对这一挑战，沪士电子采用增加备份的策略，即在进行客户订单排程的同时，适当增加一些生产量，作为订单的备份。

但是，备份的多少是一门学问。做备份的好处是可以保证持续生产、准时交货和快速响应客户的需求，但负面的影响是带来了库存的增加。为更精确地计算备份量，沪士电子在ERP系统之外专门开发了一套计算和维护备份资料的系统，根据半年内良品率的移动平均值，系统自动在ERP所计算的客户订单上增加所需要的备份量，以抵消生产过程中不良率的损耗。

采购订单也进行了同比例的增加。PCB本身是一个元件，如果不能准时交货，将可能造成客户停线，因此客户对交货及时性的要求很高。作为供应链的一个环节，牺牲一些库存，多做一些备份是值得的，一方面可以降低因生产过程的突发问题导致不能准时交货的风险，另一方面也可以应对客户比较紧急的订单需求，从而增强公司的市场竞争力。

此外，快速响应客户需求也是沪士电子供应链管理的重点。如何做到“快”？沪士电子认为，关键在于缩短供应链环节中的沟通时间，减少中间环节。在加快供应链的速度方面，沪士电子采用的方法是借助IT平台。它目前已经导入了ERP方案、SRM系统和PLM系统。

ERP主要负责客户订单管理、生产排程和物料需求计划，SRM负责供应商和采购订单管理、PLM则主要负责变更管理、客户抱怨、质量问题追踪以及替代供应商开发等。导入系统之后，正常流程的部分基本都由系统进行自动计算，而人员的主要精力放在异常部分的调整上，提高了整体运转速度。

在供应链的改善上，沪士电子接下来的重点将在这三个IT系统的整合上，减少信息在部门中的周转时间和人工处理流程。

航嘉之打破有序化法

航嘉企业机构是一家本土电源产品制造商，同时面向OEM客户和DIY零售渠道市场，产品有近三分之一出口。

从供应链的组织架构来看，航嘉采用了制造和市场资源分散、辅助资源共享平台的方式。根据产品不同，航嘉设立了电脑电源、适配器/充电器、通信电源和电力电源、定制电源等四个产品事业部；根据所面向市场的不同，又专门成立了两个销售事业部：一个负责海外事业部，一个DIY渠道。采购、人力资源和IT部门属于职能部门，服务于这六大事业部。

对于OEM客户，航嘉全部采用按订单生产的方式，OEM客户直接将订单下达给相应的产品事业部，产品事业部根据订单需求安排生产。对于DIY渠道和海外市场，则采用按订单生产和按预测生产两者相结合的方式，由销售部事业部提供客户订单和市场预测数据给产品事业部，产品事业部根据预测和订单进行生产准备。

对于四个生产事业部来说，采购资源是共享的。不过，在采购部门内部设有专门的团队，分别负责四个事业部专用物料的采购，通用物料则由采购部门安排统一采购。

产品生产周期短是航嘉供应链的一大特征，比如PC电源一天的生产批量可达5 000件，而适配器可达1.5万件。由于生产周期短，客户所要求的交货时间也非常短，供航嘉灵活调整的时间不多，如果当物料或其他方面出现异常情况，对整体供应链的流程影响非常大。

由于下游OEM客户多处于PC等变化非常快的领域，客户不仅对速度要求很高，还常常出现插单急单的情况。因此对航嘉来说，供应链管理的重点在于应对插单等非正常流程，快速响应客户的变化。

航嘉目前采用的方法是通过牺牲自己的有序化来尽量满足客户的需求，增加排班、临时扩大生产产能来满足急单的要求，使供应链变得灵活，从而赢得联想、方正等大客户的认可。

但是，仅靠增加生产班次、牺牲自己的有序性来应对客户急单的效果毕竟有限，在实现供应链高速运转方面，航嘉正在考虑采取新措施。一是从产品设计入手，加大产品使用物料的通用化，提供物料通用化的比例，从而降低生产过程中缺料的风险；在设计中增加通用模块化设计，将产品差异化尽量延迟到生产的后端。二是考虑引入高级计划排程工具，比如APS系统，以加快生产产能的精细排程与灵活调整。

在IT系统方面，航嘉已经导入ERP解决方案，目前正在该系统上进行条码管理的拓展，主要解决品质追踪和原材料批次追溯的问题。在供应链管理上，航嘉下一步将推行VMI，提高物料周转速度，降低库存风险。同时，它还在考虑新的人力资源管理系统，将

ERP 的生产工时与人员绩效管理结合起来，将生产效率发挥到最大水平。

问题：

三家公司分别是如何开展供应链管理优化的？分析利弊。

学习目标

知识目标：

了解电子商务下供应链管理的基本理论，理解其理论在物流活动中的应用特点。了解电子商务下供应链管理的基本理论及其在物流活动中的应用特点。

能力目标：

激发学习兴趣和挖掘个人潜力，培养独立作业与团队协作的能力，培养创新与负责任的意识，培养系统思考问题、统筹大局的能力。

任务一 供应链及供应链管理认知

引导案例

全兴汽配行业借助供应链管理增强核心竞争力

数据显示，加入世贸组织以来，中国汽车工业得到快速发展，中国目前已成为世界第三大汽车生产国，以及最具潜力的汽车市场。汽车产量占世界汽车产量的比重逐年上升，从 2000 年的 3.6%上升到 2006 年的 10.5%以上。按照全球汽车市场∶汽配市场=1∶1.7 的比例而言，中国汽配市场仍然具有非常大的市场空间。这给汽配行业带来的难得的发展机遇和空间。

但原材料的价格不断上涨使成本压力加大，各跨国巨头的强势竞争也使很多本土零部件企业生存变得十分艰难，诸如德尔福、伟世通、博世、电装等跨国零部件公司，以合资、控股、独资的方式，在中国建立起零部件企业近 500 家。同时，由于汽车配件行业存在技术能力差、规模小以及起步晚等问题，汽配行业仍然有很长的路要走，而时间留给中国汽配企业又很少。

面临新的机遇和挑战，汽配企业借助信息化实现管理模式、经营管理的跳跃式发展，是中国很多汽配企业必然的选择。在汽车行业信息化的过程中，目前大部分一级汽配企业都已经实施了 ERP 管理模式，整车厂和一级汽配企业之间也大都通过供应链管理方式来拉动供货。随着产业竞争的加剧，现在越来越多的汽配企业正在考虑汽配企业如何与自身供应商更有效的协同，这将成为下一步要解决的重点问题。全兴汽配（福州）有限公司在深刻分析市场环境和自身特点的基础上，决定通过供应链管理系统进一步优化业务流程，提高效率，增强自身核心竞争力。

思考：

1. 什么是供应链？
2. 供应链和物流有什么关系？
3. 如何进行供应链管理？
4. 供应链管理主要应用在哪些领域？

相关知识

一、供应链的概念及分类

（一）供应链的概念

供应链一词来源于英文“supply chain”。任何商品都经历从原材料、在制品生产及产成品的存储与传送的过程，才能送达最终用户。这一过程蕴含了多级供需转化，也是为了满足消费者需求的多级业务连接。随着经济全球化、用户需求极其个性化时代的到来，如何将不同企业或组织之间的业务有效连接或集成管理，即供应链构建与运行成为企业在市场竞争中获得竞争优势的法宝之一，因此，供应链及供应链管理日益受到人们的重视。

供应链目前尚未形成统一的定义，许多学者从不同的角度给出了许多不同的定义。早期的观点认为供应链是制造企业的一个内部过程，它是指把从企业外部采购的原材料和零部件，通过生产转换和销售等活动，再传递到零售商和用户的一个过程。传统的供应链局限于企业的内部操作层面上，注重企业自身的资源利用，而没有注意与之相关的企业。

有些学者把供应链的概念与采购、供应管理相关联，用来表示与供应商之间的关系，这种观点受到了研究合作关系、JIT关系、精细供应、供应商行为评估和用户满意度等问题的学者的重视。但这样一种关系仅仅局限在企业与直接供应商之间，而且供应链中的各企业独立运作，忽略了与其他供应链成员企业的联系，往往造成企业间的目标冲突。

根据国家标准《物流术语》，供应链是指采购、生产及流通过程中，涉及将产品或服务提供给最终用户的上游与下游企业，所形成的网链结构。具体来说，供应链就是指产品生产和流通过程中所涉及的原材料供应商、制造商、批发商、零售商以及最终消费者组成的供需网络，即由物料获取、物料加工并将成品送到用户手中这一过程所涉及的企业和企业部门组成的一个网络。也可将它看作一个范围更广的企业结构模式，它包括所有加盟的节点企业。换句话说，供应链是围绕核心企业，通过对信息流、物流、资金流的控制，从采购原材料开始，制成中间产品以及最终产品，最后由销售网络把产品送到消费者手中的供应商、制造商、分销商、零售商，直到最终用户连成一个整体的功能网链结构模式，如图6-1所示。

从图6-1可以看出，供应链由所有加盟的节点企业组成，其中一般有一个核心企业（可以是产品制造企业，也可以是大型零售企业）。供应链不仅是一条连接供应商到用户的物料链、信息链、资金链，而且是一条增值链，物料在供应链上因加工、包装、运输等过程而增加其价值，给相关企业都带来收益。节点企业在需求信息的驱动下，通过供应链的

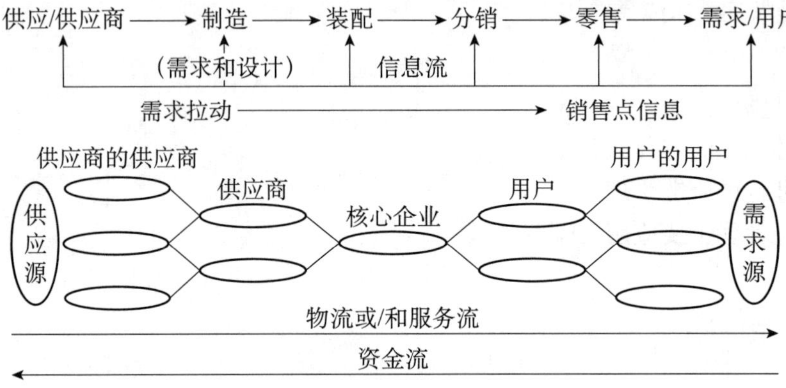

图 6-1　供应链结构模式

职能分工与合作（生产、分销、零售等），以资金流、物流、服务流为媒介实现整个供应链的不断增值。

（二）供应链和物流

物流和供应链存在紧密的联系，目前大致有三种观点：

（1）供应链概念是物流概念的扩展。

（2）物流与供应链是一回事。

（3）供应链是相关企业业务、资源的集成和一体化。

（三）供应链的特征

供应链的主要特征如下：

1. 复杂性

因为供应链节点企业组成的层次不同，供应链往往由多个、多类型甚至多国企业构成，涉及不同的组织文化或民族文化背景，所以供应链结构模式比一般单个企业的结构模式更为复杂。

2. 综合性

供应链上同环节之间存在着不同或相互冲突的目标，如制造商希望销售商能提供准确的信息以保持长期稳定的生产，而销售商则希望制造商能保持稳定大量的产品。

3. 动态性

因企业战略和适应市场需求变化的需要，特别是顾客需求的不稳定性，节点企业需要动态地更新，这就使供应链具有明显的动态性。

4. 面向用户需求

供应链的形成、存在、重构，都是基于一定的市场需求发生的，并且在供应链的运作过程中，用户的需求拉动是供应链中物流、信息流、资金流运作的驱动源。

5. 交叉性

节点企业可以是这个供应链的成员，同时又是另一个供应链上的成员，众多的供应链形成交叉结构，增加了协调管理的难度，尤其是在信息系统的建设和使用上，会产生接口的协调问题，需要有信息技术的支持使之标准化，才能满足节点企业处在多条供应链上交叉点的现实需求。

6. 风险性

供应链的需求匹配是一个持续性的难题，供应链上的消费需求和生产供应，始终存在着时间差和空间分割。通常，在实现产品销售的数周和数月之前，制造商必须先期确定生产的款式和数量，这一决策直接影响到供应链系统的生产、仓储、配送等功能的容量设定以及相关成本的构成。因此，供应链上供需匹配隐含着巨大的财务和供应风险。

（四）供应链的分类

供应链按划分依据不同可以有多种类型，具体有：

（1）根据供应链的研究对象及其范围，供应链可分为企业供应链、产品供应链和基于供应链合作伙伴关系的供应链等类型。

（2）以网状结构划分，供应链可分为发散型的供应链网、会聚型的供应链网（A 型供应链网）和介于上述两种模式之间的供应链网（T 型供应链网）等类型。

（3）以分布范围划分，供应链可分为公司内部供应链、集团供应链、扩展供应链和全球供应链四种类型。

（4）根据供应链的稳定性，还可以将供应链分为稳定的供应链和动态的供应链。

（5）根据供应链的功能模式，可以把供应链分为市场反应性供应链和物流有效性供应链。

（6）根据生产决策的驱动力，可以把供应链分为推动性供应链和拉动式供应链。

二、供应链管理

（一）供应链管理的概念及涉及的内容

供应链管理是在现代科技、产品极其丰富的条件下发展起来的管理理念，它涉及各种企业及企业管理的方方面面，是一种跨行业的管理，并且企业之间作为贸易伙伴，为追求共同经济利益的最大化而共同合作。所以开展电子商务必须加强对供应链的管理。

所谓供应链管理是指利用计算机网络技术全面规划供应链中的商流、物流、信息流、资金流等，并进行计划、组织、协调与控制。供应链管理的目标在于提高用户服务水平和降低总的交易成本，并且寻求两个目标之间的平衡。

实现企业供应链管理，首先要清楚供应链管理涉及的主要内容。我国著名的供应链管理专家马士华教授认为供应链管理主要涉及供应、生产计划（Schedule）、传统物流（Logistics，主要指运输和存储）和需求（Demand）四个领域，如图 6－2 所示。

在以上四个领域的基础上，我们可以将供应链管理细分为职能领域和辅助领域。职能领域主要包括产品工程、产品技术保证、采购、生产控制、库存控制、仓储管理、分销管理。而辅助领域主要包括客户服务、制造、设计工程、会计核算、人力资源、市场营销。由此可见，供应链管理关心的不仅仅是物料实体在供应链中的流动，除了企业内部与企业之间的运输问题和实物分销以外，供应链管理还包括以下主要内容：

（1）战略性供应商和用户合作伙伴关系管理；

（2）供应链产品的需求预测和计划；

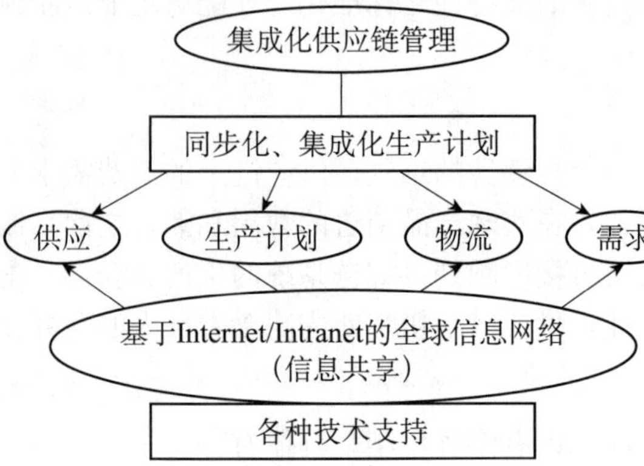

图 6-2 供应链管理的四个领域

(3) 供应链的设计（节点企业、材料来源、生产设计、分销系统与能力设计、管理信息系统和物流系统设计等）；

(4) 企业内部和企业之间的物料供应与需求管理；

(5) 基于供应链的用户服务和物流（运输、库存、包装等）管理；

(6) 企业间资金管理（汇率、成本等问题）；

(7) 基于 Internet/Intranet 的供应链交互信息管理。

（二）供应链管理与传统管理模式的区别

供应链管理与传统的物料控制及储运管理有很大的不同，主要表现在以下四个方面：

(1) 将供应链看成一个整体，而不是将供应链看成是由采购、制造、分销与销售等构成的一些分离的功能块。

(2) 供应链管理强调并依赖战略管理，“供应”是整个供应链上各个功能部门的共同目标，坚持这一点具有战略意义，因为它对整个供应链的成本及供应链的市场份额有重大影响。

(3) 供应链管理要求采用系统的、集成化的管理方法来统筹管理整个供应链的各个功能。

(4) 供应链管理具有更高的目标，通过管理库存和合作关系去达到高水平的服务，而不是仅仅完成一定的市场目标。供应链管理对库存有不同的看法，从供应链的角度来看，库存不一定是必需的，它只是起平衡作用的最后工具。

（三）供应链管理倡导的理念

(1) 从分散管理转向“纵向一体化”和“横向一体化”管理；

(2) 从职能管理转向过程管理；

(3) 从产品管理转向顾客管理；

(4) 从企业间交易性管理转向关系性管理；

(5) 从物资管理转向信息管理；

(6) 从零和竞争转向多赢竞争；

(7) 从实有资源管理转向虚拟资源管理；

(8) 从简单的多元化经营转向核心竞争力管理。

拓展练习

通过互联网，查询一个服装或纺织类的企业，调查其供应链管理的应用现状。

任务二　电子商务下的供应链管理

引导案例

金星啤酒的供应链管理

作为国际化程度最快的行业之一，啤酒工业供应链管理的加强对于提升啤酒企业整体竞争优势，保持旺盛竞争力起着至关重要的作用。

作为中国四强之一的大型啤酒企业集团，金星啤酒通过建立科学而高效的供应链管理体系，全面构建企业的核心竞争力，使其在日益加剧的国际化竞争中立于不败之地。

一、加强载体建设

金星啤酒集团供应链管理的载体有两个：

1. 计算机信息系统

金星啤酒的计算机信息系统分为两部分：其一是企业内部网（Intranet），对企业内部的财务、营销、库存等所有的业务环节进行管理。金星啤酒集团于2003年底一期工程投资460多万元建设了企业内部网，并在全国14家子公司全部开通，通过客户关系管理系统（CRM）实现了全集团内部财务、营销、原料和成品库存数据的实时查询、交流与共享。

其二是运用企业外部网（一般使用Internet），与上下游企业建立起快速沟通、迅速解决问题的网络体系，包括订单体系、管理体系、库存查询等。通过Internet金星集团实现了与原料供应商、大型经销商的电子商务、库存数量、需求计划的实时查询和传达。并计划利用3年左右的时间，实现一级经销商的电子商务应用率90%。

2. 物流配送中心

在2000年金星啤酒集团建立了先进的物流配送中心，到2004年底金星啤酒集团各子公司均实现了物流配送中心的建设。除公司自备车辆、客户自提车辆外，集团还与当地大型物流公司合作，实现产品和原料的24小时即时配送。为进一步提高物流效率，金星啤酒集团还投入巨资建设了铁路专用线，负责大麦、大米、酒花、煤炭等原材料以及麦芽、瓶子、商标等物资的运输。同时集团还重视信息流管理，重视物流信息的交流和共享，进一步降低物流成本，提高物流效率。

二、加强原材料、设备供应商的管理

原材料、设备供应商是供应链的第一链，它们的整体素质、与企业的关系紧密度直接决定了所供应的原材料和设备的品质和效率，也决定了金星啤酒的品质和供应市场的效率。尤其在啤酒的销售旺季，加强原材料、设备供应商的管理显得尤其重要。金星啤酒集团的具体做法如下：

1. 加强供应商的质量评估

金星啤酒集团建立了较为完善的供应商评估体系，每一季度都要对所有供应商从诚信度、产品质量、合同执行、物流效率等方面进行质量评估，不合格的供应商随时被淘汰。目前生产金星啤酒所用的大麦、大米全部通过ISO9000质量体系认证，有效地保证原材料品质。

2. 实现阳光采购，开展公平竞争

金星啤酒集团对大宗原材料如大麦、大米、酒花、煤、大型设备均实行公开招标采购，给供应商提供公平、公开的竞争环境，确保采购的阳光化，降低了采购成本，提高了原料品质。

3. 加强原材料入库检验

原材料入库检验是原材料入库前检验的最后一关，也是至关重要的一关。金星啤酒集团对原材料入库检验标准非常严格，比如要求大米供应商供应的大米从稻子脱壳到成品米入库时间不能超过一周。集团采用非常先进的电子仪器对所有入库原材料进行严格的抽样检测，一旦发现问题，整批货物将被全部退回，如果累计发生两次这样的退货事件，供应商将取消供货资格。为了确保与金星啤酒的长期合作，供应商都严格地按金星啤酒的质量标准收购和生产大米，而且自备仪器进行供货前检测，确保每批原料的质量满足要求。

4. 重视合同执行，维护企业诚信

“诚信经营，顾客至上”是金星啤酒集团的企业经营理念。“经销商、消费者是我们的顾客，供应商同样是我们的顾客，我们只有对供应商也坚持诚信至上的原则，才能保证供应商的诚信和品质的保证。”这是金星啤酒集团采购部的员工们经常挂在嘴边的一句话。按合同办事，按合同标准验收产品，按合同规定期限支付货款，长期以来，金星啤酒集团和供应商之间建立了诚信合作的良好关系，实现了战略的双赢。

三、加强分销渠道体系的管理与创新

高效的分销渠道体系是加大产品分销效率，提高产品市场覆盖率和占有率的必要前提，也是金星啤酒集团加强供应链管理的重要组成部分。

1. 提高经销商素质，推进电子商务建设

金星啤酒集团对地级以上一级经销商加强宣传和专业素质培训，通过公司内部网络体系实现分销商下级渠道档案管理，对各级渠道当日销售量、回款额、库存量等的实时查询和管理以及分销商对产品供求计划进行及时上报。

2. 渠道体系创新：提高渠道物流效率

集团通过加强渠道体系创新和整合，实现了渠道扁平化和高效化。

（1）传统渠道的变革：金星啤酒集团通过加强对一级经销商的交流与沟通，对其进行思想改造，并为一级经销商提供车辆、人员、策划等方面的支持，提升一级经销商加强二级商管理的意识，提高二级商开发终端的能力和对一级商的忠诚度，同时提高一级商开发终端的积极性和能力。

(2) 办事处渠道模式的发展：近年来，为了进一步加大终端市场的开发力度，金星啤酒集团在县级以上市场普遍推广和建立办事处渠道模式。通过企业投资，在当地建立办事处，利用人员、车辆、资金优势，一方面建立直销模式，积极开发终端市场，提高对区域市场终端的覆盖能力和控制能力；另一方面帮助当地分销商开发和管理市场，将一部分办事处开发的终端交给分销商配送和管理，帮助分销商发展，有力地提升了区域市场渠道体系的整体竞争优势。

3. 渠道职能创新：提高品牌传播效率

要建立高效的供应链管理，不仅要实现渠道体系的健全，还要实现终端渠道销售效率的高效化，这必须依靠终端消费者对品牌的忠诚度。因此，必须实现渠道的职能多元化，即不但要实现产品的分销职能，还要实现品牌的高效传播职能，提高品牌的认知度和忠诚度。为此，金星啤酒集团在POP广告投放、产品生动化陈列、人性化的促销活动等方面不断加强终端的品牌生动化管理。为重视品牌的口碑传播效应，集团还专门印制下发了《金星啤酒品牌口碑传播手册》，以此提高分销商和营销人员的品牌传播意识和积极性，从而提升消费者的口碑传播效率。

4. 渠道关系的创新：建立战略双赢的伙伴关系

各级分销商不是企业的外部资源，而是企业的重要组成部分，是企业的一员。必须加强渠道成员之间的沟通与交流，为渠道成员不但提供利润最大化的产品和服务，而且提供持久的赢利能力和竞争优势。在建立与渠道成员的交流方面，金星啤酒集团加强每月以地级区域市场为单位召开客户座谈会，免费为客户提供人员培训，以及为客户提供市场策划和管理等方面的智力支持，从而加强各级分销商的交流和沟通，增进与经销商关系，增强信任度和忠诚度。

思考：

1. 为什么说现代企业之间的竞争就是供应链之间的竞争？
2. 金星啤酒在供应链管理方面对我们有什么启示？

相关知识

20世纪90年代以来，以Internet为核心的计算机网络技术的发展与应用，使社会步入了全新的网络经济时代。在Internet的支持下，世界经济一体化和全球化进程进一步加快，电子商务作为新经济的标志也得以迅猛发展。与此同时，供应链管理的理论和应用方法也日趋成熟，并逐渐被认为是增强企业竞争力的重要途径，国际上一些著名企业如IBM、Dell、Wal-Mart、HP公司等在供应链管理实践中取得了卓越的成就。供应链管理作为对供应链中发生的物流、信息流、资金流以及贸易伙伴关系等要素，进行统一组织、规划、协调和控制的一种现代企业管理战略，需要充分的相关企业和市场信息。但是，要获得供应链较为完备的信息，依靠人工完成其成本是高昂的。电子商务模式的出现可以为企业实施供应链管理提供有力的信息技术支持和广阔的活动舞台。电子商务和供应链管理作为企业提高竞争力的两大“利器”，在实践过程中有相互渗透、相互结合的趋势。

一、供应链管理对电子商务的促进作用

美国学者 Kalakota & Whinston（1997）认为电子商务和供应链管理的整合将改变企业运作的模式，且彼此相互影响。供应链管理对电子商务有以下作用：

（1）供应商（Supplier）管理。帮助企业精简供应商数量，减少订单流程成本及其循环时间，用少量的人员增加流程数目。

（2）库存（Inventory）管理。缩短“订单→运送→票据”循环周期，若企业伙伴有电子连接则以往由传真和信件传送的数据可立即由网络传送，企业也可追踪其文件以确保文件送达，从而增强审计能力，由此可减少库存，增进库存流转，避免缺货的发生。

（3）分配（Distribution）管理。电子应用可促进运货公告和显示要求，且能更有效利用资源，因为文件中有更精确的数据。

（4）渠道（Channel）管理。可快速传送有关变更经营情况、技术和价格的资讯给合作伙伴，可节省员工工作时间且确保数据的正确性。

（5）支付（Payment）管理。连接供应商、配送商，以电子付款可减少书写上的错误，加快企业公告的发布速度，降低交易的成本及费用。

二、电子商务对供应链管理的影响

（一）供应链短路化

在传统的供销渠道中，产品从生产企业流到消费者手里需要经过多层次分销，流程较长，因此造成了很多问题。现在电子商务缩短了生产厂家与最终用户之间供应链上的距离，改变了传统市场的结构。企业可以通过自己的网站绕过传统的经销商直接与客户沟通。虽然目前很多非生产企业的商业网站继续充当了传统经销商的角色，但由于它们与生产企业和消费者都直接互连，只是一个虚拟的信息与组织中介，不需要设置多层实体分销网络，也不需要存货，因此仍然降低了流通成本，缩短了流通时间，使物流路径短路化。

（二）供应链中货物流动方向由“推动式”变成“拉动式”

传统的供应链由于供销之间的脱节，供应商难以得到及时、准确的销售信息，因此只能对存货管理采用计划方法，存货的流动是“推动式”的。它有两个明显的特点：第一是缺乏灵活性、销路好的商品，其存货往往可得性差，销路不好的就积压；第二是运转周期长。

在电子商务环境下，供应链实现了一体化，供应商与零售商、消费者通过 Internet 连在一起，通过 POS、EOS 等供应商可以及时、准确地掌握产品销售信息和顾客信息。此时存货管理采用反应方法，按所获信息组织产品生产和对零售商供货，存货的流动变成“拉动式”，完全可以消除上述两大缺点，并实现销售方面的“零库存”。

（三）供应链向全球网络化方向发展

基于全球电子商务的供应链管理模式利用 Internet 超越时空的能力，将供应链上的每个成员——遍布全球的潜在客户、现有客户、合作伙伴、供应商及雇员紧密连接在一起，它消除了旧的企业边界和地理限制，大大提高了与供应链伙伴之间的商务交易、信息共

享、沟通等的效率和效果，因而能有效管理并增进与供应链上各成员之间的关系，形成一种基于 Internet 的、开放的、动态的合作环境。在这种商务模式中，借助核心企业提供的信息和集成商务系统，客户可与核心企业进行高效、低成本的在线沟通、在线交易，并获得实时的在线服务和技术支持；供应链的其他成员则由于可安全地共享关键的商务信息而提高商务运作效率，加快客户反应速度；核心企业本身则能以更低的成本为客户提供更好的产品和服务，提高客户满意度，赢得客户忠诚，并与所有成员建立长期的双赢合作关系，取得持续竞争优势。

（四）改善了供应链中的信息流

通过 Internet，供应链伙伴之间的信息传递更加便捷。分销商可以方便地通过 POS 系统查看零售商的库存情况，制订购销计划，而不必根据零售商的订单来预测需求情况；制造商同样也可以访问分销商甚至零售商的库存数据，避免信息失真。供应链上的企业通过信息的及时沟通，有利于消除牛鞭效应。借助于信息技术，供应链企业之间的各种信息通过在网上实现无纸化传输，从而提高交易效率，降低成本。通过网上与消费者直接交流，制造商可以及时了解市场需求，迅速对市场做出反应。同时，凭借信息纽带，供应链上的企业形成密切的战略合作伙伴关系，从而提高供应链的效率。

三、电子商务下加强供应链管理的策略

（一）采用第三方物流（3PL）方式改善企业外部物流情况

所谓第三方物流是指由物流劳务的供需方之外的第三方以契约形式完成全部或部分物流服务的物流运作方式。第三方物流是当今世界物流业的发展趋势，是适应物流一体化趋势和电子商务发展的必然结果。

（二）完善企业网络基础设施，改革企业内部供应链管理模式

供应链管理的实施必须以完善的网络设施为前提，特别是企业的内联网、外联网和互联网的集成，是保证供应链高效运作的基本条件，同时它的供应商也要有好的信息化水平，这样才可以实现企业网络之间的对接。

（三）进行业务流程再造（BPR），实施 ERP 系统

企业流程再造是对企业的业务流程做根本性的思考和彻底重建。通过流程再造，企业在成本、质量、服务和速度等方面可取得显著改善，使得企业能最大限度地适应以顾客、竞争、变化为特征的现代企业经营环境。

（四）加强协同整合

电子商务条件下的竞争，将不再是企业单打独斗式的竞争，而是供应链之间的竞争。为适应电子商务环境下生存的需要，提高整个供应链的竞争优势，企业应在供应链的范围内增加信息共享的意识。供应链各环节参与者应彼此资源共享与信息交流，降低相互之间的信息不对称程度，减少不必要的浪费，以提升经营的效率。

（五）重视客户关系管理建设

客户关系管理（Customer Relationship Management，CRM）是电子商务供应链管理的延伸。作为供应链管理的核心技术，CRM 能够突破供应链上各节点的地域界面和组织

界面，将客户、经销商、企业销售部系统整合，实现企业对客户个性化的快速响应，真正解决供应链中下游管理的问题。作为电子商务供应链管理向客户延伸，客户反馈的信息折射到供应链的各个环节，实现供应链各环节的共赢。

四、基于电子商务的供应链管理的核心思想

基于电子商务的供应链管理的目标是通过 Internet 优化整个供应链，即利用 Internet 完全的自助交易方式与网络业务伙伴实时进行合作以及交流重要计划信息。在优化的供应链中，客户能够分享各种预测，查看订单的状态，随时输入、修改需求计划。外部采购合作伙伴能共享一些可利用资源和生产进程信息，供应商可以了解企业的原料需求并参与投标。企业可以从全局范围了解业务运作情况、供应商和客户信息，并通过平衡核心竞争力和避免无效操作来调整设计自己的供应链。对供应链上的物流、信息流、资金流进行有计划的控制。

基于电子商务的供应链管理的核心思想主要有协同电子商务、电子企业和业务外包三种。

（一）协同电子商务

协同电子商务是电子商务时代供应链管理的核心。企业通过建立自己的电子商务网站将自身业务流程、客户、供应商及其他业务伙伴集成起来，使企业在本身的市场领域降低了交易成本，提高了竞争力。美国 Gartner Group 咨询公司调查显示，一个实施协同电子商务的企业，能实际有效地降低企业开发成本 25%、交易成本 30%～70% 和库存成本 25%～40%，为企业大大扩展利润空间。

（二）电子企业

电子企业是将现实资产和网络结合在一起并加以平衡的企业，它是电子商务发展的最高阶段。在电子企业里面，每个雇员会像重视关系企业生存的战略任务那样重视互联网。电子企业不是某一个专家管理员工，而是靠详细的分析和投资回报率指导企业的领导者。网络应用程序会受到重视，最有价值的资产将是那些把网络科技和商业结合在一起为公司服务的科技人员。

（三）业务外包

业务外包是企业将自己的业务集中在拥有核心技术、能够增加最大附加值的环节，而把不属于核心能力的功能弱化或独立分离出去，以便获取最大的投资回报，它体现了企业在新的竞争形式下，通过不断发掘进而强化自身核心竞争力。充分利用业务已是企业重要的经营战略。美国耐克公司作为世界上最大的运动鞋制造商，没有生产过一双完整的鞋；波音作为世界上最大的飞机制造公司，自己却只生产座舱和翼尖，波音 747 飞机的 450 多万个零部件，大都由世界上几十个国家的相关企业提供；通用汽车公司仍把年营业额高达 200 亿美元的生产汽车零配件的 Delphi 公司分离出去。这些厂商或拥有设计，或拥有品牌，或在销售上具有独特竞争优势，所以它们将生产过程外包给了其他厂商，从而获取了更大的利润。据调查，全球外包市场以年增长 25%的速度发展，其中亚洲将以 50%的速度增长。

五、电子商务下供应链管理的主要内容

（一）采购管理

通过电子商务系统有效实现与供应商信息的共享和快速传递。一方面，通过互联网提供给供应商有关需求信息和商品退货信息，同时获得供应商的报价、商品目录、查询回执，从而形成稳定、高效的采购、供应体系；另一方面，通过网上采购招标等手段，集成采购招标和互联网优势，扩大采购资源选择范围，使采购工作合理化，大幅减少采购人员，有效降低采购成本。

（二）订单处理

通过电子商务进行订单设定和订单状况管理。当收到客户订单时，核心企业要及时分析所需产品的性能要求，判断是否能达到订单中的技术指标，在能够达到要求的条件下进一步分析订单中产品的成本、数量和利润。如果能够从订单中获利，便可与客户签订合同。然后查询现有库存，若库存中有客户需要的产品，即可发货，否则及时组织生产。利用电子商务进行订单处理，供应链可以极大减少订单成本和订单出错率，缩短订单的循环周期，大大提高运营效率。

（三）生产管理

生产管理是供应链管理的关键环节，企业应根据客户的需求、交货期限、现有的人员和生产设施能力，科学地制定出可以使供应链各成员之间协调、均衡生产的最佳生产计划。科学的生产管理可提高生产的均衡性、改进产品质量、充分利用生产能力，是实现高效、低耗生产的关键。它包括产品组合、加工路线、加工时间的选择等内容。

（四）库存管理

由于生产中存在的种种不确定性，企业必须利用库存来调节不确定性带来的生产波动。库存管理既要搞清楚各种原材料、零部件、在制品和最终产品在各级仓库中的位置和数量，也要根据具体的需求和生产波动情况制定合理的库存水平和库存管理方法。在保证生产和销售的前提下尽可能地降低库存水平，减少库存费用。

（五）运输与分销配送管理

主要涉及供应物资到生产厂之间的运输管理，生产厂之间的运输管理和生产厂到分销中心以及分销中心到最终客户之间的运输管理。运输管理主要包括运输方式、运输批量、运输路径的选择，也包括分销网络管理，分销商、分销网点的选择（选择分销网点的地点和层次），生产与分销配送的协调，分销配送与运输方式的协调等内容。

（六）客户服务管理

客户服务管理主要包括客户管理、维修服务管理等内容。客户服务是建立与最终用户良好关系的服务增值环节，也包括在完整的供应链管理之中。

拓展练习

上网查询食品行业的某个著名企业，调查其供应链管理方法。

项目小结

供应链是围绕核心企业，从采购原材料开始，制成中间产品以及最终产品，最后由销售网络把产品送到消费者手中的将供应商、制造商、分销商、零售商、直到最终用户连成一个整体的网链结构和模式。供应链管理是对整个供应链的各参与组织间的物流、资金流和信息流进行计划、协调和控制等，其目的是通过优化提高所有相关过程的速度和确定性，使所有相关过程的净增加值最大化，提高组织的效率和效益。

项目训练

1. 实践项目

供应链管理实训。

2. 实践目的

通过实践促进对供应链管理基本知识的掌握。

3. 实践要求

调查你所在地以零售商为主导的供应链上企业的物流运作技术的应用状况。

4. 实践环节

（1）实践场所选择。

本市具有一定规模、供应链管理优秀的零售企业。

（2）实践准备工作。

复习本项目有关内容，提出自己的问题，设计好参观目标。

（3）实践步骤。

1）该零售企业的供应链管理现状。

2）该零售企业的供应链管理中存在的问题。

3）根据所学知识，查找相关资料，提出相应对策。

5. 实践结果

写出调查分析报告，分析其供应链管理模式，并画出该供应链管理的流程图。

自测题

一、选择题

1. 根据物流理论，物流服务与物流成本之间存在（　　）关系。

A. 效益背反　　B. 一致性　　C. 利益均衡　　D. 牛鞭效应

2. 计算物流成本之前，首先要明确物流成本的（　　）。

A. 含义　　B. 特点　　C. 计算范围　　D. 计算方法

3. 降低物流成本的目的是追求（　　）的最小化。
A. 物流分成本　　B. 各个部门的物流成本
C. 物流总成本　　D. 设备费、运输费、仓储费
4. 物流总成本与各功能成本之间的关系为（　　）。
A. 因某项功能的成本增加而增加　　B. 因某项功能的成本减少而降低
C. 是各功能成本相互影响的结果　　D. 与各功能成本无直接关系
5. 物流成本管理的思路包括调整（　　），降低物流成本。
A. 物流服务的标准　　B. 物流质量
C. 物流标准化　　D. 物流规划
6. （　　）技术是电子商务技术中处于最底层、最基础的技术。
A. 信息技术　　B. 网络技术　　C. 条形码技术　　D. EDI 技术
7. 电子商务强调（　　），其核心在于提供服务、产品、信息和决策反馈的及时性。
A. 便利性　　B. 可靠性　　C. 一致性　　D. 时效性
8. 企业从网上站点自动接收客户订单，利用数据库技术把这些重要信息储存起来的过程属于网上物流订货信息管理的（　　）。
A. 订单信息　　B. 附加信息　　C. 订货信息处理　　D. 订单跟踪管理
9. 决定 Dell 直销系统成功与否的一个关键是能否建立一个覆盖面较大、反应快速、成本有效的（　　）。
A. 运输网络　　B. 物流网络和系统　　C. 互联网　　D. 配送模式
10. 电子商务的物流系统优化目标是（　　）。
A. 以最低的送货成本实现销售目标　　B. 以最低的存货成本实现销售目标
C. 以最低的物流总成本实现销售目标　　D. 以最高水平的物流服务实现销售目标
11. 完成电子商务的物质条件是（　　）。
A. 配送　　B. 物流　　C. 运输　　D. 搬运
12. Dell 公司参与电子商务的主要身份是（　　）。
A. 第三方物流企业　　B. 销售企业
C. 制造企业　　D. 网站经营者
13. 供应链管理要实现（　　）的统一。
A. 信息流、资金流、商流、物流　　B. 质量流、资金流、商流、物流
C. 信息流、资金流、命令流、物流　　D. 信息流、资金流、命令流、资源流
14. 供应链管理与企业内部管理最大的不同之处在于，在供应链中没有组织机构和行政隶属关系作为支撑，只能以强调（　　）作为管理职能实施的基础。
A. 合作和签订契约　　B. 谈判
C. 意愿　　D. 激励
15. 下面不是供应链的特征的是（　　）。
A. 复杂性　　B. 动态性　　C. 面向用户需求　　D. 交叉性
E. 网络化
16. JIT 的目标是（　　）。
A. 最小化库存、提高产品质量、最大化生产效率和提高最佳客户服务水平

B. 最小化库存、提高产品质量、最大化生产效率、提高最佳客户服务水平和获得最大利润

C. 最小化库存、提高产品质量和提高最佳客户服务水平

D. 以需定供，适时适量生产，即“只生产能够卖得出去的产品”或“只在市场需要时生产其需要的产品”

17. 供应链管理产生于 20 世纪（　　）。

A. 60 年代　　B. 70 年代　　C. 80 年代初　　D. 80 年代后期

18. 由供应商、制造商、分销商、零售商和最终用户连成的一个整体性功能网络结构模式，叫做（　　）。

A. 作业链　　B. 物流　　C. 供应链　　D. 管理链

19. 供应链管理是以（　　）需求为导向的。

A. 生产商需求　　B. 零售商需求　　C. 制造商需求　　D. 客户需求

二、判断题

1. 降低物流成本可以牺牲物流服务质量为条件。（　　）

2. “物流成本冰山说”体现的是企业掌握的物流成本，只占企业物流成本的一小部分，大部分的物流成本并未被管理者所认识。（　　）

3. 一般情况下，储存会造成成本开支，不利于企业经济核算。（　　）

4. 商品的售价必须包括物流成本在内预先制定。（　　）

5. 物流成本管理的前提是物流成本的计算。（　　）

三、简答题

1. 简述供应链管理的特点和作用。

2. 传统的采购模式与供应链下的采购模式有哪些主要区别？

3. 简述电子商务对供应链的影响。

四、综合案例分析题

惠普供应链管理制胜

一段时间以来，通过合并，惠普成功地进行了业务、部门、全球事务和产品生产成本的调整，从市场竞争中脱颖而出。在中国市场上，惠普的发展也进入了全新的阶段，无论是企业规模、产品、技术，还是团队、市场地位等各个方面，都得到了显著提升，这大约是引得卡莉专程来到北京的一个重要原因。另外，据惠普全球副总裁兼中国区总裁孙振耀先生介绍，目前，惠普已经在中国设立了与世界同步的工厂，实现了庞大的本地采购，仅 2002 财年，在华采购已经超过 50 亿元人民币。随着电子采购系统的逐步完善，惠普将借助该系统完成 10 亿美元的采购计划，这会帮助惠普大大节约成本。

事实上，惠普公司在残酷的市场竞争中一直屹立不倒，控制成本是其屡试不爽的绝招之一。在这之中，采购管理的作用更是举足轻重。惠普曾算过一笔账，如果一个企业能够将采购支出节省 5%，获利将平均提高 30%。在惠普的账册上可以看到，2002 财年的目标已顺利完成，成本节省了 8 300 万美元；每次电子竞拍平均节省费用为 10%，最多为

43%；在过剩库存的费用挽救方面实现了300%的提升；在购买效率方面提升了30%；在每个订单完成时间方面降低了50%。毫无疑问，成本的缩减就意味着利润的增加，而实现这一目标，惠普所依赖的是先进的供应链管理体系。

众所周知，优秀的供应链管理解决方案应该可以做到：第一，制造环境内部的网络化，实现物流过程的集成；第二，物流环境与整个制造企业的网络化，实现物流环境与企业中工程设计、管理信息系统等各子系统的集成，使得企业内部的信息流和业务流程连续；第三，企业与企业之间的网络化，是实现企业间的资源共享、优化组合的重要手段。

在卡莉充满骄傲和自豪的介绍中，记者了解到，惠普设计了独一无二的供应链，能够帮助每一种产品进行优化，同时进入不同的市场。目前惠普有五个不同的供应链，每一个都足以超越最强大的竞争对手：第一个是直接供应链；第二个是打印机业务独一无二的低接触率模式；第三个是所有简单配置的供应方式；第四个供应链涉及高附加值的复杂系统和解决方案；第五个是供应链管理服务业务。这五种优化的供应链，满足了产品的领先要求，同时能够实现库存优化，降低了总拥有成本，成为惠普的制胜之道。

在惠普，成本的降低不仅仅体现在劳动力成本上，而是贯穿了产品价值链的全过程，包括从产品设计、材料选择、加工工艺、生产规模，到生产力的提高、电子化系统的应用、业务模式的创新、库存控制、供应链全过程的控制及设计、开源节流、优化资金运作等所有环节。而在所有的运作中，有一个最大的功臣，就是惠普针对协作建立的KeyChain解决方案。

采用这一方案的意图很明显，就是要加强供应链管理和流动资金的核心竞争力，通过业界领先的流程和自动化系统，产生数亿美元的价值。显然，KeyChain并没有让惠普失望，通过这一方案而进行的电子采购和电子供应链管理及制造外包，使得采购成本下降了17%，库存周转率提高了60%，客户订单运作的周期缩短了一半。

惠普KeyChain解决方案包括五个核心组件。其中，电子资源、竞拍与处理分析使得在使用电子资源方面节省了10%～40%的费用，平均80%的过剩材料得到挽救，利用动态价格每年节省数百万美元，在产品短缺期间保证业务流与客户满意度；信息与分析组件则用来降低成本与风险，利用企业采购的能量，管理合同文件，进行风险管理，通过提升对供应链的保障能力提高营业额；购买与销售组件通过价格保护，使合作伙伴能够灵活购买惠普的产品，惠普各个业务集团能够利用惠普全球资源优势，在整个供应链中确保快速支付；采购订单与预测协作组件帮助与合作伙伴实现自动交互流程，减少周转时间，降低风险，使双方的沟通实时、无阻，同时，对订单进行实时监控，与后台系统完美结合；而库存协作组件则可以更有效率地管理外包运作与库存，向供应商提供统一界面、同步沟通，通过实时的采购价格、更高的运作效率来降低成本。份额的竞争变为上市时间的竞争，投资资本的竞争变为获得人力资本优势的竞争。在这种情况下，对整个制造运营进行监控，降低库存，简化供应链，提供更好的产品服务已成为中国企业的当务之急。

思考题：

1. 通过案例，你认为构筑供应链应该做哪些工作？
2. 你认为优秀的供应链解决方案应符合哪些要求？

案例名称	惠普供应链管理制胜
工作任务	案例分析
完成时间	
任务目标	理解供应链管理的应用
任务要求	详读案例，根据思考题进行分析与总结
研讨内容	1. 通过案例，你认为构筑供应链应该做哪些工作？ 2. 你认为优秀的供应链解决方案应符合哪些要求？
研讨成果	
讨论过程	
自我角色	
自我评价	
小组评价	
教师评价	

参考文献

1. 詹继兵．电子商务与物流［M］．大连：大连海事大学出版社，2014.
2. 蒋元涛．国际物流运营与电子商务管理［M］．北京：光明日报出版社，2013.
3. 周爱国．电子商务与现代物流实务［M］．北京：中国物资出版社，2012.
4. 张传玲，甄小虎．电子商务基础与实务［M］．北京：人民邮电出版社，2012.
5. 朱小立．电子商务应用［M］．北京：中国水利水电出版社，2012.
6. 宋文官．物流基础［M］．北京：机械工业出版社，2012.
7. 刘磊．物流学概论［M］．北京：中国人民大学出版社，2012.
8. 陈益梅．电子商务物流［M］．北京：中国水利水电出版社，2011.
9. 苏丽琴，陈月华．电子商务物流管理［M］．北京：中国铁道出版社，2008.
10. 祝凌曦，汪晓霞．电子商务物流管理［M］．北京：人民邮电出版社，2008.
11. 王自勤．现代物流管理（第二版）［M］．北京：电子工业出版社，2007.
12. 王绍军．电子商务与物流（第二版）［M］．上海：上海交通大学出版社，2007.

图书在版编目（CIP）数据

电子商务与现代物流/朱美虹主编．—北京：中国人民大学出版社，2018.1
教育部中等职业教育专业技能课立项教材
ISBN 978-7-300-24880-6

Ⅰ.①电… Ⅱ.①朱… Ⅲ.①电子商务-物流-中等专业学校-教材 Ⅳ.①F713.365.1

中国版本图书馆 CIP 数据核字（2017）第 199831 号

教育部中等职业教育专业技能课立项教材
电子商务与现代物流
主　编　朱美虹
副主编　张玉玲　曹静霞　金　鑫
参　编　强　戈　李晓琴　魏　佳
Dianzi Shangwu yu Xiandai Wuliu

出版发行　中国人民大学出版社
社　　址　北京中关村大街 31 号　　　**邮政编码**　100080
电　　话　010－62511242（总编室）　　010－62511770（质管部）
　　　　　　010－82501766（邮购部）　　010－62514148（门市部）
　　　　　　010－62515195（发行公司）　010－62515275（盗版举报）
网　　址　http://www.crup.com.cn
经　　销　新华书店
印　　刷　中煤（北京）印务有限公司
规　　格　185mm×260mm　16 开本　　**版　　次**　2018 年 1 月第 1 版
印　　张　12　　　　　　　　　　　**印　　次**　2022 年 1 月第 3 次印刷
字　　数　285 000　　　　　　　　　**定　　价**　29.00 元